本书得到西北农林科技大学农村固定观测点项目"西部农村社会转型与乡村治理观测及支撑平台建设"的资助

关中三村

——城镇化进程中关中农村社区发展研究

THREE VILLAGES
IN GUANZHONG PLAIN
OF SHAANXI

Rural Community Development
in Guanzhong Plain of Shaanxi during
the Urbanization

郭占锋 著

社会科学文献出版社
SOCIAL SCIENCES ACADEMIC PRESS (CHINA)

丛书编委会

丛书总序一

打造农村社会研究关中学派的
抱负应该肯定

——在第一届"中国农村社会发展论坛"开幕式上的致辞

郑杭生

女士们、先生们，大家好！

非常高兴，今天能够与 50 多位来自全国各地的青年学者聚在西北农林科技大学的美丽校园里一起进行学术交流和经验探讨。重视青年学者的健康成长是我们一直关注的中心议题，因为青年学者是中国社会学的希望。在这里，我要感谢青年学者的踊跃参与，也要特别感谢西北农林科技大学的领导、西北农林科技大学人文社会发展学院的全体师生和我们基金会一起主办这次"中国农村社会发展论坛"。

不久前，西北农林科技大学举办了建校 80 周年暨合校 15 周年的庆祝活动。80 年的风雨，80 年的沧桑，西北农林科技大学为国家的发展、社会的进步付出了辛勤的努力，做出了巨大的贡献。作为一所国家重点建设的"985""211"序列的农业院校，服务"三农"发展，也应该成为学校各文科院系深化科研体制改革的方向。人文学院刚刚改名为人文社会发展学院，学校还将农村社会发展确定为人文社会发展学院学科建设的两个主要方向之一，这说明学校非常重视中国农村研究，重视农村社会学学科的发展。

令我们感到兴奋的是，人文社会发展学院已经组织中青年教师成立了一个专门的学术研究机构——农村社会研究中心。通过中心编辑的小册子，可以看到，学院的这批年轻人非常活跃，短短三年的时间已经取得了不小的成绩。这批年轻人希望能够在学校、学院的扶持下，打造农村社会研究的关中学派，抱负很大，热情也高，还很有勇气。

在中国社会学会 2014 年 7 月召开的武汉学术年会开幕式上，我做了"学会、学派、学术"的致辞。我在致辞中指出，学派是学术发展的最实质性的平台。有无学派，特别是有无著名的学派，是一个学科是否繁荣、是否有活力、是否成熟、是否有社会影响力以至国际影响力的重要标志之一。农村社会研究中心虽然起点不算高，但是中心的老师们从一开始就有心要做成一个学派，确实不容易，应该得到肯定、鼓励和支持。

围绕这个问题，我愿意借这个机会，讲三点意思。

首先，为什么要做学派，做什么样的学派。关于这个问题，可以追溯到关中地区的历史名人，关学创始人，也是理学主要创始人之一的横渠先生——张载。早在北宋时期，他就提出了"为天地立心，为生民立命，为往圣继绝学，为万世开太平"的为学之道，深刻地影响了一代又一代中国人。这四句话，被当代哲学家冯友兰概括为"横渠四句"，具有深远的历史价值和现实意义。为什么要做学派，做一个什么样的学派，我们在考虑这个问题的时候也可以从中汲取理论资源。

当今的中国，正处于急剧的经济社会变迁中，经济快速发展，总规模已经稳居世界第二位，社会更在加速转型，这是我们所处的大背景。民族的崛起、社会的转型，为社会学学派的发展创造了条件，提供了机会。目前，中央提出要提升国家软实力，提高国际话语权，这就为哲学社会科学的繁荣发展提供了难得一遇的好机会。然而，中国学术要有话语权，就需要不断深化各个领域的研究成果，发出我们的声音，营造学术生长的空间。照搬西方的理论是不能解释和指导中国实践的，必须要逐渐发展起一个又一个的中国学派。哲学社会科学领域的中国学派，又必须回应时代需求，在扎根中国改革经验、阐释中国发展实践的基础上生长、发展起来。

其次，就如何来做农村研究的关中学派，我想说一些我的思考。20世纪40年代，费孝通先生写了一本重要的农村社会学著作《乡土中国》，引起了很大的反响。改革开放以来，中国大陆的农村社会学研究取得了长足的进步，产出了一系列的研究成果。目前来看，这些研究成果依托的农村经验主要分布在中东部地区，比如华北农村、东北农村、华南农村、长江三角洲、湖北中部地区等，而西部地区，尤其是西北部地区的相关研究成果相对较少。这就为西北地区的农村研究创造了学术生长的广阔空间。关中地区，在宋朝以前一直为中国政治经济文化中心所在地，具有悠久、辉煌的历史，是传统中国小农社会最具有代表性的地区。因此，扎根田野，立足关中，面向西北地区，定能做出一批有影响力、有创造力的学术研究成果。所以，学院提出创建农村研究的关中学派很有希望，也很有远见。

2013年7月召开的中国社会学贵阳学术年会开幕式上，我做了题为《再评判、再认识、再提炼——中国社会学在"理论自觉"阶段的基本功》的致辞。这里的三个"再"代表中国社会学必须面对的三种基本关系：中西关系，今古关系，理实关系——理论与现实、理论与实践的关系。只有把上述三个方面结合起来，真正做到"借鉴西方，跳出西方"，不断进行"再评判"；做到"开发传统，超越传统"，不断进行"再认识"；做到"提炼现实，高于现实"，不断进行"再提炼"，我们才能真正创造我们的学术话语，创造我们的学术特色，也才能形成为数众多的中国学派。

2014年我在"学会、学派、学术"的致辞中，对什么是理论自觉阶段的基本功做了进一步拓展，归纳为"三再、两气、一追求"。"三再",就是指"再评判、再认识、再提炼"。"两气"就是指"只有接地气,才能有底气"。从学术的角度讲,接地气至少可以分为三种:接现实中国的地气、接历史中国的地气、接中国立场观点的地气。所谓"一追求",就是追求"真善美",社会学既要追求"真",又要追求"善和美"。这里的"真"指的是科学性,"善和美"指的是人文性。用中国学术传统的说法,就是追求真善美,提升精气神。事实表明,社会学研究中的许多问题,仅凭单纯的科学性,并不能发现其真实原因和解决办法,往往要靠人文性才能找到原因和解决之道。

可以这样说,今后中国社会学界的良性学术竞争,很重要的一个方面,就是看这方面基本功的功力如何,能否在掌握有关事实资料的基础上,既高屋建瓴,又具体分析地提出问题、研究问题、解决问题,既能揭示世界现代性全球化的长波进程所代表的发展趋势,又能展现本土社会转型的特殊脉动所代表的中国经验,通过再评判、再认识、再提炼,通过接现实中国、历史中国和中国立场观点的地气,通过把科学性与人文性有机结合,正确处理中西、古今、理实这三种基本关系,鉴别各种思潮,从而推动中国学派的建设,促进中国社会学的发展,并为中国社会的良性运行、协调发展做出自己应有的贡献。

西北农林科技大学人文社会发展学院 2014 年在陕西遴选了 10 个县 30 个村作为农村社会研究中心长期的固定观测点,听说将来还要在其他省市建立类似的观测点。只要能够长期坚持,立足关中这片土地,有理论自觉的精神,练好基本功,一定会有所成就。

最后,我想借这个机会介绍一下我们郑杭生社会发展基金会的情况。基金会成立以来,先后资助了 34 个博士生项目、30 个硕士生项目,还资助了 90 位青年学者。其中,青年学者项目,2013 年就有西北农林科技大学人文社会发展学院的赵晓峰博士,2014 年又有学院的陈辉博士。青年学者项目,连续三年,每年都有

110～120 位青年学者递交论文，我们每年从中选出 30 篇，应该讲这些论文的质量都还是很不错的，三次论坛都非常成功。

另外，我们还创办了两个刊物——《社会学评论》和《社会建设》。到目前为止，《社会学评论》已经出了 10 期，上了知网和国家哲学社会科学学术期刊数据库，已经被中国人民大学评为"C刊"。《社会建设》也在 2014 年 3 月得到国家新闻出版广电总局的批准，2014 年出创刊号和第 2 期。《社会建设》范围很广，现阶段以社会工作和社会政策为重点。这两个刊物是我们社会学界共同的、持久的平台，这两个杂志的一个宗旨也是为青年社会学者搭建一个茁壮成长的学术平台，大家有合适的稿子也可以投给我们。我相信在大家的支持下，这两个学术刊物，一定能够办成高质量的学术刊物。

预祝这次论坛开得成功，大家都有收获！

谢谢各位！

2014 年 9 月 20 日

丛书总序二
关中农村研究的价值

付少平

　　关中，是陕西中部关中平原的简称，在中国历史上最早提及并大量使用关中地名的历史典籍应该是西汉时期的《史记》，其提及"关中"40余次。现在的关中地域，一般依据史念海、李之勤等编写的《陕西军事历史地理概述》中的界定："指陕西中部秦岭以北，子午岭、黄龙山以南，陇山以东，潼关以西的区域。"关中是中国农业文明的发祥地，古有中国历史上第一个农官——后稷教民稼穑于此，周秦汉唐十三朝都曾建都于此，这都与关中发达的农耕文明有着直接的关系。随着唐末至宋以降北方人口大量南迁，中国农业核心区向南转移，关中农业的地位才开始动摇。有史以来，关中地区就素以"八百里秦川"著称，一直是中国重要的农业生产区域。但是，如果翻开民国期间海外学者对中国农村的研究，华南地区有弗里德曼的宗族研究，西南地区有施坚雅的乡村基层市场共同体的研究，华北地区有平野义太郎的村社共同体的研究、杜赞奇的乡村权力的文化网络研究，等等，有影响的研究唯少有西北地区的关中研究。国内学者的研究虽对关中地区多有涉及，但少有系统深入的研究。是不是关中农村研究不具有代表性，没有价值呢？当然不是，关中农村既具有典型性，又具有代表性，对于认识中国农村发展全貌具有重要的学术价值与实践意义。

　　关中农村的典型性与独特性，从历史的视角给予透彻分析的是秦晖先生，秦晖先生在《田园诗与狂想曲》中分析指出：第一，关中乡村发展模式具有典型性——"关中是中国'黄土文明'的发祥地、封建社会与大一统国家的摇篮……当中华民族领先于世界各民族时，关中是灿烂中华的灿烂中心；当中国被世界近代化进程所抛弃时，关中又是停滞中国的停滞典型"。第二，关中乡村发展模式具有独特性——在传统社会中，关中农村发展具有许多独特的特点，如"宋元以后关中农村逐渐小农化，大地产与无地农民均减少，到民国时代，租佃关系几乎消失。这与通常所讲的'两极分化''土地兼并''租佃经济'模式迥异。又如，明清以来，关中的租佃关系不断萎缩的同时，'雇工经营'却颇有发展，但与之相应的却不是商品货币关系的发达，而是相对自然经济化的日益加深。再如，与商品货币关系斩断宗法纽带的一般推理相反，近代中国商品经济最发达的东南农村宗族关系与族权势力最强大，而相对封闭保守、自给自足的关中农村反而相对少有活跃的宗族组织和强大的族权。但关中农民的自由个性与独立人格并不因此而得以比南方发达"。关中农村也从来没有过宗教狂热。因此，对关中农村发展模式的经验研究会有其"超经验"的意义。

钞晓鸿在《明清时期的陕西商人资本》和《传统商人与区域社会的整合》两篇文章中阐述了关中农村的独特性，他的研究发现针对一般所认为的商人广置田产、兼并土地的情况，"不置田地"却在陕商中极为普遍，无论是陕商购置田地的数量还是购置田地的商人人数，均较微少。"有能力兼并土地的富商非但没有兼并土地，甚至连自家原有的土地也懒于经营。"这与关中农村"慎终追远及家族聚居观念并不强烈"有关，"明清关中的显著特点之一是家谱、祠堂、族田的相对稀少"。"宗族势力本身的相对衰弱便为其他组织与势力在当地社会发挥作用创造了条件"，在关中基层社会治理中，商人成为重要的参与者，而商人参与地方治理，"宗法共同体在提供保护的同时，又遏制个体的独立性，将每一成员均融到大家共同发展的步伐之中，这又不能不引起商人的反对"，因此关中农村基层社会治理呈现了非常复杂的局面。对关中农村的独特性与代表性，贺雪峰先生也有着自己独到的认识。他在《关中村治模式的关键词》一文中研究了中国农村的社会关联，认为中国农村区域差异很大，从乡村治理的角度看，存在农民认同与行动单位的差异，依据在农户家庭以上是否存在认同与行动单位及存在什么类型的认同与行动单位，村治类型有所不同，"以户族作为基本的红白事单位，且户族事实上参与了户族内及户族外各种事务的关中农村，其村治模式与宗族型、家户型和小亲族型等村治模式，都有相当的不同，可以称为户族型村治模式"。关中的户族只是一个较小规模的以办理红白事为主要职能的行动单位，这种规模的行动单位，只能有限地解决村民之间的互助问题，它可以调解户族内的大部分矛盾，但户族一般缺乏对外的功能。

因此，从已有的相关研究成果来看，关中农村是具有典型性、独特性、代表性的农村地区，对关中农村的研究具有非常重要的学术认识价值和指导中国乡村治理与发展的实践价值，关中乡村的典型性具有对与其相似农村地区的推论价值，关中乡村的独特性具有为宏观理论建立地域性个案积累的学术价值。但是无论在海外学术界还是在国内学术界，关注关中农村的学者还是非常少，对关中农村的系统深入研究非常匮乏。

所幸的是21世纪以来，西北农林科技大学农村社会研究中心开始聚集了一批年轻的学者，他们致力于认识和改造中国农村社会，致力于关中农村社会研究。在西北农林科技大学农村社会观测站基金的支持下，他们坚持每年深入关中农村，与农民同吃同住，在深入细致的田野调查中研究关中农民，研究关中农村。他们中的一些研究已取得了一定的成绩，如赵晓峰博士在他的研究中提出了"庙会是关中农村区域社会秩序整合的中心"的观点。2014年，已故著名社会学家郑杭生教授在西北农林科技大学农村社会研究中心参加中国农村社会发展论坛时，特别以关学创始人、关中著名学者张载的"为天地立心，为生民立命，为往圣继绝学，为天下开太平"的横渠四句勉励中心学者要秉持关学传统，深入开展关中农村研究。郑杭生先生还特别为中心留言：

> 关中学派传统深，
> 横渠四句是经典，
> 西北农研待继开，
> 青年才俊勇担当。

今天我们看到的这套丛书，是我们期待已久的这些富有朝气和理想的年轻学者对关中研究的成果。我相信在不远的将来，这些富有朝气和理想的年轻学者一定会秉持关学传统，以为天地立心、为生民立命的情怀，开创关中研究和中国农村研究的新天地！

2015 年 9 月

前　言

　　20 世纪 30 年代末 40 年代初，著名社会学家费孝通先生、张之毅先生在云南农村进行了长达 6 年的社会经济调查，完成了著名的《云南三村》，这是继《江村经济》之后的又一部力作。《云南三村》包括"禄村农田""易村手工业""玉村农业和商业"，这三个村庄分别来自禄丰、易门、玉溪。《云南三村》的调查内容十分翔实，涉及农户的农作活动、农田分配、农田继袭、农田买卖、劳力出卖、职业分化、土地利用、家庭消费、农村金融等农村社会经济生活的方方面面。费孝通在《云南三村》序言里讲道："从《江村经济》到《云南三村》，还可以说一直到 80 年代城乡关系和边区开发的研究，中间贯穿着一条理论的线索。《云南三村》是处于这条线索的重要环节上，而且在应用类型比较的方法上也表现得最为清楚。我们可以逐步地扩大实地观察的范围，按着已有类型去寻找条件不同的具体社区，进行比较分析，逐步识别出中国农村的各种类型。也就是由一点到多点，由多点到更大的面，由局部接近全体。类型本身也可以由粗到细，有纲有目，分出层次。这样积以时日，即使我们不可能一下认识清楚千千万万的中国农村，但是可以逐步增加我们对不同类型农村的知识，步步综合，接近认识中国农村的基本面貌。这种研究方法看来有点迂阔，但比较实际。做一点，多一点，深一点。我不敢说这是科学研究社会的最好办法，只能说是我在半个世纪里通过实践找出来的一个可行的办法。"（费孝通、张文毅，2006：5 ~ 7）

　　自 2011 年从中国农业大学博士毕业之后，我从大都市北京迁至陕西杨凌小镇，这是一个位于关中平原上普通但不平凡的小镇。这里曾是中国农耕文明的发祥地，是中国历史上最早的"农业技术推广官员"后稷的故乡，他曾在此"教民稼穑，树艺五谷"，开创了我国农耕文明的先河。它亦是于右任先生于1934年创办的中国西北地区第一所农业高等专科学校——国立西北农林专科学校（西北农林科技大学的前身）的诞生地。这座小镇虽然偏居西北一隅，但仍是中央部委高度关注的全国唯一的农业高新技术产业示范区——杨凌农业高新技术产业示范区所在地。自进入西北农林科技大学人文社会发展学院社会学系工作以来，我就持续关注和研究关中农村社会，但在研究过程中发现关中农村社会研究在当前农村社会学领域内处于边缘化的位置。于是，在学院领导的大力支持下，我们组建了一支年轻的关中农村社会研究团队，并成立了农村社会研究中心。2014年9月20日，我们承办了中国"第一届农村社会发展论坛"，并且邀请了著名社会学家郑杭生先生等农村社会学领域的学者齐聚杨凌，共同讨论中国农村社会发展问题。郑先生认为"打造农村社会研究关中学派的抱负应该肯定"，他对关中农村社会研究充满了信心。人文社会发展学院院长付少平教授亦肯定了关中农村地区的典型性、独特性和代表性，并予以高度重视。同年，在学校及学院的大力支持下，农村社会研究中心从陕西省遴选12个县30个村庄作为固定观测点进行长期的跟踪研究，并与地方政府签订了10年的合作调研协议。

关中作为中国重要的文化区域之一，关中农村研究与华北农村、华中农村和华南农村研究相比，并没有得到足够的重视，国内社会学界也尚未对其进行系统性的研究与论述。关中地处黄河流域，介于秦岭和渭北北山之间，西起宝鸡，东至潼关，东西长约300公里，面积约3.4万平方公里。因其历史悠久，文化璀璨，历来被文人墨客所青睐。

近年来，伴随着我国现代化进程的不断加快，以及"三农问题"的日益凸显,越来越多的学者开始关注关中地区的农村与农民问题。其实,早在北宋时期就已有学者开始对关中地区的农民及农村社会展开了研究,并提出了许多优秀的思想,其中以陕西眉县张载的影响最大,他创立了关中地区的理学,自成学术体系,独具思想特色,后来被称为"关学"。"关学"的核心思想是重视躬耕实践,发扬实学之风,笃实重礼。"为天地立心,为生民立命,为往圣继绝学,为万世开太平"的"横渠四句"是张载社会建设的纲领。以"井田、封建、宗法"为主干的"回复三代"是他社会建设的蓝图,为之他也付诸了实践,对关中地区的社会建设和民风民俗的形成意义深远。正如郑杭生先生指出的,"关中学派传统深,横渠四句是经典,西北农研待继开,青年才俊勇担当",其不仅仅对张载的社会建设思想予以肯定,更以此来勉励关中农村社会研究者秉持关学传统,深入开展关中农村社会研究,为中国农村社会研究贡献"关中力量"。

关中特殊的地理位置、独特的建筑风格和独具特色的风土人情与文化习俗,早就决定了关中农村与农民研究是中国农村与农民研究中不可或缺的一部分,同时也是世界农民研究中的一个重要组成部分。

《关中三村》中的村庄来自著名历史学家司马迁的故乡——韩城市。其选择受到费孝通类型比较法的启示,每个村庄的类型各有不同,都有自己独特的发展模式。这对了解关中农村社会有着极大的帮助,也为后续研究关中农村社会变迁的学者提供了丰富的基础数据和经验参考。

《关中三村》中的党村,是旅游带动型的社区发展模式。党村是一个具有近 700 年历史的古村落,地理位置较为偏僻,但是村落建筑群保存完整,村落历史上出现过许多有名望的商人和官员,村落文化亦是丰富多彩。然而,直到 20 世纪 80 年代,日本建筑学家青木正夫才发现党村这些有价值的建筑群,并且联合陕西一些高校进行调查，最终撰写成日文版的《党村》和中文版的《韩城村寨与党村民居》。从此，党村便为外界知晓，来党村旅游和研究的人越来越多，奠定了党村旅游业发展的基础。但是，随着村落旅游业的发展和知名度的提高，村级组织能力越来越弱，于是在2012年转交给地方政府接管。虽然党村的旅游业逐步走入正轨，但是政府的强干预和民众的弱参与成为当前旅游业发展的重要问题。

阳村是一个企业带动型的村庄，自驻村企业入村以来，吸纳了阳村众多的劳动力，使得村民可以就地就业，提高了农户的家庭收入。同时，企业也为社区基础设施建设提供资金支持，并且日渐介入村民的日常生活交往中。然而，企业的发展不但引发村庄土地租用和环境污染问题，而且造成村庄内部的村组之间收入严重分化和农户集体行动缺失。

文村处在山区，是一个西部典型的传统农业型村庄，花椒产业作为其传统产业，是维持农户家庭生计的重要支柱。近年来，村庄大量青年劳动力外出务工，致使村庄留守人口比例不断上升，村庄政治精英也为自家生计而奔波，无暇顾及村级治理，村委会大院已是长满荒草。在当前人口外流的现实背景下，文村该何去何从，村级治理如何实现成为其首要的问题。

由此看来，关中三村各有千秋，存在各自的发展问题。虽然这三村只是关中农村众多类型中的一种或几种，不能完全代表关中农村，但至少是关中农村的一种缩影。笔者希望通过持续跟踪研究这三个村庄，不断发现关中农村社会出现的新问题，一方面为我国"三农"问题贡献微薄力量，另一方面也可丰富关中农村社会质性研究。

2016年5月7日

陕西杨凌农大嘉园

目 录contents

第一章　旅游发展型村庄：党村[①]

第一节　问题提出

一　研究缘起

党村位于韩城市，已有近 700 年的历史，西南距韩城新城区约为 9 公里，东北距韩城市约为 10 公里，东距黄河约为 3.5 公里。坐落在东西走向的泌水河谷北侧处的一个葫芦形川道中，因而俗称"党圪崂"[②]。村中有党、贾两大姓，其中党姓人口约占总人口的 60%，贾姓人口约占总人口的 30%，剩余 10% 为杂姓。村落的形态由从历史走来的"下村上寨结构的古民居"和新时代下的"新村"组成。古民居中保存有元、明、清三代的建筑。目前，全村共有 320 户，1400 余人，村民主要靠就近打工和种植传统农作物为生，少数从事旅游业。

党村作为中国的历史文化名村，以其保存完整的四合院及其村内独具特色的建筑而闻名于世，自 20 世纪 80 年代被中日联合调查团推之于世后，多年来一直是建筑学界的学术宝地。党村除了民居具有极高的建筑学价值外，其还有着极高的社会学价值，作为具有将近 700 年历史的名村，梳理其历史及发展历程，了解其发

---

① 书中对三个村庄的村名都做了学术化处理，书中所有文献中出现的同一村名也做了相应处理。

② "圪崂"，陕西方言，意为低洼之地。

展现状及正在经历的转型与变迁，并尝试研究其发展趋势，是极有价值和意义的社会田野调查之地，所以我们在此进行了研究。通过对村民进行访谈和对相关文献资料的收集，我们试图梳理清楚党村的起源与历史变迁、党贾两姓的关系及宗族与村政之间的关系，并尝试对党村的公共建筑和私人建筑进行社会学视角的解读，同时探究党村的经济发展史及如今的发展现状尤其是旅游业的发展现状和存在的问题，并力图提出建议与对策，同时我们也将对党村从新村到老村的变迁过程进行梳理，了解其空间格局的改变和文化的变迁，并找出原因及存在的问题，力图为后续的研究打下基础。

二 文献回顾

(一) 有关古村落旅游研究

国外对古村落的研究起步较早，开始于20世纪60年代，国内学术界于20世纪90年代才展开对古村落的研究，起步较晚。国内外学者主要从建筑规划、艺术设计、聚落形态、公共管理、景观展示、地域特征、经营模式、旅游等诸多方面来展开研究，涵盖了建筑学、旅游学、历史学、人类学等多门学科。笔者根据研究对象的不同对国内外有关古村落旅游方面的研究进行了梳理，主要有以下三个方面。

1. 以古村落作为研究对象

以古村落为研究对象的研究将古村落看作一个整体，主要包括古村落旅游资源、古村落旅游开发、古村落旅游可持续发展、古村落相关利益主体等方面的研究。SK. Nepal（2008）以尼泊尔安纳普尔地区（Annapurna）古村落旅游发展为例，根据当地情况提出，要实现旅游目的地可持续发展必须要减少能源对矿物燃料的依赖性，同时提出要协调好旅游开发与整个区域的发展关系，统筹发展。朱松节（2014）分析了苏州市古村落概况及其保护与开发的现状，结合"美丽中国"视角，将"美丽中国"的理论要求与苏州古村落保护和旅游开发的实践结合起来，就苏州古村落的保护与开发问题进行了具体思考。于吉京、邹宏霞（2010）通过对张谷英村旅游发展经营模式变化的调查，对其发展过程中出现的经营主体变动频繁、社区参与机制不畅等相关问题做了深入分析和研究。伍先福（2010）对参与古村落保护开发的多个利益主体进行了界定和识别，分别确立了合法利益主体和核心利益主体的主要构成，并简要谈论了利益主体的动态管理过程。

2. 以古村落游客作为研究对象

以古村落游客为对象的研究大多是从游客体验角度研究如何开发古村落旅游业。程乾、付俊（2010）从游客感知的角度定量评价了浙江古村落的旅游资源价值，更客观地反映了古村落旅游资源的现状，为古村落旅游资源评价提供了一种新的思路。王帆等（2009）尝试从游客体验角度设计古村落旅游景观的展示内容和展示方式，用实证方法和定量方法扩充对旅游体验和古村落旅游景观展示的理解，为游客的旅游决策和古村落管理部门的旅游开发提供参考。

3. 以古村落居民作为研究对象

目前以古村落居民为研究对象的研究主要包括古村落居民对旅游影响的感知研究、社区参与研究等。Paul F. Wilkison（1995）运用印度尼西亚庞岸达兰地区（Pangandaran）旅游开展的例子，利用统计分析方法，探讨了旅游发展对不同性别的工作、教育程度等的影响，提出旅游的发展对古村落有正反两方面的影响，而且这种影响会随着社会阶层变化而发生变化。卢松（2008）等在整理国内外相关研究综述的基础上，通过对世界遗产皖南古村落居民感知情况的问卷调查，将该地居民分为热爱者等五种类型，并认为我国旅游目的地居民对旅游感知开始从狂热支持转变为理性看待。雷海燕等（2007）从社区参与的角度对古村落旅游形象进行研究，建立了古村落旅游形象设计的社区参与模式，并以国家历史文化名村——党村为例，分析了该模式的具体运用。

总结以上国内外关于古村落旅游发展的研究，可以发现多数研究主要是利用个案进行分析，缺乏系统性的研究。研究方法也主要集中于定性研究，定量研究较少。国内的研究存在地域性，主要集中于皖南等南方地区，缺乏对北方古村落的研究，且研究深度不够。

（二）有关城镇化与古村落的研究

城镇化、新农村建设等新名词是近几年国家提出的建设目标，随着城镇化的推进，百姓确实从中受益，但也出现了一些问题，比如快速城镇化与古村落保护产生矛盾，引起学者关注。目前关于城镇化背景下的古村落研究刚刚起步，主要是研究城镇化进程中古村落文化保护的重要性、存在的问题及对策措施等，比较宽泛、表面，缺乏具体和深入的研究。例如汪长根等（2014）在其《关于新型城镇化进程中古镇古村落保护若干问题的思考》一文中提出新型城镇化与古镇古村落的保护是一个既矛盾又要统一的大问题，也是非解决不可的大事情。丁智才（2014）认为作为特色文化资源丰厚的传统村落，南宁市缸瓦窑村的困境与际遇折射出新型城镇化建设中传统村落特色文化保护传承的深层问题与可能路径。

（三）有关党村旅游发展的研究

坐落于中国北方的党村因日本九州大学青木正夫教授所做的《党村》一书引起国内外各界的关注，学者研究的内容广泛，涉及多个领域多个学科，关于党村旅游的研究，主要包括旅游发展方式、古村落的游客体验、旅游对村落的影响、居民对旅游影响的感知、社区参与等方面。如乔欢（2014）以党村作为具体研究对象，通过调查党村旅游资源可持续开发的现状，分析出党村旅游资源可持续开发存在的问题，提出党村旅游资源可持续开发的机制和对策，以期对其他古村落旅游资源开发提供借鉴和指导。王帆（2009）采用问卷调查的方法，运用因子分析、配对 T 检验等多种统计方法对数据进行了分析，并建立了相应的指标体系，得出游客对古村落旅游景观重视程度的评价与实际表现在内容和方法方面存在较为显著的差异，游客体验与他们的文化程度、游玩动机等存在相关关系。王帆、赵振斌（2007）在实地调查的基础上，运用人类学涵化理论和社会学统计分析方法，研究旅游影响下的古村落社会文化变迁及其深层次原因后得出，受旅游业发展影响，古村落居民的价值观发生了变化，进而导致其态度和行为的改变是古村落社会文化变迁的根本动因，在此基础上，其为古村落在旅游业发展过程中实现社会文化目标提出了有效的监控措施。李卫华、赵振斌、李艳花（2006）通过问卷调查的方法深入分析旅游开发对当地居民的影响以及居民对此的感知差异，结果显示，居民认为旅游对其生产、生活影响的积极性大于消极性，并且会因为当地经济发展水平、旅游发展阶段的不同而产生不同的感知。雷海燕（2008）在对党村旅游发展、社区旅游发展状况分析的基础上，指出了党村社区参与的外部差异性（社区与其他相关利益主体的差异性）和内部差异性（社区内部由人口统计学和其他社会因素引起的差异），总结了在这种内外差异的影响下，党村社区参与旅游的层次、类型、阶段、模式、障碍，提出了今后提升社区参与层次和水平的对策建议。

总之，目前关于党村旅游方面的研究主题多样，研究的角度不尽相同，多是研究党村旅游的某一方面，宏观的、全局性的研究较少，在关于党村旅游发展宏观的、全局性的研究中，多数仅停留在表面而缺乏深层次的分析，且只针对当时的情况，缺乏时效性和研究的延续性。在新型城镇化的时代背景下，党村旅游发展的外部环境发生变化，党村旅游管理的主体和方式发生变化，必然导致党村旅游发展所面临的问题与以往不同，之前的有关党村旅游发展模式的研究已经失去时效性。

三　主要内容

对于党村的调研主要分为三个部分的内容，分别为党村的历史变革以及从老村到新村村落空间格局的演变、城镇化进程中党村旅游发展的现状和游客体验视角下的古村落旅游业的发展。

（一）党村的历史变迁

党村作为中国历史文化名村，以其保存完整的四合院及其村内独具特色的建筑而闻名于世，自 20 世纪 80 年代被中日联合调查团推之于世后，多年来一直是建筑学界的学术宝地。除了党村建筑具有极高的建筑学价值之外，党村也是有着近 700 年历史的古村落，极具社会学研究价值。

党村主要由党氏三支族和贾姓一支族组成，是一个典型的由同族姻亲聚居而成的集中式村落，人口密度很高。从元末党姓建村至明初贾姓加入，两姓和睦相处，至今已有 600 余年的历史。这 600 余年，无论是在村庄居民建筑、公共设施、经济收入等物质层面，还是在耕读文化、商业文化等精神层面，党村都在不断地发生变化，党村的发展至今一共有五个阶段。同时，党村中党贾两姓的关系也在不断地变化发展，具有三个演变阶段。

在村落格局的演变方面，党村的居民从 1984 年开始迁移到新村，迄今为止经历了三个阶段，这不仅仅是从老村到新村的空间格局的变化，更多则是体现在物质文化和精神文化的变迁上。村落格局发生变化的原因大致为：人口增多，居住空间不足；老村"景点化"，居民生活不便；村民思想观念转变等。与此同时，从老村到新村的搬迁也引起一系列的问题。

（二）古村落经济转型——旅游业的发展

从耕读并重到农商并举，再到经商致富，党村的商业在明清时期经历了一个辉煌的阶段。至清末，由于河南生意的日渐衰败，加之时局动荡，党、贾两姓的商号纷纷歇号停业，党村的商业神话至此结束。新中国成立后，党村的发展与全国绝大多数农村一样，以农业为主。改革开放后，农民逐渐从土地上解放出来，在外出打工的浪潮中，党村绝大部分的青壮年劳动力都外出打工。随着旅游业的开发，旅游也逐渐成为党村的一个重要的经济收入来源。党村的旅游业发展经历了三个阶段。1986 年到 1989 年，西安冶金建筑学院和日本九州大学联合组团到韩城市党村进行了两次深入细致的调查。1991 年，由该团日方团长青木正夫教授执笔用日文写成的《党村》一书问世，中日两国有关的建筑专家也编写了《党村——中国北方传统的农村集落》和《韩城村寨与党村民居》，标志着党村重新被发现。伴随着党村古民居的发现，中日两国专家在联合国教科文组织会议上宣读了考察党村的文章后，引起国内外更多专家来党村考察。党村由"无名"到"有名"，旅游业以此为契机开始起步，这是党村旅游业发展的第一阶段。第二阶段是 1995 年到 2012 年村委会自主发展时期，旅游业从"无"到"有"，发展缓慢。第三阶段为 2012 年至今，市政府接管党村，旅游发展逐渐走上正轨。同时，在城镇化大背景下，党村旅游业的发展不可避免地带来一些问题，如古建筑修缮力度不足，村民旅游经营活动参与度低，配套设施利用率低，设施不完善，景点工作和复原力度不足，管理效率低下等。

（三）游客体验视角下的党村旅游业发展

党村被当代各国建筑学家称赞如"世界建筑在中国，中国民居在韩城""东方人类古代传统居住村寨的活化石"，作为陕西省古村落旅游资源的典型代表，党村凝聚着关中地区的民居特色。1992 年 5 月党村正式对游客开放，此后古村落旅游业取得了一定的发展。但是旅游业的发展并没有带动整个党村的经济发展，村民收入和以前相比增幅并不大，旅游景点以及景点内基础设施和20年前相比毫无变化，参与旅游事业（农家乐、商店、小吃摊、文化特色产品店等）的村民也很少，党村旅游业发展现状不尽如人意。

党村旅游业的发展存在的问题，首先是旅游基础设施严重滞后，不能满足旅游者旅游活动中的基本需求。其次，党村旅游资源产权不清晰，形式上的所有权多头性与事实上所有者的缺位并存。最后，对旅游资源保护也相对不力，其主要原因是缺乏资金来源。目前，党村旅游开发保护的资金主要来源于两个方面：一是国家文物保护部门拨款，二是旅游收入。这也使得党村的旅游开发、居民生活与旅游资源保护三者存在矛盾。

在体验经济时代，旅游者的旅游经历日益丰富，旅游消费观念也日益成熟。旅游者的旅游活动由传统的观光向追求高质量的旅游体验转变，旅游经营者的中心任务由单纯提供旅游产品与服务向为游客塑造难以忘怀的旅游体验转变（San，2008）。旅游究其本质就是游客寻求异于日常生活的环境和氛围，能够满足游客愉悦、寻求刺激、好奇、求知和审美等心理需要的体验剧场（龙江智，2005）。党村因其独特的建筑风貌、特有的古韵氛围和文化积淀吸引了大批的游客。然而多年来党村的旅游发展一直不佳，其中一项重要的原因就是在旅游发展过程中忽略了游客的体验和感受。

同时，党村旅游发展出现了几个困境：党村古民居建筑群既蕴含着丰富的历史文化，同时又是村民世代居住的家园，这是它的独特之处，也是其发展旅游业的困境之一，这使得村落"空心化"严重，村民参与度低；游览项目少，内容贫乏；景区没有充分展示特色民俗，缺乏"灵魂"；景区知名度小，客流量有限；古建筑保护力度不足，而古民居建筑群是整个景区的核心，其中部分却损坏严重，保护古建筑是党村旅游区发展的首要任务。在景区中，部分建筑物已经因为年久失修而坍塌，部分已被修缮的建筑物也不尽如人意。

笔者希望通过对这三方面的调查和研究来更加深入地了解党村的历史变迁，古村落旅游业的发展状况，以及作为消费者和体验者的游客如何看待党村的旅游发展，在变迁和发展中发现问题，并提出有效的建议与对策，使具有近700年历史的党村更好地发挥其价值。

四　研究方法

由于党村旅游业受假期影响较大，淡季、旺季十分明显，而此次调查以游客为调查对象，因此选在了旅游旺季，即游客较多的时候进行。研究小组分别于2014年8月和10月针对党村旅游开发和发展的问题，进行了两次调研，并以游客为对象展开了问卷调查。共发放220份问卷，其中有效问卷215份，有效率为97.7%。通过问卷和个案访谈，我们分析了党村旅游业不同阶段的发展特征，阐述了在发展中遇到的问题，并针对问题提出相应建议，以便更好地开发和保护党村古村落的旅游资源，促进其发展，同时为其他古村落发展提供借鉴。

通过对村民进行访谈和对相关文献资料的收集，我们试图对党村的起源与历史变迁、党贾两姓的关系及宗族与村政之间的关系进行梳理，并尝试对党村的公共建筑和私人建筑进行社会学视角的解读，探究党村的经济发展史及其发展现状尤其是旅游业的发展现状，分析存在的问题，并试图提出对策与建议。同时，笔者也采用横剖研究与纵贯研究相结合的研究方法，先是对处在某一个时间点的党村的社会状况进行全面的解读，然后将不同时间点的解读贯穿起来以对党村从老村到新村的变迁过程进行梳理，了解其空间格局的改变和文化的变迁，最后借助因果分析的方法寻求变迁的根源所在，借助功能分析的方法找出可能存在的问题，以此尝试为后续的研究打下基础。

对于写作手法，李培林在其著作《村落的终结》里把写作手法分为两种。一种是费孝通写《乡土中国》的手法，他称之为"文本概括法"，即把调查的资料和受访者的话语慢慢地咀嚼，然后转化成比较精练、条理化的语言表达出来；另外一种是林耀华老先生写作《金翼》的手法，李培林称之为"文学概括法"（李培林，2010：155～156）。这是把调查的原材料进一步加工成文学的语言，更具体地说，是小说的语言，它不舍弃生活语言中那些鲜活的东西，而是把调查的一些零碎的原材料，转化成一个完整的故事，就像是一部小说。而本书在写作上则属于前者，笔者利用调研中得到的文献资料、数据资料和访谈记录等，对其进行细致加工，进而转化成精练的语言进行阐述分析。

第二节 党村的历史沿革与发展现状

一 党村的起源与历史变迁

（一）党村的历史选址与当代困境

韩城市，又名司马故里，是中国古代伟大的史学家、文学家、思想家司马迁的故乡，位于陕西省关中平原的东北部。韩城是一个历史古城，在西周时，先后为韩侯国、梁伯国的封地。在东周时，先后属于晋、秦所有。公元前221年，秦朝建立，开始推行郡县制，秦惠文王十一年（公元前327年），将韩城设置为夏阳县。秦汉至南北朝期间，沿称为夏阳。至隋朝时，改称韩城县。唐朝时曾改韩城为韩原，后又改为韩城，从此之后，一直以韩城为名。在清朝乾隆年间，韩城曾经被称为陕西的"小北京"，而党村因农商并重、经济发达被称为"小韩城"。

党村坐落在泌水河流经的沟谷中，位于韩城东部黄土高原区的边缘，海拔为 400～460 米。党村的祖先选址于此，有其历史的必然性。中国古代是一个农耕社会，农业和土地堪称中国古代老百姓的根本。所以古代村庄的选址一般都依山傍水，党村也不例外，选址在泌水河旁。泌水河虽然很小，却是黄河的一级支流，常年有流水，可为附近居民提供部分生活用水，由于其地处谷底，地下水位较高，打井方便，故而有足够的饮用水源。而且泌水河形成的葫芦形谷地南北宽 35 米，东西长 800 米，有一定规模的土地，可满足村庄建设的需要。此外，党村北高南低，对排水十分有利，泌水河党村段河道较宽，河岸高差达 30～40 米，基本可满足泄洪的需要。建村以来，数百年间，不曾受水患。村内关于何仙姑扔"避尘珠"于高塔之上的传说虽不可信，但是党村确实"房屋千宇，不染尘埃"，而这主要的原因是：南北两侧台塬土多为黏性土，不易起尘，且该地区受黄河河谷影响，风速较高，飘尘不宜降落，因此村落空气清新，街道屋宇少有积尘。总之，北依高原、南临泌水的党村日照充足，却又因处于葫芦形谷地中而免于西北风的侵害（周若祁、张光，1999：167），选址可谓隐蔽安全又便于生活。

党村的选址在历史上是有可行性与优势的，但是在现代社会中面临以下现实困境：第一，老村房屋许多已成危房，无法居住，需要修葺，村民多选择搬至塬上新村；第二，村中为石铺路，且巷路狭窄有坡度，不方便现代化的交通工具行驶；第三，距离耕地较远，村民耕地不便；第四，村中的年轻人受现代观念的冲击，更愿意居住在新式楼房里。这些状况使得越来越多的村民移居"新村"，而造成了老村的"空心化"。

案例 1-1：贾某，78 岁，有一儿一女，儿子在韩城工作，女儿已出嫁。孙子高中毕业，现已到了婚嫁的年龄，访谈当天，恰好其孙子带着女朋友回来。笔者便离开，在门口遇一名游客，与其闲聊党村。其间，贾某的孙子及其女朋友出来，他的女朋友说："要住你住这老房子里，我可不住，我要回家或者是住宾馆。"年轻一代对居住在老村的抵制，使得老村的居民年龄分布逐渐由均衡化向老年化继而又向空心化转变。

（二）党村的历史变迁

党村主要由党姓三支族和贾姓一支族组成，是一个典型的同族姻亲聚居的集中式村落，人口密度很高。从元末党姓建村至明初贾姓加入，两姓和睦相处，至今已有 600 余年的历史。这 600 余年，无论是在村庄居民建筑、公共设施、经济收入等物质层面，还是在耕读文化、商业文化等精神层面，党村都在不断地发生变化。可以将其历史变迁过程简单地划分为以下五个阶段。①

第一个阶段是"耕读并重，初建家园"时期（1331 年至 1525 年，约 200 年）。

这是党村的始建时期，由党姓一族孤军奋战，初建家园。相传元至顺二年（1331 年），党姓始祖党恕轩从朝邑一带（今陕西省大荔境内）逃荒至韩城泌水河畔，在北塬上凿窑洞居住，以租种赔庙庙田为生，之后种田开荒，并且娶邻村的女子樊氏为妻，生了四个儿子，分别为长子君显、次子君仁、三子君义、四子君明。明初，国家实行屯田制，每户必须出一人外出屯田。党恕轩的四子君明去甘肃河州"屯田"没有回来，其长子、次子、三子各立门户后，形成了长门、二门、三门，且都跟随其父开荒种田。之后长门逐渐衰弱，人丁减少，而二门、三门人丁则比较兴旺。

元至正二十四年（公元 1364 年），据党氏家谱推断，党氏将

---

① 此部分主要参考"党家村大事年表"（1331—1948 年）；党康琪：《党家人说党家村》，内部印刷材料，1999；党康琪：《党家人说党家村（续集）》，内部印刷材料，2001。

表示地形的村名"东阳湾"改为以姓氏命名的"党河"，村落初具雏形。明永乐十二年（1414年），居于窑洞里的党姓人中出了一个举人，即党恕轩的长孙党真。举人党真的出现，对现在的党村有三方面影响：第一是将村名由党河改为党村，确立了村制，并且促成了村落向河谷东段的进一步下迁，界定了各门发展与居住的区域——长门居村中央，二门居村西南，三门居村东北——使村落建设分期有序进行，从而奠定了村落的发展方向和村落布局；第二是开始撰写家谱，所以现在党村人可以把自己的祖先说清楚；第三是奠定了党村人崇尚文化的风气。明弘治八年（公元1495年），党姓与在县城经商的贾姓联姻，贾姓的先祖贾伯通的五世孙贾连娶了党姓女为妻，生子贾璋。

第二个阶段是"农商并举，共建家园"时期（1525年至1654年，约130年）。

明嘉靖四年（1525年），贾璋以甥舅之亲定居党村，居住在村庄的西北部，党村因此形成了合族而居的局面，拉开了党贾两族亲密相处、共建美好家园的序幕。后贾姓逐渐繁衍成为党村第二大姓，但是村中贾姓后裔仍然奉贾伯通为始祖。从中国农村的辈分伦理上说，贾姓第七世相当于党姓第六世。党贾两姓此时虽共建家园，但是各自经商。贾姓本是因为经商而至韩城，因而贾璋延续了贾家经商的传统并且影响了党姓。由于建房需要占地，人口增加，地却越来越少，所以党姓开始向山区进军，租山买山，发展山庄子经济，而且因此进入韩城八大户的行列。村庄经济的发展，促成了党村人由窑居向屋居的转变。

第三个阶段是"经商致富，大建家园"时期（1654年至20世纪初期）。

明末清初，党村农商并重，商业迅速发展，财富快速增长，其中党姓的"恒兴桂"和贾党两姓共开的"合兴发"起了巨大作用。清顺治年间，党姓二门的党德佩下河南，在南阳瓦店经商创业，父子两代励精图治，经营有方，先后开设"恒兴桂""恒兴栋""恒兴庆""恒兴永"四大商号，终成瓦店的巨商，拥有大量资金、大片房屋和近五百顷田产。其后，四个孙子分别继承了四个商号，生意日益兴隆，高峰迭起，到太平天国时期生意极盛。恒兴柜是党德佩创立的，属于党姓所有，所以他们分钱是按照党姓内部的男丁的人数分的。

党姓、贾姓在历史上有一个不成文的规定：互相不雇工，但可以帮工。但是在清朝乾隆年间，这个传统被打破，党姓三门党玉书应贾姓贾翼德邀请，下河南南阳唐河岸的赊旗镇合伙经商，创立合兴发商号，寓党贾两族合兴合发之意。后因规模太大，分为九号。全盛时期"独有一条太平街，自筑码头自筑仓，店员上千船编队，分号遍布豫鄂疆"，形成了"合伙经商，合兴合发"的局面。合兴发还有一个特色，就是其是按照股份制分红的。

自此，村中大兴土木、修缮宅居，乡贤大办私塾以兴教育。党村大规模建设院宅先后有三次高潮：第一次是明朝正统到景泰年间，完成了14处四合院；第二次是明朝崇祯十六年至清朝康熙五十年，建成25处四合院；最后一批69处四合院建成于清朝乾隆至咸丰年间。

这个阶段村落形态及其结构格局趋于复杂，戏台、文星阁、祠堂等公共建筑和巷路建设也逐渐趋于完善。其中泌阳堡的修建有两个原因：第一是居住的需要，随着人口的增加，原来的居住地容纳不下；第二是安保的需要，清朝咸丰初年（1851—1853年），南有太平天国，北有义和团运动，而陕西又有回民起义，时局动乱，且匪患不断。村中36户富裕的村民凭借村落东塬地势，集资白银18000两，并且购买了下干谷村30余亩土地，合力兴建了上寨"泌阳堡"（又称"三十六家寨"），从而形成了村寨合一的局面。此后，村落进入定型时期，直至清末民初，基本上保留了咸丰年间的村落总貌（周若祁、张光，1999：165）。

民国八年（1919年），土匪横行，民团团长党天成坚决抵御土匪，土匪将其家中房屋焚毁，后党天成联合民间力量将韩城土匪赶走之后，党村人为表感激之情集资为党天成修建了村中最高的房屋，并取名为"看家楼"，而看家楼堪称党村民居的收官之作。

此外，崇尚文化，重视教育，是党村人的一贯传统，并且随着经济发展、生活水平提高而蔚然成风。党村曾于雍正年间在村东南建木构文星阁，以祈文运昌威。后木塔焚毁，光绪二十六年（1900年）由三门生员党渐主持，重建为砖塔，历时8年告竣，标志着配套设施基本建成。

第四个阶段是"破坏"时期（20世纪初期至20世纪90年代）。

一是抗战时期的破坏。抗战期间，国民党的国防部队一直驻在党村，损坏了部分建筑。

二是新中国成立后的毁坏。新中国成立初期，为了发展教育、兴建学校，将党村作为砖瓦料场，这对其民居和公共设施造成了很大的破坏。比如，在建高中和党村村小时，分别将赔庙和观音庙拆除，破坏了公共设施；在建设西庄中学时，到每家每户取砖拿瓦，整个村庄的民居都受到了破坏。至合作化时期，党村的公共建筑受到了最大的破坏。1958年拆除了一些祠堂，还把剩余的祠堂当作饲养室，用来饲养牲畜。三年自然灾害时期，一些农户吃不饱饭，就会拆一些房子，用砖换粮食来维持生计。"文革"时期，破除"四旧"，毁坏了许多文物。

改革开放以后，家庭联产承包责任制的实行和外出打工的出现，使农民的经济收入逐渐增长。一些农民为了晒粮食把房屋重建为平房，有些农户在经济水平提高后，为了追求时髦而在房屋的墙上贴瓷砖等，这些都对古民居造成了破坏。

案例1-2：党某，71岁，党姓三门后人。生有三个儿子，大儿子外出经商，二儿子和三儿子以种田为生，已搬至塬上居住，而其和妻子则仍居住在老村中。党某虽然只上过三年小学，然而对于村庄历史与村落建筑中所蕴含的文化是了如指掌。关于党贾两家的历史渊源，党某从祖先定居、贾党联姻、贾璋入村到党贾两家合伙经商进行了讲述。此外，对于村落建筑所蕴含的文化意蕴，其也进行了一番阐述："现在来党村旅游的人中，一部分是来看文化的，一部分是来看建筑的，还有一部分仅仅是来看'墙'的；以祠堂为例，游客只是随便看看就走了，祠堂里是有许多文化内涵在里面的，就拿祠堂门口的柱子来说，柱子上有一个斗，这个装粮食的斗就有三个寓意：一是才高八斗，二是吃皇粮，三是学无止境。而游客多没看出其中含义。"当被问及贾姓祠堂里的神楼是做何用时，他说道："是举办社火的时候用的，但是现在淡化了，过年基本没有社火了。"党某认为，"村庄所处的位置是一个风水宝地，从未遭受过水灾，就连地震也影响不到，这个建筑比北京的四合院先进，因为墙壁更厚、冬暖夏凉"。党某对村庄历史和村落建筑文化内涵的了解与阐述，不仅是对党村"以耕养读、以读养耕"思想的直观体现，也展现出其作为党村人的骄傲。然而笔者观察其房屋，发现其厅房已被拆除，当问及原因时，他说："当时家里穷，就把一个房子拆了，拆的砖用来换粮食吃。"这也体现出在时代变迁中，古村落和古村落中的人们所处的困境。

第五个阶段是"下村上寨与新村并存，保护性修复"时期（20 世纪 90 年代中期以后）。

1983 年，西安建筑科技大学和日本的学者来党村实习考察，并在联合国教科文组织发表论文，引起了日本学者青木正夫的重视，进而组成了中日联合调查团，后来又出版了两本书，这标志着党村的被发现。1995 年前后，党村的旅游业逐渐发展起来，村民也逐渐意识到住宅的价值，国家也提供部分的资金支持修复住宅，由此，党村的建筑进入了保护性修复时期。

目前党村的格局为"下村上寨与新村并存"。从 20 世纪 80 年代中期开始，由于居住人口的增加、居住空间的狭小等原因，陆续有人搬至塬上，20 世纪 90 年代中期以后更多的人搬至塬上，"新村"逐渐形成，村落的行政中心（村委会）也迁到了新村。这一方面能够促进对古民居的保护，另一方面也使得老村逐渐出现"空心化"问题，为数不少的空宅空院出现了残破老化的现象。

（三）党贾两姓的关系

相传元至顺二年（公元 1331 年），党氏始祖党恕轩从朝邑一带（今陕西省大荔境内）逃荒至韩城泌水河畔，在北塬上凿窑洞居住，以租种赔庙庙田为生，之后种田开荒，并且娶邻村的女子樊氏为妻，生四子，分别为长子君显、次子君仁、三子君义、四子君明。明初，国家实行屯田制，每户必须出一人外出屯田。党恕轩的四子君明去甘肃河州屯田未归，其长子、次子、三子各立门户后，形成了长门、二门、三门，且随父开荒种田。之后长门逐渐衰弱，人丁减少，而二门、三门人丁比较旺盛。

党村中贾姓的始祖贾伯通大约是在明洪武年间（约为 1368 年）从山西洪洞县来韩城经商的，最初寄居于韩城贾村，后迁至县城。其第五代孙贾连于明弘治八年（1495 年）和党姓联姻，生子贾璋，后遂于明嘉靖四年（1525 年）以甥舅之亲定居党村，为贾姓居党村的始户，迄今 500 余年，繁衍成为党村第二大姓。可以说，从贾党两姓联姻到贾璋入村，从农商并举、合兴合发到和谐相处、共建家园，从耕读并重、崇尚文化到人文蔚起、英才辈出，贾族党族的子孙早已两溪相汇，融为一体，子孙梅雪相映，相得益彰。

可以将党贾两姓的关系简略地划分为三个阶段。第一个阶段是党贾两姓各自经商，和睦共居（约为公元 1525 年至清乾隆年间）。第二个阶段是党贾两姓合兴合发，两溪相汇且两族分明（约是清乾隆年间至新中国成立前），在这一阶段虽然其生意上有合作，但是两族之间还是有明确的区分，各家有各家的分银院、祠堂等。第三个阶段是宗亲关系的弱化时期。伴随着新中国的成立，从土地改革、互助组、初级合作社、高级社，再到"政社合一"的人民公社制度，党村从宗族村向行政村转变，宗族势力退场，国家政党进入，党村人之间的关系也发生了微妙的变化，原有的党氏长门、二门、三门和贾氏的划分被打破，人们的日常生活也渐渐地以生产队为中心，而不是宗族。笔者在访谈的过程中发现，现有的居民中只有年龄较大的才知道自己属于党氏哪一门，年龄较小的就不知道也不关注了。而且家中有红白喜事时也会找一个生产队的人来帮忙，而不是限于一族一姓之中。

案例 1 - 3：谢某，74 岁，1962 年高中毕业。家中有五口人。居住在塬上，但是在老村开了一个小商店。自家老房子已不能住人，但其还需在老村中售卖剪纸、虎头鞋等商品，有时售卖商品较晚，需要留宿老村中，而其贾姓邻居也已搬至塬上居住，老房子处于空置状态且还可住人，其简单和邻居商议之后，便在邻居家的老房屋里销售商品和住宿，且不用付租金。党贾两姓的融洽关系，从这一小事中也可简单窥测。

二　宗族与村政

费孝通在《乡土中国》中指出，作为中国基层社会的乡土社会是一个"礼治社会"，实行的是长老统治，族权和绅权对整个乡土社会有着极为重要的影响。然而，1949 年新中国成立以后，从土地改革、互助组、初级合作社、高级社，再到"政社合一"的人民公社制度，破坏了原有的宗族亲缘关系，行政权力开始渗透村民的生活之中，宗族村也逐渐向行政村转化。但宗族并未就此退出历史的舞台，而是依旧在村庄内部发挥着重要作用。党村作为一个由同族姻亲聚居而形成的集中式村落，宗族在其村庄发展中有着不可忽视的作用。

（一）从姓氏结构看宗族与村政的关系

表 1 - 1   党村历届村主任（大队队长）、村支书姓名及任期

村主任（大队队长）	任期	村支部书记	任期
党丙堂	20 世纪 60 年代	党继生	20 世纪 60 年代至 20 世纪 70 年代
党红发	20 世纪 60 年代至 20 世纪 80 年代	王吉有	20 世纪 60 年代至 20 世纪 80 年代
党乃昌		党英竹	20 世纪 80 年代以前
贾幼直		党保民	1988 年至 1990 年
党红发	20 世纪 80 年代至 20 世纪 90 年代初	党建中	1993 年以前
党建中		党令国	
党令国		贾幼直	
党民生	1990 年至 1992 年	贾刚	1993 年至 1996 年
师引莲	1993 年至 1995 年	师引莲	1997 年至 2004 年
党中民	1996 年在任半年	党文涛	2005 年至 2008 年
党启智	1997 年至 2002 年		
师引莲	2002 年至 2004 年代任		
党艺民、贾恒天、党秀珍	2004 年至 2006 年组成临时委员会	贾玉明	2008 年至 2011 年
贾建云	2006 年至今	党建伟	2011 年至今

表 1 - 1 是党村历届村主任（大队队长）和村支书的姓名及在任时间。从表中可看出，从 20 世纪 60 年代至 80 年代在任十几年的村支书王吉有是除了师引莲以外的唯一一个外姓人。笔者根据

访谈认为其之所以在任这么长时间有以下原因：第一，王吉有是红五代，社会关系比较简单，在当时的社会背景下，得以长期担任村支书一职；第二，王吉有德行好，其在任时的所作所为得到了村中居民的认可；第三，新中国成立以后，党贾两姓有文化的人一般都外出工作了（比如有去高校当校长的），人才较为缺乏。

自新中国成立以来，在12位正式在任的村主任（大队队长）中，党姓占9位，贾姓占2位，外姓占1位；在12位正式在任的村支书中，党姓占7位，贾姓占3位，外姓占2位。而宗族在村务中的作用，主要是通过影响或干预村"两委"负责人的产生，对现任村"两委"负责人施加影响等方式来实现的，从数字中可以发现，党村"两委"的负责人中是以党姓为主导的。因而可以推断，虽然党村内部党贾两姓历代和睦相处，但村中事务还是由大姓党姓来主导。

（二）由"2002年的选举风波"看宗族与村政的关系

2002年的选举风波是指，2002年，党村"两委"的负责人换届选举时，村民产生了分歧，一派支持作为十六大代表的上一届村委会主任师某继续连任，一派反对师某连任。之后村民砸毁了会场，拒绝进行换届选举，并且不断上访。

师某，本为井意村人，18岁高中毕业时就在井意村当团支部书记，23岁时到镇上社办企业印刷厂当厂长。后嫁入党村，先后担任村里的出纳、农业科技员、小学老师、妇女主任、治安调解员。1996年11月当选村支书，1997年，正式兼任村委会主任。

我们对她以及2002年选举风波的了解，是通过一系列的访谈得知的。

访谈对象一：樊某——引出师某

> 贾家樊氏，74岁，1958年嫁入党村，党村四组村民，在老村中居住。家中共有四口人，儿子在韩城上班，儿媳在韩

城开理发店，孙子读初中三年级，平时樊氏都是一个人在家。其在家门口摆了一个小摊，主要经营绿茶、矿泉水等饮料，还有棋子豆、花椒饼等地方特色小吃。访谈中她谈道："自从村里有旅游以后，我就开始摆这个摊，成本很低，都是儿子帮着进的货，平均一天能挣30元左右。老了，有个事儿做，不忙也不闲，又能挣点钱，挺好的。"当问到对村中旅游业发展的认识时，她说道："村中旅游业的发展对我的影响就是能够摆摊挣钱，如果你们要问党村的旅游业的发展，我给你们推荐个人，你们去问问她，肯定能了解到更多事儿。她叫师某，是村上的上一届村主任，是党村的媳妇儿，她在任时把村上的旅游业搞得很好，她还当过十六大代表哩，不过因为村中意见不统一，2002年换届选举时闹得很大，都闹到市里了。她家就住在塬上，你们可以去看看。"从这位老人这里笔者了解到这位对村庄旅游产业发展有着重要影响的女性，因此我们决定进一步对师某进行访谈。

访谈对象二：师某——得见本人

在新村中边走边打听，一位热心的70多岁老人把笔者领到了居住在新村最边缘偏僻位置的师某家中。笔者见到了这位衣着随意的女强人，她刚从田里回来，在家中照看小孙女。笔者刚开始和她聊了她在任时为了推动村中旅游业发展所采取的一系列措施。在之后的访谈中，师某主动对党村2002年的选举风波进行了讲述，她说道："我这一辈子有两个心愿，一是做个优秀的人，二是见一下国家领导人，我认为我都完成了。这一辈子做的事儿可以称得上是一个优秀的人，2002年当了十六大代表，见了两届国家领导人。可是回来之后，村里面也要进行换届了，却有人把会场砸了，不让我参加选举，他们当时喊了两个口号，一个是'母牛不能稼园'，所以党村也不能让一个女的当家，另一个是'党村，不让党贾两姓的人当家，而让一个外姓人当家，有辱祖先'，所以就不让我参加选举。"此外，师某还说道："除了因为自己是一个女外姓人以外，还有人以村中财务不公开为由反对她继续当村主任，但是市里派人来调查也没调查出个啥。"

笔者还对村庄内部的其他村民进行了访谈，从中也可以简单知晓普通村民对师某及2002年选举风波的看法。

访谈对象三：贾姓某村民

贾某，70岁。当被问及旅游业的发展时，他说："现在的旅游业搞得一点也不好，只知道挣钱，党村的文化却宣传得不到位。上一届村主任师某把旅游业搞得风风火火，却有一些人看到了利益，用家族的名义把人家赶下来了，我很看不惯那件事，还是很支持师某的。"

访谈对象四：党姓某村民

党某，党姓二门人。他在该事件中反对师某继续当村主任，他对2002年选举风波的看法是："2002年，村委会选举出现了分歧，村里边分成了两派，两派只是支持的人不同，村民之间还是友好相处的。"

访谈对象五：党姓某村民

党某，曾是村委会领导成员，师某在任时他主抓旅游业。他说："师某能干敢干，带着我们一起领导村民发展旅游业，当时觉得党村真的是党村人的，村民真真正正地参与到村庄的发展建设中。当时有人不让师某继任，说是财务有问题，这个我清楚，在中国这样的社会中，外出宣传是需要和上级或者是外界交流的，这其中有些吃饭、打车的钱是写不清楚的，这不怪她。还有一点就是她可能有些直性子，说话比较直，所以当时也得罪了一些人，特别是村中的长者。"

访谈对象六：贾姓某村民

他说道："2002年那场选举风波，分成了两派。一派是支持师某的，认为她当了十六大代表，可以更好地宣传党村，促进党村旅游业的发展。另一派反对师某，认为她在任时经济不公开，而且她用人不当、用人唯亲，让自己的亲戚来管账。"

从访谈中可以发现，村民对师某的反对，有宗族的原因，更重要的还是存在利益的冲突。师某上任时，村中欠有8万元的债务，所以当时虽有人反对，但并没有人愿意当村领导，师某就上任了，而且连任两届。当旅游业发展起来时，村中收入增加，就出现了各种问题。有人借"宗族"之名，认为她不是党贾两姓之人而破坏了换届选举，并且不断上访，所以冲突的最根本原因还是利益问题。这次事件之后，新一届的村委会领导上任，将党村的旅游业交由旅游局管理。因而，2002年的选举风波，不只影响了村政，更对村中经济及未来的发展产生了影响。

总之，宗族与村政之间存在微妙的联系。一方面，强族大姓可能会凭借其宗族优势，通过血亲网络等，在村主任和村支书等主要领导人的选举、村中事务的决策和管理、村庄资源的分配等方面产生影响，从而实现有利于本族或者本姓的利益。另一方面，村主任或者村支书在管理村务时，也可能会巧借宗族来实现自己的目的。研究者应该正视宗族的存在，并探究如何使其在农村管理与发展中发挥积极作用。

三 党村村落建筑与文化阐释

党村自党姓始祖党恕轩于元朝至顺二年（1331 年）从陕西朝邑（今属大荔县）逃难避乱至韩城县北乡起，距今已有近 700 年的历史。真正使党村闻名的与其说是历史悠久，不如说是其独具特色保存完整的建筑群。英国皇家建筑学会查理教授曾说道："东方建筑文化在中国，中国民居建筑文化在韩城。"而日本建筑学者青木正夫在走遍世界各国、遍寻各地特色建筑之后见到党村建筑时，终于说出了那句闻名全党村、在调查中我们不止一次听过的名言："我曾到过欧、亚、美、非四大洲十多个国家，从来没有见过布局如此紧凑，做工如此精细，风貌如此古朴典雅，文化气息如此浓厚，历史悠久的，保存完好的古代传统民居。"此后青木正夫组织由日方和西安建筑科技大学研究人员组成的中日联合调查团对党村的古民居建筑进行了详细的调查，搜集了大量的数据和资料，最终撰写成日文版的《党村》和中文版的《韩城村寨与党村民居》，使得党村日益闻名于学术界。然而已有的大部分研究多从建筑学的角度对党村传统民居进行研究，很少从社会学的角度对党村的传统建筑进行文化阐释。因此，我们的研究在对党村部分村民进行访谈的基础上（由于访谈要求访谈对象对于党村历史文化有一定的了解，所以访谈对象主要为党村年长者或是"民间文化人"），查阅相关资料，旨在从社会学的视角对党村的传统建筑进行文化阐释。我们的研究集中在文化中的建筑，而不是侧重于建筑中的文化。建筑只是党村文化的一种表现形式，若要研究党村文化，就不能只研究建筑，若要研究党村建筑，则要清楚党村文化，正是党村长期孕育形成的文化催生了党村特色建筑的产生，党村人前期从事农业生产所坚持的艰苦奋斗的精神使得党村不断地发展壮大，而善捕商机、励精图治的精神又使得党村的商业得以发展壮大，使得党村从农业生产向商业经营与管理转变，

这为党村建设相关建筑提供了资本，同时崇尚文化与教育的传统
又使得党村人一直坚持儒家传统的道德规范。对教育的重视，使
得党村人才辈出。对文化教育的重视反过来又促进了党村的发展，
可以说党村的发展与党村文化是相辅相成的两个要素，两个要素
在互相影响、互相促进之中不断发展。

（一）公共建筑的历史缘起及其解读

作为一个闻名中外的历史文化名村，党村是中国传统古村落
的典型代表，村内分布有系统完整但风格各异的公共建筑群。这
些公共建筑包括：作为宗族活动场所的祠堂、具有象征教化意义
的节孝碑与看家楼、体现党村人对文化教育重视的文星阁与私塾、
作为军事防御建筑的泌阳堡与哨门。

1. 从祠堂看党村传统宗族社会

作为党村最为重要的公共空间，党村总共修建过 11 座祠堂，
如今保存完整的仅有 5 座，其中村中存有 3 座、上寨有 2 座，这些
祠堂分成合族、分门、分支、个人四类，祠堂多为四合院建筑，
如图 1-1 所示。党家祖祠和贾家祠堂作为合族祠堂，至今仍完好
保存于党村。党家祖祠位于大巷中心，坐北朝南，曾作为村委会
驻地。贾家祠堂位于大巷西部，坐西朝东，曾作为党村文化室。
由于党姓始祖党恕轩生有四子，分别为君显、君仁、君义、君明
四人，四子党君明奉父命往甘肃经商，并定居甘肃，因此，党家
在合族祠堂之下有党长门、二门、三门分门祠堂，而贾家则只有
二门分门祠堂。党长门祠堂位于村中央；党二门祠堂位于泌阳堡
涝池东侧，至今仍存于世；党三门祠堂位于村子东哨门外南侧，
俗称"前三门祠堂"；贾家二门祠堂，又称"本源祠""小祠堂"，
位于西哨门外。分支祠堂则有 4 座：党二门 2 座，一座位于泌阳堡
涝池与党二门祠堂之间，称"前二门祠堂"；另一座位于西哨门外
路北侧，称"西报本祠"。党三门有 2 座，一座位于东哨门外大道

南侧，名为"东报本祠"，又称"后三门祠堂"；另一座位于泌阳堡涝池北侧，称"辉斋祠"，祠堂门前有照壁，是村中最为宽阔的祠堂，如今该祠堂已被私人改造作为住宅使用。个人祠堂则有"党太守祠"，为清朝光绪年间党焯堂为其父亲党蒙所修（党康琪，1999：27）。据族谱记载，党蒙系后三门十七世世祖，曾给党族祖祠奉献纹银五百两，并给其后三门祠堂，即东报本祠贡献大宗纹银，作为翻修祠堂及购置水田之用，以表思源报本之情。由此来看，党村形成了一个严密的祠堂系统。

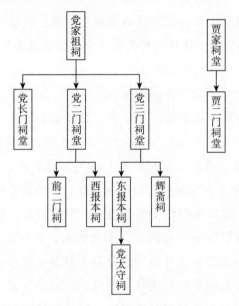

图 1－1　党村祠堂系统

党村作为以党贾两姓为主的村落，却建有 11 座祠堂，不能不让人对这一现象产生好奇与疑问，为何党贾两姓会修建如此多的祠堂？在访谈中，村中一位老者的话大概可以为我们解答一些疑惑。68 岁的党某对笔者说道："党村有党贾两姓祖祠 11 座，有的人说你一个党姓有一个祠堂就行了，你为啥呢（建这么多祠堂）？因为当时总的祠堂就是党家一个祠堂，贾家一个祠堂，到后来就是人们都有钱了，后辈人都给他亲近的父辈修建祠堂嘞，所以村里的祠堂才有11座。"党二门族谱记载："党运升于清朝康熙初年至河南南阳随父经商，继父遗绪，励精图治，辛勤经营，相继设立了恒兴桂、恒兴栋、恒兴永、恒兴庆四商号。晚年将商号分给四子，每人一商号。后其四子为追念先祖和先父艰苦创业，设堂祭祀，偕同在本村西头建设祠堂，命名'报本祠'，以报恩思源。"由此可见，党家分支祠堂多为党家人经济富裕之后为纪念先祖而修建的。而在党家祠堂所进行的活动，主要为祭祖和议事等。访谈中，69岁的党某曾说："一般祠堂的功用来说，那它就是两大功用，一个是祭祖，再一个就是议事，议事也就是合族的一个会议室嘛，大家在一块，反正长老们在一块开会嘛，议事嘛，祠堂它就是这两大功用。"就祭祖来说，一般会在祠堂里组织各节的祭祀活动，本祠堂男丁轮流担当义务置办和分配祭祀供品，称"做节"，比如党家祖祠中，18至59岁的所有男丁，会被编为20多组，每组10多人，每年一个组轮流"做节"，而在老人"破老"之后，就会免除"做节"义务。所谓"破老"，也就是被确定为老人，以党村来说，男丁60岁就已是老人了，可以参与宗族议事，有参与族长竞选的资格，同时，在宗族祭祀时，"老人"可以进入主祭位置，可以领双份的祭品（党康琪，1999：81～82）。而从议事来说，在党村，一般由党贾两姓宗族共推选出8位受人尊敬的"老人"，组成让宗族事务得以有效运行的核心。然后，再从8位老人中选择6位老人，组成"公直"，共同对村落和宗族事务进行管理。8位"老人"主要负责对重要事务进行决策、监督并将族人组织起来；而另外6位"公直老人"则侧重于对具体事项的执行和管理。村中大小事务的决定、公布一般以公告的形式告文大家，凡是签署"公直老人同具"的公告在村里具有相当大的效力。村落的日常建设、治安防范、突发事件应急、组织生产活动都有赖于"公直制度"的有效运行（党康琪，1999：82）。在党村，秋田将熟时，"公直老人"就要拟定"护秋制度"，冬季夜长则要制定"冬防规程"。另外，"公直老人"握有同族长一样的处分村民的权力。比如盗窃，拨弄是非惹村人不和，以及让村人不能容忍的各种劣迹，都可能受到老人的处分，最严重的处分叫"革出行外"。就是剥夺一个村民参与村里公益事业及公共活动的权利，甚至于将其庄稼不列入村上保护的范围，实质上就是开除村籍之意。此种处分村民虽未被赶出村子，但将失去参加村中任何公共活动的资格，不受村政保护，还会遭受族人、邻人及村民的鄙视，陷入孤立。同时，一般祠堂会推举两到三人，对财务和账务进行管理，即"管匣子"（党康琪，1999：83）。

举办祠堂活动当然需要经费的支持，而党村的祠堂活动经费主要来源于两个方面，一是族田收入，一是基金。正如上文所提到的，翰林党蒙曾经给党家祖祠奉献纹银五百两，并给其后三门祠堂，即东报本祠贡献大宗纹银，作为翻修祠堂及购置水田之用，类似于党蒙所奉献的这些纹银一般就会当作祠堂的基金，而购置的水田则会作为族田。这两方面的经济来源为祠堂公共活动的开展提供了经济基础。

从上文的介绍可以看出，党村有着自己完整的祠堂系统，同时也有着一系列的祠堂活动，并有着稳定的活动经济来源。从党村的祠堂系统可以看出，党村有着庞大的宗族和严密的组织体系，其对党村的文化及村落的发展产生着巨大的影响。

首先，祠堂将虚化的宗族转化成一种物质形态的象征，促进人们宗族意识的形成与强化。祠堂中一般都会供奉祖先的牌位，这其实也是对祖先的崇拜与纪念，通过对同族同门或是同支祖先的祭祀，人们强化了自己所属的族、门、支，形成相应的宗族意识，而一旦其拥有了此种意识，就被无形地纳入一种群体之中，需要遵守相应的群体规范，如族规等。祠堂与祭祀活动是宗族的象征，时刻提醒着人们属于何族何门，如党姓族人看到党家祖祠可能就会说"这是我们族的祖祠"。

其次，祠堂活动与祠堂制度促进了宗族凝聚力的形成与增强，实现着对宗族乃至乡村社会的控制与治理。祭祖等传统常规的祠堂活动使得人们在交流之中增加了相互联系，使得族民之间的感情加强。同时，如上文提到的，党村祠堂一般会选举 6 位"公直老人"组成管理宗族事务运行的核心，其不仅需要组织族人参与宗族活动，同时也需要对宗族成员的日常生产生活等进行监督与管理，可以说，6 位"公直老人"就是宗族的"守门人"，其在监督群体成员的生产生活、维护宗族的稳定与发展中发挥了较大的作用。而党村众多的分门、分支祠堂在一定程度上为控制和治理乡村社会提供了可能，使得党村乡村社会得以长期稳定。

再次，祠堂文化促进着党村文化的传承发展。何为党村祠堂文化？通过调查，笔者认为，对孝道的尊崇与对老人的尊敬是党村祠堂文化的核心。上文已有提及，党村一直有着"破老"的习俗，即 60 岁就被确认为老人，并享有很高的地位。党族祖祠前至今仍保留有一个历史久远的长寿凳，按以往的规范，只有 60 岁以上的老人才被允许坐在长寿凳上，与如今游人、小孩每人都不受限制、自由坐立的情况相差很大。调查中，我们在一个五口之家进行访谈时，家中年长的奶奶行动不便，一直坐在轮椅上，而在我们的访谈过程中，其 20 多岁的孙子一直在照顾奶奶，给她换衣服，照顾她吃东西，无微不至地照顾家中的长辈，这其实也是对孝道及尊敬老人精神的继承。如今在村中居住的 75 岁高龄的党蒙后人曾对我们说："过去，到八月十五的话，还能按辈分，到祠堂里边领烧馍子，比方说，你 80 岁了，你资格老，给你分 8 个烧馍子，比方他 70 岁了，给他分 7 个，后边的小孩一二十岁的娃，小娃每人 2 个，你家里有 3 个小孩，你领 6 个烧馍子，也是家里边按照年龄（分），看着是领馍呢，实际上就是把家族按辈分区分开来，为什么要领 8 个，你 70 岁，你领 7 个，把两个人区别开来，都是这个村子的人，一分子，他年龄大，受到尊敬了，所以他8个。"这正体现了党村祠堂活动对于孝道的重视和老人的尊敬，同时也体现了长幼有序这一思想。但是党家祠堂的这一分馍活动只给男丁分，而不给女丁分，体现了其所遵循的男女有别的思想。

党村的祠堂文化其实是在儒家思想主导的传统社会下产生的，故其秉持着长幼有序、男女有别等儒家传统思想，并重视族规、乡规民约对于族民、村民的规范。因此，考察党村祠堂文化应将其与儒家传统文化相结合进行分析。党村有着严密的祠堂系统，并有祭祖、议事等祠堂活动，其有着族田收入与基金的经济基础的支持，同时还有着"公直老人"制度，并遵循传统的儒家文化，这在无形之中使得族民、村民的凝聚力得以形成并增强，对宗族与乡村社会进行控制、管理与教化，维护宗族内部和乡村社会的稳定与发展。

2. 具有象征教化意义的节孝碑与看家楼

在党村众多建筑中，具有凄美历史典故的唯有节孝碑。节孝碑，位于村中大巷东侧。相传，光绪年间，村里的党伟烈在进京赶考的过程中不幸暴毙而亡，其新婚妻子牛孺人遵循传统的封建道德准则，留在丈夫家，为丈夫守寡的同时，一直贤惠地侍奉着公婆，有人劝其改嫁，但牛孺人不为所动。其死后，人们将其与其夫党伟烈合葬在一起，并上报朝廷为其建造节孝碑。节孝碑被建筑学家认为是党村砖雕艺术的精品。其碑头为悬山顶式，檐上筒瓦包沟、五脊六兽，同时，其还有斗拱三层、探头、花牙子、额枋、漏窗、楹联、高浮雕瑞兽头。斗拱下的阁楼匾额上雕的"巾帼芳型"四个字也是赞颂牛孺人之意，其额框还由游龙、麒麟、香炉等图案所组成，额下则雕刻有"喜鹊梅花""鹤立溪水""鸭戏莲蓬"和"奔鹿"四幅图。碑的正面两侧则有一副对联："矢志摩他，克谐以孝；纶音伊迩，载锡其光。"对联上方则有一个"福星"和"禄星"的人物浮雕（李文英，2002：160）。正文的碑文则为"旌表敕赠徵仕郎党伟烈之妻牛孺人节孝碑"，其所指的就是皇帝所下命令表彰牛孺人的节孝，是妇女们的好榜样。

在党村的中心地带，矗立着党村的看家楼，楼高四层，朝南面，在党村众多四合院的衬托下显得格外显眼。看家楼是韩城人民为了感谢党村人党天成而修建的，民国七年（1918年），驻守韩城的秦保善随意敲诈勒索，如有人拒绝则会兴兵劫掠，民众对此意见极大。秦保善在一次率部前往县北行劫时，与党村人党天成所率领的"北区保卫团"发生激战。之后秦保善率部700余人，侵入党村进行报复，先将党天成的院子放火烧毁，并在村寨中行暴抢劫。党天成联合韩城西区民团，经过几次苦战，终于打败秦保善，赶走了秦保善这股土匪。韩城人民为了感谢党天成，联合全县人民集资为其重修院落，并增修了看家楼（党康琪，1999：41）。看家楼由于比村中其他四合院高，也可作瞭望塔用，是村中的防御建筑之一。

节孝碑与看家楼都是具有纪念性质的党村特色建筑。节孝碑是为了表彰牛孺人作为封建社会中一个合格的贞节妇女具备传统妇女所应有的道德与操守，而看家楼则是人们为了感谢党天成为党村与韩城的安定所做出的贡献。两栋建筑都在村中的显著位置，节孝碑处于村里大巷和原文化广场东部，是从村中到泌阳堡的必经之地，而看家楼则处于村的正中心。两栋建筑在建造之初，是为了纪念与感谢，然而，其在无形中教化着党村的村民，由于所处的区位，两栋建筑很显眼，人们经常可以看到，人们看到建筑之后，想到的更多是其中所蕴含的历史典故，这些典故所传达的思想无形地在教化人们。如节孝碑使得人们意识到封建妇女就应该如牛孺人一样，坚持节孝，即使守寡，也应继续服侍公婆，应该遵守封建女性所应遵守的道德准则，如有违背，则为人所不齿。党二门族谱中所记载的一个案例可以说是民国版的"牛孺人"，充分体现了封建道德准则和节孝碑对后人所产生的影响。

余姊讳竹青，生于民国二年（公元 1913 年）正月十七。民国十九年（1930 年），时龄十八岁，是年腊月初六日適坡底村刘慰祖。民国二十三年（1934 年）春，刘慰祖在韩城中学读书期间，因患伤寒症，病情严重，治疗无效，以至于农历三月病故，终年十九岁。彼时，她年仅二十二岁，无有子女。在封建礼教的束缚下，嫡居刘家，苦节不渝，奉养婆婆，至民国三十六年（1947 年）夏季婆婆病殁安葬，历时十三年有余，饱经风霜，辛酸度日，可谓苦命之人！因自身无亲生子女，孤单凄凉，年老时孤独无依，遂于侍奉婆婆之际，抱养他人之子为己子，起名刘友元，为己承继，为刘门立嗣。含辛茹苦，抚育嗣子成人完婚，安居成业，交代了职责。如此，悲苦终生，暮年幸得嗣子刘友元侍奉孝顺，足以欣慰。由于积劳成疾，医治无效，不幸痛于 1988 年农历四月初四日上午七时十分逝世，享寿七十六岁。

从以上的案例可以看出，妇女社会地位的低下及其受制于封建礼教而导致的悲凄人生，但同时也反映出封建礼教及节孝碑对妇女深深的教化作用。

3. 体现党村对文化教育重视的文星阁、私塾与惜字炉

文星阁是党村的村标，位于党村东南，面朝西北，是党村最高的建筑，总共有 6 层，高达 39.5 米，是一座六棱形的塔形建筑。顶盖类似将军盔，尖而峭，上有宝顶，六根铁绳从顶上牵起六角飞檐，飞檐下则各垂一只大铁铃。文星阁每层都供有与文运相关的圣人或神，第一层供奉至圣孔子以及被称作"十哲"的子游、子夏、冉有、子路等十位孔子门下的高徒的牌位，第二层供有复圣颜渊，第三层供有宗圣曾参，第四层供奉的是述圣子思和亚圣孟轲的牌位，第五层供有文昌帝君的牌位，最顶层则供奉一手拿笔、一手执笔、正在点元的魁星爷，即文曲星的塑像（党康琪，

1999：19~21）。而在文星阁之外，每层都有村中的举人或秀才所题写的独特题词。在文星阁之下的入口处有小亭，亭下正面是两根红色明柱，柱上是村中清朝举人贾乐天所题的木制对联："巍焕楼台新气象；森严奁阁旧规模。"在第一层门外也有一副由村中的清朝秀才党纪烈所写的木制对联："配地配天洋洋圣道超千古；在左在右耀耀神灵保万民。"（党康琪，1999：21）一层上的"文星阁"、二层上的"大观在上"、三层上的"直步青云"都是由村中的秀才所题，四层上的"文光射斗"则是由村中的秀才党林翰所提，五层上的"云霞仙路"则是由村中的秀才贾砚田所作，最顶层的"笔参造化"由村中的秀才党温恭所提。

村中的文星阁原建于明朝嘉靖年间，为木塔，但后来遭遇火灾而烧毁，如今村中保存的文星阁是光绪年间历时8年所修建的砖塔。在与村中长者访问时，村中长者说："文星阁，明朝嘉靖年间修的，但后来烧毁了，在1901年，村里就是一个秀才倡导大家捐资建文星阁，一个文星阁建了8年。8年的原因是什么？文星阁建造的目的就是奉先贤、勉后学嘛，孔子、孟子、孔孟程朱的牌位，劝勉子孙后代就是获取科举功名。"

文星阁的建立由秀才倡导，其内部供奉的众多圣人、与文运相关的神等，其各层题词都由村中举人、秀才题写。除此之外，村中从清朝开始设立了众多的私塾，在民国初年，同时存在的私塾能指出塾东、处所或塾师的就有6所之多，党村的贾乐天还创办了韩城第一所高等小学堂。民国初年，村中还设有初级国民小学；而抗战初，村中则在文星阁之下创立了有正规校舍的小学校（党康琪，2001：110~111）。值得一提的是，据说村中还设有四座惜字炉，人们不用的废纸都不能乱丢或用来糊墙，而应放入惜字炉中集中焚毁。这些都折射出党村对于教育及文化的重视。访谈中，党某先生跟我们说道："据现在有人统计嘛，党村从同治到光绪年间，可能也就不到50年的时间，出了1个进士，5个举人，6个贡生，44 个秀才。那个功名几乎家家都有，所以说，这个党村的文化素质高，高在什么地方，就是从建村后，这几百年建的历史长河中，历代它都对教育非常重视，它把这放在第一位。再一个，实际上，党村的文化素质相对来说还是较高，祖祖辈辈都是重视教育，崇尚文化，这作为一个村风，几百年的村风，传承下来。"这些都意味着党村对于科举功名的重视，科举功名的获得，可以提高其社会地位。由于党村主要以经商为业，而传统的封建政府一直都坚持"重农抑商"的政策，商人在中国封建社会的地位一直都是偏低的。为了提高社会地位，商人一般都会自己考取功名或是使自己的子孙后代获取功名，这使得其对教育与文化极其重视不足为怪。同时，对于文化教育的重视，也使得党村人才不断涌现，又进一步促进了党村人的经商事业及党村的整体发展，这些因素之间的影响是相辅相成的。当然，相比于党村历史上对于教育与文化的重视，如今出现的村中唯一的小学也于近年被取消的尴尬境地，如何继承历史传统，加强对教育与文化的重视才是党村人自己应加以思考的。

4. 作为军事防御建筑的泌阳堡与哨门

党村建筑以其独具特色及保存完整而闻名。而使党村建筑受破坏较少并保存完好至今的原因之一就是党村坚固的防御体系。这一体系由下村的哨门和上寨的泌阳堡所组成。泌阳堡的建立是形势所需，一方面是村中防务的需要，同时也是村内人口和社会生活容量的不足需要建造新的居住地，其由村中举人党遵圣、拔贡党之学等人倡导建造。在同党某老先生的访谈中，他对泌阳堡的建立过程进行了说明："到了咸丰初年，就是开始建泌阳堡，建泌阳堡的原因，我认为一个就是居住的需要，子孙后代繁衍，人口增多，村子里容纳不下了，第二个呢也就是，在当时的形势下，主要就是，安保的需要，因为当时，咸丰初年的时候，中国的形势是什么，南有太平天国，北有义和拳，而在陕西还有一个回民起义，在这种情况下，朝廷下令各地自保。泌阳堡的 36 亩地是下干谷村的，买了人家的地，采用捐资、集资的办法修建了泌阳堡，建寨门、道路，修筑寨墙等，但建房就是自己管。战乱时期建了3年，咸丰三年到咸丰六年。"泌阳堡位于下村东北侧的高地之上，占地36亩，外侧有寨墙环绕上寨，寨墙为土墙，北面与塬地相连，而南侧则建有城楼，城楼下部有城门，从城门进入有隧道通入寨子之中，城楼之上则有战棚，用来巡视城下概况，城头还建有炮台，并安装有铁炮，用来防御。在寨子北侧东西两角则各筑有一座营房，供守卫者巡逻休息。"最初愿在上寨内建房的有二十七家，宅基地每份三分，以抓阄的方式分配。寨子中建有祠堂、惜字炉、涝池等公共设施。"（党康琪，1999：64~66）泌阳堡的建立增强了党村的防御体系，遭遇外敌之时，村民可以进入寨子之中进行躲避，可以在寨子之中生活，而在修建泌阳堡的同时，村中又给村子修建了25道哨门，进一步巩固了村内的防御体系。在访谈中，一位55岁的村民在谈到村里的这些防御建筑时很自豪地说："过去的时候，我们村上，城门一关，土匪是进不来的，城墙上还有大炮，他就进不来，过去，村里还有24道哨门，一个巷道一个，一到晚上，门'哐'一关，村子里很安全。"

党村的村落结构是上村下寨的分布类型，而下村的哨门与泌阳堡组成了党村封闭坚固的防御体系，而村中的巷道一般很少有十字路口，多为"丁字"路口，并有许多死巷，这也是出于安全防卫的考虑而建的。党村的防御体系对党村的人员、财产起到了很大的保护作用，也对党村的文化与建筑起到了很好的保护，同时这种封闭的防御体系却没有束缚党村人的思想，党村人在这种安全的环境中反而具有了另外一种优势，即可以安静安全不受打扰地学习传统的儒家文化并加以应用于建筑的建造之中，使得在文化浸染下的党村建筑具有了灵魂与精神。

（二）私人建筑及其解读

党村的四合院以其保存完整而著称。据统计，党村如今保存完整的四合院有 125 座。四合院作为党村主要的私人建筑形式，每一个元素，如门楼、门额、家训等，都值得研究。笔者的调查侧重于从四合院的布局与居住讲究来看传统的中国农村家庭，对其门楣、家训等进行初步的探究与解析。

1. 体现中国传统家庭关系的四合院

党村的四合院与北方的四合院差异较小，一般由厅房、厢房与门房构成，门房外有门楼，而且特别注重对门楼的装饰，门楼上有门楣、门额等，同时运用木雕技艺对其加以装饰，而且必须修得高大雄伟，以突出门楼的雄伟气势。1987 年中日联合调查团调查的 158 户党村住宅中，厅房大多为三间型，有 84 户；厢房则多为四间型，有 68 户；门房则多为小五间型，有 67 户；而厅房、厢房、门房多为两层；四合院中多为二代或三代人一同居住。通常情况下，厅房供奉着祖先的牌位，一般作为祭祀和设宴待客的场所，而家中的长辈一般居住于门房之中，家中的晚辈则居住于厢房之中，而且讲究兄长住在东侧，年龄或辈分较小的弟弟住在西侧，而且在建造之时，兄长所居住的厢房其房高一般较高。

从四合院的居住分配形式中，我们可以看到党村对于辈分、排行的重视，即"长幼有序"；而从家庭结构来说，党村传统家庭多为二代或三代共同居住，即党村村民倾向于组建联合家庭，对于大家庭很向往，多以数代同堂为荣；而数代同堂所带来的是四合院中所存在的多重关系——夫妻关系、父子关系、婆媳关系、儿孙关系等，这些关系能否和谐相处，除了有赖于传统礼教的约束，最为重要的是要有家中的家长——"老爷"来进行平衡与调和。

2. 门额与家训

（1）门额

党村的建筑，门楼之上一般都有门额。以公共建筑来说，有的是表明该建筑的名称，有的则是表达村民的愿望；而对私人建筑来说，门额上多是家中的道德准则。

表1-2　祠堂类门额

建筑	门额
党家祖祠	党氏祖祠
党二门祠堂	祖庙
党蒙祠堂	党太守祠
贾姓祖祠	贾族祖祠
贾二门祠堂	本源祠

表1-3　哨门类门额

建筑	门额
东哨门	旭日东升
西外哨门	瑞聚层峦
西内哨门	宏泌献秀

表1-4　巷道门类门额

建筑	门额
井头巷	汲福巷
平福门南西巷	六行巷
西崖畔	勤谨和缓
六行巷	紫气东来

上述几个表格都是村庄公共建筑中的门额，而在私人建筑的门额中，多表明的是家中的道德准则。村中门额尤以"耕读"两字为多，"耕读"所代表的是传统家庭"以耕养读"的思想，即坚持通过耕作所得来支撑读书，同时也是强调耕读并重；而"孝悌慈"则表明的是家中各方的相处准则，即晚辈应该孝敬长辈，同辈之间则应互相尊敬，长辈对于晚辈则要慈爱。相应的门额还有许多，有待于研究者进一步调查收集与解读。

（2）家训

党村有着众多的家训。然而在访谈中，多数村民表示家中并无家训，也有村民表示，个人道德修养不在于有无家训的约束，而应是自己实践，自己加强道德修养来得更有效。但笔者认为家训可以给个人的修养树立准则，在此基础上再加强自身修养也是有利而无害的，故在调查中我们收集了大量党村家训。

> 处富贵之地要知贫贱人的苦恼，居安乐之场要知患难人的痛痒；在少壮之时要知老人的心酸，当旁观之境要知局内的景况。
>
> 友贵淡交，须从淡中交得去；人原难做，仍自难处做将来；志欲光前，唯以诗书为先务；心存裕后，莫如勤俭做家风。
>
> 言有教，动有法，昼有为，宵有得，息有养，瞬有存；心欲小，志欲大，智欲圆，行欲方，能欲多，事欲鲜。
>
> 动莫若敬，居莫若俭，德莫若让，事莫若咨；傲不可长，欲不可纵，志不可满，乐不可极。
>
> 富时不俭贫时悔，见时不学用时悔，醉后失言醒时悔，健不保养病时悔。
>
> 无益之书勿读，无益之话勿说，无益之事勿为，无益之人勿亲。
>
> 行事要谨慎，谦恭节俭择交友；存心要公平，孝弟忠厚择邻居。
>
> 父母遗礼重，朝廷法度严；圣贤千万语，一字忍为先。
>
> 薄味养气，去怒养性，处抑养德，守清养道。
>
> 耕读世业，诒谋燕翼。
>
> 安详恭敬。

以上的每条家训若深入了解，都可进行大篇幅的解读，如党蒙故居匾额上的"耕读世业，诒谋燕翼"所表达的就是告诫家中子孙，坚持以耕养读，耕读并举，同时要为子孙谋福利，将财富与品德遗留给子孙，同时也希望子孙能如燕子一样飞黄腾达。而

"行事要谨慎，谦恭节俭择交友；存心要公平，孝弟忠厚择邻居"
则告诫子孙做事要谨慎，要虚心向别人学习，坚持勤俭节约，选
择品德高尚的人交友；同时为人要公正，对长辈要尊重孝顺，对
小辈要慈爱相处，选择忠厚的人做邻居。这其中的每条家训都可
深入解读，可在充分调查走访的基础上做进一步分析解读。

从以上的分析中，我们可以看出，党村有着严密的祠堂系统，
传统的家族、宗族凝聚力较强，祠堂在宗族与村庄管理中发挥着
巨大的作用，同时封闭的防御系统并没有禁锢党村人的思想，党
村人一直把对文化与教育的重视当作村风，这对党村的发展起了
极大的作用，党村涌现出众多的人才，人才的众多又促进着党村
商业的发展，同时也就催生了大量的党村传统建筑，尤以四合院
为多，四合院体现着党村传统的家庭关系与家庭结构，同时在四
合院中又产生了党村的家庭文化，这些因素相辅相成，互相影响，
推动着党村的发展壮大。

四 古村落的经济转型——旅游业的崛起

（一）党村原有经济形势概况

1. 明清时期的经济发展概况

党村从公元 1331 年，党恕轩逃荒至韩城县北泌水河东阳湾，娶
妻生子逐渐发展壮大。从耕读并重到农商并举，再到经商致富，党
村的商业在明清时期经历了一个辉煌的阶段。党村最初以务农为主，
随着人口的增长，党村可耕土地数量有限，人地矛盾突出。党村人
进而发展山庄子，以缓解严重的人地矛盾。所谓山庄子就是散布于
丘陵地带和山区的农牧村落。党村的山庄子一般以某个家庭成员为
核心，进山购买土地，自行或者雇人开垦土地，在收获季节，庄主令
人将粮食、木材以及其他林产品运送下山，一部分用于原家族的供给，
另一部分运到县城出售。党村的山庄子经济不仅缓解了当时的人地矛
盾，而且增加了家族收入，为其商业在清代的崛起埋下了伏笔。

在清代，党村人走出党村，至河南经商，取得了极大的成功，俗称"河南生意"。清顺治十一年（公元1654年），党族十一世二门人党德佩牵着毛驴，驮着两捆棉花，到河南瓦店镇经商，从事木粮生意，创立"恒兴桂"号。清乾隆十五年（公元1750年），党村贾族十五世传人贾翼堂先后来到河南郭滩镇、赊旗镇经商，后与党三门族人党玉书合办"合兴发"，寓党贾两族合兴合发之意。全盛时期，拥有赊旗镇南北太平街上的全部房产，有雇员数百人，赊旗镇每日交易的1000立方米木材和5万斤毛竹中，绝大部分是在太平街上成交的，有了党村"日进白银千两"的商业神话。这一时期形成了合伙求财的"股份制"，即西家经理和资深店员，由挣"身钱（工资）"变为参加"人股"（相对东家"银股"而言，俗称"顶生意"）分红，从业者的报酬同商号的盈利直接挂钩，从而调动他们的积极性，分银院由此而来（黄德海，2006：110~115）。

至清末，由于河南生意的日渐衰败，加之时局动荡，党贾两族的商号纷纷歇号停业，党村的商业神话至此结束。

2. 新中国成立之后的经济发展概况

新中国成立后，党村的发展与全国绝大多数农村一样，以务农为主。1978年，党村成立党村第一基建队，党天保担任队长，逐渐将基建队做大，带领村上很多人走上了致富的道路，对党村影响较大，至今在党村村民中做基建的仍大有人在。改革开放后，农民逐渐从土地上解放出来，在外出打工的浪潮中，党村绝大部分青壮年劳动力都外出打工。随着旅游业的开发，旅游发展也逐渐成了党村一个重要的经济收入。

（二）旅游业的发展历程

1. 第一阶段：20世纪80年代到1995年党村从"无名"到"有名"

1986年到1989年西安冶金建筑学院和日本九州大学联合组团

到韩城市党村进行了两次深入细致的调查。1991 年，由该团日方团长青木正夫教授执笔用日文写成的《党村》一书问世，中日两国有关的建筑专家也编写了《党村——中国北方传统的农村集落》和《韩城村寨与党村民居》，标志着党村的重新被发现。伴随着党村古民居的发现，中日两国专家在联合国教科文组织会议上宣读考察党村的文章后，引起国内外专家来党村考察。党村由"无名"到"有名"，旅游业以此为契机开始起步。

这一时期旅游业发展的特征为：以接待国内外专家为主，发展处于雏形。通过专家学者的考察，村民逐渐认识到了党村民居的价值，由于时代和政策的局限，当时的村民并没有发展旅游业的意识，更没有通过发展旅游从而挣钱致富的想法，只是在接待越来越多的专家学者中逐渐开始无意识地摸索旅游业发展，开始了最为原始的旅游活动。每当有专家学者来到党村考察时，村委会除了每人收取几元的门票钱之外，还会安排几名老人或者赋闲在家的妇女作为"导游"，为这些前来考察的专家学者进行讲解。

在这一阶段，村民虽然没有有意识地将旅游作为一项产业发展，但是随着党村知名度的上升、考察人数的增加，村民在这一时期原始的旅游活动中开始尝到了旅游的甜头。这一时期的"导游"大部分是不能进行生产劳动的老年人，请老人为游客讲解不仅可以使老人挣到钱，补贴家用，还可以丰富老人的生活，在讲解中充分满足老人对故乡的自豪感。而前来考察的专家学者在村民家借宿，促使了后期农家乐的发展。每年的门票收入 3000～5000 元，为村委会增加了收入。随着党村名气的增大，游客也逐渐增多，村里有经商意识的村民在越来越频繁的旅游活动中寻找商机，开小商店、办农家乐，发展旅游相关产业。

2. 第二阶段：1995 年到 2012 年村委会自主发展，旅游业从"无"到"有"，发展缓慢

这一阶段的发展与国家政策和村委会的领导密不可分，党村

村委会响应国家调整农村产业结构以及韩城市提出发展旅游业的号召，正式提出发展旅游业。该阶段特征为：自主发展，旅游业从"无"到"有"，但发展缓慢。

通过访谈笔者了解到，从村委会正式提出发展旅游业，党村挂牌成为景区开始，党村的村干部带领党村村民克服重重困难，一步一步探索自主发展的路线。根据当时村委会主任师某的回忆，1996 年提出发展旅游业之后，村委会召开会议，提出了"旅游兴村"的口号，确定了发展思路，成立了景区管委会。首先在全村的民居中选取有特色的民居作为旅游景点，对外开放，但是思想保守的村民不能完全接受这样的改变，刚开始时工作十分艰难。为了推进工作，村委会做示范，把村委会和医疗站占用的党家祖祠让出来，开发成为旅游景点。全村共评出 125 个古建筑，为做好古建筑的保护工作，村委会联合韩城市文物保护单位，规定古建筑不准乱拆乱建，在限制村民改造古建筑的同时，为其提供新村宅基地的优惠，解决村民住房紧张问题。为了营造良好的旅游环境，村委会带领群众整修街道，大搞绿化，先后投资 20 万元，翻修了贾党两姓 5 座祠堂，整修了 1000 米古巷道，恢复了村子里唯一通往泌阳堡的 300 米通道。同时村上投资建设了民俗、文物等展馆，在旅游旺季，党村推出闹社火、娶媳妇、骑竹马等民俗活动，增设打秋千、放炮等娱乐活动，丰富了旅游活动的内容，使得党村的寻古旅游有了深厚的文化和历史底蕴。党村的旅游收入从1997 年的 4 万元逐年增加，到 2002 年增加到 150 万元，随着旅游收入的增加，村委会不仅还清 8.7 万元的贷款，每年的旅游分红也由无到有，从 100 元涨到了 300 元。村委会利用旅游收入为村民办实事，先后投资 15 万元，对村供电线路进行了整改；投资 5 万元，完成了闭路电视并网工程；每年投资 2.5 万元，给 65 岁以上的老人定期发放生活补助金。

村委会自主发展使得党村的旅游业从无到有，但是由于自身的局限性，发展缓慢。党村自 2002 年到 2006 年 3 月以来一直没有村主任，村里的各项事务管理混乱，尤其在关于旅游事务的管理上，村党委和村委会各自为政，均主张按照自己领导班子的思路发展。领导班子的混乱使得旅游政策的连续性遭到破坏，村子自主发展在资金方面困难重重，古建筑的保护和修复以及旅游宣传和相关产业的开发都得不到相应的资金支持，在发展道路上没有科学的指导和规划，这些都使得旅游业的发展停滞不前。

3. 第三阶段：2012 年至今，市政府接管党村，发展逐渐走上正轨

自市政府接管党村后，党村的旅游业发展走上了整体规划发展的道路。由韩城市景区管理委员会牵头，修编《党村旅游景区修建性详细规划》，为实现党村旅游发展打下了坚实的基础。《党村文化旅游区总体规划（修编）》为党村从 2014 年到 2025 年的旅游发展做了全面而详细的发展规划，将党村文化旅游区分为六大功能区——入口服务区、文星阁文化休闲区、古村落文化核心区、滨水田园休闲带、古堡军事休闲区、新村开发控制区，并推出四大主打产品和四大特色产品，将党村打造成集文化体验、休闲度假、生态观光、现代农业等于一体的功能完善的特色文化旅游区。

根据韩城旅游业"三年打基础，五年大繁荣"的旅游发展总体要求，自 2012 年起，党村景区完成了党村景区广场、停车场综合服务中心和景区环境综合整治等工程，2014 年 4 月 27 日，党村景区正式挂牌成为国家 AAA 级旅游景区。

通过访谈笔者了解到，党村村民对市政府接管旅游业持欢迎态度，他们普遍认为村里自主发展旅游业限制性因素较多，尤其是资金方面，市里接管的最大好处是资金充足，可以争取到国家文物保护项目，用于古建筑的修复和旅游发展的投入。从第二阶段和第三阶段的对比中，不难发现在党村旅游发展的不同道路中，村子自主发展和市政府接管各有利弊。市政府有着雄厚的资金和

科学的规划，一方面可以为党村旅游的发展提供充足的资金和正确的指导，另一方面也可以杜绝在自主发展中村干部以公谋私等行为，通过政府力量统一发展也为村里减少了因发展而带来的矛盾。但是由于政府统一管理，工作人员多为行政人员和外村人，他们并没有党村人自己寻求发展时的急迫感和对党村的归属感、自豪感与热爱，在管理过程中往往出现敷衍了事、不能恪守职责的现象。例如：个别员工出现迟到、早退的现象，门票没有人卖，使得游客扫兴而归；导游人数少，在旅游旺季，游客对导游的需求得不到满足，这些都影响着党村景区的发展和形象。没有了发展旅游的主导权，作为党村主人的党村村民面对这种现象只能是感慨，却不能改变。在许多党村人心中，作为旅游景区的党村和党村人心目中的党村的形象是分割的。党某民认为，在村委会自主发展旅游时期，村干部为发展旅游实现增收，在有限的资源中摸索出许多经验。为做好宣传工作，党某民带着党村宣传画参加陕西省旅游局举办的推广会；利用到山西出差的机会，发放党村的旅游宣传画；在"十一"长假利用韩城电视台播放宣传新闻，通过降价等形式吸引游客；并且利用自身的影响力，在各种活动中积极推广党村。为吸引游客，丰富景点，与韩城古董商合作，在景点中免租金进行古董展览。党村的旅游收入逐年增加，村民的分红也由最初的每年 100 元增加到了每年 300 元，村民体会到了发展旅游的好处，逐渐重视发展旅游，观念也有所转变。但是随着旅游收入的增长，党村自主管理、发展的弊端逐渐显现，与增收随之而来的是村民之间的矛盾、村干部发展意见的不一致，伴随着村干部选举等事件，党村 2002 年到 2006 年没有村主任，村里各项事务混乱，旅游业发展停滞。经历过自主发展和"选举风波"，以及在农民外出打工浪潮的影响下，随着老一代村干部的老去，现在的党村村民似乎已经没有了最初发展旅游的激情，更愿意将发展旅游"这块烫手的山芋"交给政府。在国进民退的时代背景下，党村旅游的发展也势必要交由政府。

（三）旅游业发展现存问题

《党村文化旅游区总体规划（修编）》为党村今后旅游业发展所规划的蓝图，全面而详细。但是就目前而言，党村旅游发展中存在的问题不容忽视。在今后的发展中不仅要按照规划做好宏观发展和景区建设，更要根据现存的问题，在具体的落实中解决问题。

1. 古建筑修缮工作力度不够，矛盾重重

党村目前古村落建筑保存完整，村寨相连，有古塔、暗道、古井、祠堂、哨门、看家楼、节孝碑等 18 处公用设施，125 处古民居四合院，保存古巷道 20 多条，四合院完整率约 83.4%。

自党村被开发以来，人们保护古建筑的意识提高了。从最初的村委会规定不准随便乱拆乱建四合院，村巷不准乱放粪土和倒污水，到如今国家对景点院落的补贴，都使得党村村民的民居保护意识有了提高。村民的保护意识虽然得到了提高，但是出现了新的问题——村民把古民居的修缮和维护工作推给了政府。尤其是在政府接管后，房屋的修缮和维护由政府统一管理，村民不在老村里居住，对老房的情况置之不理，填写过维修申报表后，一般不再管理老房，任由其自然破败。

同时，老村常住人口少，多为老年人，很多民居多为空房，长期无人看管，房屋容易倒塌，在党村老村内随处可以看到"危房请勿靠近"的提示语。在夏季经过暴雨或长时间降雨后，房屋容易漏雨和倒塌，影响居民的正常生活和游客的人身安全。党村的古村落需要修复的民居较多，一次性全面修复难度太大，只能根据计划逐步分批修复，而在等待国家修复的过程中，一些急需修复的古民居倒塌或受到进一步的破坏。另外，在老村中的四合院往往不是一家所有，而是一个家族中几户人家共同所有，在房屋修缮过程中涉及邻里纠纷，有时导致工期延误，不能按时进行维修。

党村景区管理处的不合理管理也使得古建筑修缮工作受到影响。通过调研笔者发现，村民普遍反映老屋修缮等待时间长，从递交修缮申请到考察再到具体落实修缮时间过长，许多老屋损坏情况严重，不能等待过长时间，而大部分村民的民居没有得到修缮，这导致村民对景区管理处产生不满。2014年8月韩城党村景区管理处欲修缮古村落的贾家祖祠时，被村民阻止。村民将贾家祖祠锁住不让施工，对贾家祖祠的修缮怨言颇多，认为党村是一个整体，修缮工作应该从最要紧的危房开始，而不是屋顶不漏、墙壁不裂的贾家祖祠。而且村民对修缮的效果不太认同，之前修缮过的党家祖祠翻新痕迹明显，古朴感减少很多。在古建筑的修缮中，景区管理处和村民的沟通不到位，所在立场不同，村民单纯希望修缮房屋的愿望与政府以发展旅游业为目的优先修缮重要旅游景点的做法相左，从而引发了修缮贾家祖祠的问题。在今后古建筑的修缮中，要十分注意这个问题，妥善处理好村民和发展的关系。

2. 村民旅游经营活动参与度低

党村老村中，正规的农家乐共四家，均分布在景区入口处。村中有很多可以留宿的民居，但是因条件简陋不正规，多以接待大规模的大学生实习为主。百货商店3家，以卖纪念品为主的商店2家，地摊2个，而从业人员以50岁以上为主，其中还有两位80岁以上的老人。由此看出，党村村民旅游经营活动参与度低。

党村与我国绝大多数的农村一样，年轻人基本都外出打工，留守在家的都是老弱妇孺。在城镇化进程的影响下，村民的生活方式发生了变化，老村的格局不再适合现代生活方式，人口的增加使得老村房屋供不应求，越来越多的村民搬到了新村，老村人口减少，留在老村的多为恋旧的老年人，这就使得绝大部分住在新村的党村人早已与党村的旅游业脱离了关系，而留在老村中的老人作为旅游业的参与者却没有先进的理念和精力参与旅游活动。

调研中，在问及对党村旅游业发展前景的问题时，大多数村民持事不关己的态度或者较为消极的态度，认为旅游业不会倒退但是会缓慢发展。只有个别村民对党村的旅游发展抱有积极态度，认为党村处处有商机。造成村民认识不同的直接原因是村民在旅游经营活动中的获益不同。党村村民对旅游认识单一，被动地等待旅游发展所带来的利益，而思想的保守，又使得大部分人还是愿意走种地和打工的老路。在对不同农家乐店主的采访中笔者发现，效益一般的农家乐店主对于自己老村老房拆迁、搬到新村居住还是乐意接受的，由于在农家乐的经营和服务上近几年没有太大的变化，其对党村的旅游发展并不看好。而效益较好的农家乐店主则认为党村处处有商机，党村人应该守好旅游这个产业，只要肯动脑就行。在旅游经营中获利多少决定了村民对党村旅游业的认识与态度，而村民自身的认识、发展头脑又决定了其在旅游经营中的获利。在国进民退的环境下，党村村民利益不断收缩，村民要积极参与旅游经营活动，不断发现商机，避免成为旅游产业的旁观者。

3. 配套设施的利用率低，配套不完善

为发展旅游业，党村景区整修了1000米古巷道，恢复了村子里唯一通往泌阳堡的300米通道，完成了党村景区广场、停车场综合服务中心和景区环境综合整治等工程。

但是党村的旅游配套设施利用率低，很多设施没有发挥应有的作用。在停车场综合服务中心的两个便利店，只有一个开业。游客服务中心则全部关门，有关人员介绍游客服务中心还没有投入使用。而老村中修建的洗手间则出现经常锁门和不能冲水的现象，其中一个公共洗手间还出现了房顶漏水的问题。同时景区还存在配套设施不完善的现象，路标和景点介绍过少，只有几处重要景点有简单的介绍，介绍的缺失使得一些游客不能充分了解党村建筑的价值和其背后的文化内涵，致使部分游客参观完后有只看到空房子的感觉。此外古村落的游览路线不明确，没有导游的带领，游客对村子的布局也不了解，往往容易按着巷子随意乱逛，不能充分领略到古村落的魅力。

4. 景点丰富性和复原工作不足

目前党村以"民居瑰宝"和"农商文化"闻名，吸引普通游客的不仅是它独特的建筑文化，更是以建筑为载体的党村文化。党村古村落主要的游览景点为四合院、分银院、党贾两族祖祠、走马门楼、看家楼、节孝碑、文星阁、泌阳堡等，请导游讲解游览需要1~2个小时即可游览完毕，自由游览半天即可游览完毕，每个景点内容单一，缺乏古村落旅游的特色以及吸引力、参与性强的相关旅游产品，旅游活动形式仅限于浏览观光。

景点的复原工作也不到位，以"一颗印"院落为例。院子里最具特色的是防盗网，防盗网是"一颗印"院早年作为分银院时为了防盗而设计，但是目前并没有全部覆盖，只是作为范例扯了四根绳子作为样本，而大多数独自游览的游客根本不会注意到院落中的绳子，这样简单粗糙的项目设计并不能让游客体会到防盗网的独特性和先人的智慧，不利于游客形成心理认同感。而在三年自然灾害和"文革"中损坏的厅院、哨门、戏楼则并没有得到复原，这使得景点略显单调。

5. 管理效率低下

（1）基础设施管理死板

在基础设施的管理中方式死板。例如路灯的管理，遵循早7点开、晚7点关的时刻表，在冬季没有问题，但是在夏季就浪费严重；在景点院落的管理中也存在同样的问题，下班后景点院落一律锁门，使得晚来的游客完全不能进行正常的游览活动。根据村民统计，在旅游旺季，下午5点半之后仍然会有200~300人前来参观，而此时工作人员已经准备下班，6点后景点院落就全部关闭，根本满足不了游客的需求。

（2）工作人员管理松散，效率低下

由市政府接管后，主要的管理人员为行政人员，执行早8点上班、晚6点下班的时间表，而古村落的旅游活动并不按时刻表进行，夏天白天较长，早晚均会出现无人售票的情况，个别行政人员还会出现迟到早退的现象。在售票处的游客便利店只有一个营业，而且长时间没有售货员，出现人不在岗的现象。在景点门口的管理和收货人员总有嬉笑打闹的现象，容易给游客留下景点不正规的印象，不利于党村旅游业形象的树立。

整个景点共有8名导游，在旅游旺季导游常常供不应求。由于导游的工资与每天接待的客人批次有关，在旅游旺季导游往往追求游览速度而忽视质量。根据游客反映，导游费用偏高，而且讲解不专业，对很多蕴含在建筑背后的文化和历史故事都不了解。还经常出现导游敷衍了事的现象，例如对泌阳堡的介绍，导游并不会带领游客上堡上参观，也不讲解上堡路线，只是在参观文星阁时眺望泌阳堡，并进行简单介绍。

（3）门票管理混乱

对于门票，游客普遍反映门票价格较高，有人提议降低门票价格或者完全不收门票，通过村内旅游相关产业来增加收入。在门票管理上，也显得较为混乱。由于塬上的新村和塬下的老村都是党村的生活区，所以有多条路可以从新村进入老村。这给门票管理带来了许多问题：有一部分游客通过自己摸索绕过景区门口而进入党村老村；有个别农家乐的经营者与游客达成协议，只要入住他的农家乐，过了晚上7点，就可以免费将其带入景区内；还有个别村民在村外的路上拦截游客，收取少量的钱带游客从新村进入老村。

（四）党村旅游发展的对策和建议

1. 加大资金投入，做好古建筑的修缮、复原工作

积极申请国家文化保护，争取国家文物修缮项目，加大对古建筑的修缮和复原工作的资金投入。在严格保护古村落建筑、风貌、格局的基础上，遵循修旧如旧的原则，对已经出现问题的古建筑按照紧急程度进行及时的修缮，定期对村中的建筑进行检查和登记，做好日常维护工作。对于复原工作，要尽可能地按照过去的风貌复原。做好与党村村民的沟通工作，在房屋修缮、复原的过程中尊重村民的发展意愿。

2. 丰富观光景点内容，增加景点的吸引力

要深入挖掘景点特色，丰富景点内容，增加景点对游客的吸引力，延长游客停留时间。每天定时在文星阁、分银院、党贾两族祖祠中开展模拟古人祭拜、分银的表演活动。在文星阁利用祈福祭拜文化，推出学业祈福活动。定时开放文星阁，使游客可以登阁望远。推出模拟古代学堂的活动，让游客了解党村历代重视文化的历史。

在古村落中逐步拆除不协调的建筑，村内的各种基础设施、标识牌等现代设备应与古村落整体风貌相协调。在具有代表性的不同景观院落中，完善景点讲解，尤其重点讲解院落的建筑风格，石雕、木雕、砖雕的特色以及建筑中蕴含的人本理念。在祠堂中，模拟古代祠堂活动，通过直观而富有感染力的活动，使得游客形成心理认同。

3. 完善基础设施的配套，加强相关产业的深度开发

从吃、住、行、游、购物五个方面进行基础设施的完善和深度开发。

（1）餐饮方面

结合当地特色小吃，建立小吃街。结合农家乐，推出独具特

色的农家饭，并根据不同的民俗文化，推出不同的饮食。例如花馍制作，可根据不同的民俗主题，每天推出不同的花馍供游客品尝和购买，并且鼓励游客自己动手，现场烹制。

（2）住宿方面

推出高中低不同档次的住宿体系，满足不同层次的游客的需求。同时发展特色农家乐，让游客住在四合院中感受古村落原生态的生活。

（3）交通方面

加大力度建设好入村主干道，做好沿途的绿化和旅游宣传工作。在党村老村内保持古村落的道路原貌，定期进行维护和保养，禁止大型车辆进入。在景区门口设立电瓶车，便于游客往来。在景区内增设自行车租赁点。

（4）游玩方便

结合当地历史文化背景，推出民俗体验类活动。例如在中元节、乞巧节等传统节日开展社火表演等民俗活动，让游客在直观的民俗活动中感受古村落的历史文化。复原文星阁戏楼，每天定时表演戏剧，并且可以现场教有兴趣的游客学习表演。设立具有现代气息的3D影院，根据党村历史做成微电影为游客播放，让游客更好地了解党村的历史。在古村落周边开展现代休闲农业，推出生态采摘、露营等娱乐活动，带动周围村落的发展。

（5）购物消费方面

引导游客理性消费，在景区内合理布局、建立商业街。推出蕴含党村人文特色的商品，开发四合院等特色民居模型、"福"字相关产品、党村风景明信片等特色产品。引进民间艺人开发剪纸、花馍、刺绣等具有民俗文化特色的产品。推出体验式购物消费，例如开展织布体验活动，游客可以直接购买已经织好的产品，也可以体验选色织布。结合党村和韩城农产品特色，推出大红袍花椒、芝麻制品等特色土特产品。

在购物活动中，商家要规范经营、明码标价，杜绝坑客、宰客的行为。

4. 转变村民意识，加大村民参与力度

在国进民退的背景中，现阶段党村村民在旅游活动中的主导力下降，利益收缩。村民必须转变发展意识，抓住发展机遇，否则将会在旅游产业中成为旁观者而非参与者，变成党村景区中最熟悉的陌生人。在旅游经营活动的参与中，村民首先要积极主动，不要被动地等待商机或者发展机会。要抓住机会，过早发展会出现旅游业发展不到位、客源不足，可能导致生意凋零；太晚发展则会出现市场饱和。村民要时刻关注老村发展状况，关注国家旅游政策。同时，景区的旅游管理处也要为党村村民在景区内就业提供优惠，就近解决就业问题。例如导游的培训和聘请，可以在党村村民中选拔；各项基础设施的管理及服务人员，优先选择党村村民。通过旅游业的参与，党村村民才能在旅游活动中增收致富，才能真正成为党村古村落的主人。

5. 引进科学的管理机制

在管理上引进科学的管理机制，调整薪酬制度，吸引高素质的管理人才，同时加大对工作人员的培训，定期进行岗位培训和党村历史文化培训，提高从业人员的整体素质。改革作息制度，根据旅游活动的特点，分淡季、旺季作息时间。重视导游素质的提高，定期开展培训和考核活动，并让其外出学习，提高导游的讲解水平。在门票管理方面，与村民协商沟通，杜绝私自载客行为，并做好相应的处罚工作。

五 从老村到新村：村落空间格局的演变与传统文化的变迁

随着市场经济的发展和城镇化步伐的加快，现代文化在人们生活中越来越重要。即使是地处中国内陆偏远、隐蔽地区的党村也免不了受到现代文化的冲击。空间狭小、交通不便、信息落后让居住在党村的人感受到传统村落与现代生活方式的不匹配，越来越多的党村村民离开养育了他们祖祖辈辈几百年的古村落，搬迁至距离老村几百米的塬上，并形成了一个新的聚居体——新村。现阶段，搬迁后的老村只剩下不到 150 户，而新村户数已多达 1400 户，并呈现不断上涨的趋势。

通过走访调查，笔者发现可以从时间角度将党村老村村民（包括寨上村民）的搬迁划分为三个阶段，在不同的阶段，村民搬迁后形成的新居建筑呈现各自不同的特点，在展现古民居空间转变的同时也反映出传统文化在新村的延续与断层。

（一）村落空间格局的演变

1. 1984～1994 年为搬迁的第一阶段

搬迁的居民现今已是 60～70 岁的老人。这一阶段村民修建的新居基本传承了老村四合院的建筑风格。封闭式的院落结构、整齐划一的门楣牌匾、风格各异的照壁与砖雕、具有实用性的阁楼层，都显现村民对老村建筑风格的喜爱与承袭。村民不仅在物质建筑方面沿袭了以往的建筑特色，而且在居住习俗方面也与老村相同。在古代，住房严格按照辈分高低分配，房屋的居住体现着地位的高低等级之分。年龄较大的老人住在靠北的"厢房"，中年的父母亲住在靠南的"门房"，小辈则住在东边或西边的"厢房"。在这个阶段搬迁的村民还恪守"按辈分划分住房"的居住习俗，由此可见村民的家庭等级观念仍然存在，并没有随着时间的推移与空间的转变而淡化。与此同时，现代因素的介入也造就了新居建筑与老村建筑的不同。在房屋结构上，由以前的四面建房（由一间上房、两间厢房和一间门房构成）变为现在的三面建房（舍弃了传统四合院用于祭祀的上房，只留下厢房和门房），一面设门；建筑原材料也用瓷砖、水泥代替了以往的木材；建筑外观最明显的改变是由瓦房转变为平房。

2. 1994～2004 年为搬迁的第二阶段

第二阶段搬迁的村民现今多为四五十岁的中年人。在此期间修建的房屋外观与第一阶段修建的房屋一样，也继承了传统四合院的门楣、守门狮、照壁等建筑风格。门楣的刻字，如"耕读""登科""忠厚"，壁画的构成元素，如梅花、莲花、燕子、竹，都体现了新居建筑对传统文化的传承。而门楣、守门狮和壁画由木雕到瓷砖拼贴的转变也体现出传统文化与现代因素的融合。在这一时期修建的房屋，其结构发生了较大的变化，受现代生活方式的影响，村民们陆续开始修建单元房或楼房。居住在类似四合院的新居中的村民的居住习俗也发生了一定变化。为了方便照看房子和照顾小孩，老人从北边的"厢房"搬迁至"门房"，中年人则居住到以往只有老人才有资格居住的"北厢房"，孩子的居住习俗基本没有改变，继续居住在"东房"或"西房"。

3. 2004 年至今为搬迁的第三阶段

近 10 年来，新村的建筑风格发生了较大转变。虽然保留了具有标志性的部分建筑元素，如门楣、照壁、庭院结构等，但也发生了一些细微的变化，门楣上的刻字已由内涵丰富的古文字变成直观明了的现代成语，如"家和万事兴""平为福"等。刻字的顺序也从古文的从右至左变为现代的从左至右。从房屋外面看，房屋仍被高高的墙壁围住，但走进院子内可以发现，村民一改传统的四合院结构，纷纷盖起了楼房，有的还盖起了小洋楼。这一时期村民修建的住房舍去了很多传统建筑文化的元素，和老村四合院相比有很大不同，更多地体现出现代建筑的特色。而且这一时期搬迁的村民已经不再延续以往的居住习俗，住房不再是住户家庭身份和地位的象征，家庭成员可以任意选房，并没有高低等级的区别。而且大多数家庭都把通风、采光条件好的房子留给小孩居住，老人则住在采光条件相对较差的房屋。这也体现出现代家庭等级观念的淡化。

（二）文化变迁的表现

村民从老村搬迁到新村，不仅是一个聚落空间格局不断变化的过程，同时也是传统文化持续变迁的过程。传统意义上的"文化"包括物质文化和精神文化两个方面。物质文化包括饮食、服饰、建筑、生产工具等方面；精神文化包括节日、民俗、艺术、道德等范畴。党村村民搬迁过程中的文化变迁可以从上述两个方面加以阐释。

1. 物质文化变迁

（1）花馍文化的消失

党村地处我国黄河流域，是小麦的主产地之一。村民主要以面食为主，长期以来发展出一种形式多样、内涵丰富的花馍文化。听当地的村民介绍，党村的花馍有很多名称和样式，它们在人们的日常生活中扮演了很重要的角色。以前，每逢过年，家家户户的妇女都忙着蒸花馍，色彩艳丽、形态各式的花馍代表了人们对新年的美好憧憬和祝福。老人过生日时，花馍是女儿送给老人珍贵的祝寿礼物。不仅如此，清明时节，花馍也被作为祭品由村民献给祖先。在当地，花馍不仅仅是一种食品，更是礼品、祭品和艺术品的统一体，是丰富文化活动、加强人际沟通的一种重要物质。

在食物种类多样的今天，党村的村民忽视了对传统花馍文化的传承。很多居住在老村的老人都表示不会做花馍，只是在小时候吃过，只有极少一部分老人会做几种简单的花馍。市场经济对传统花馍文化的冲击在新村表现得更为明显。现在，春节期间，新村的村民从市场上买来多种多样的年货代替了以往的花馍。老人生日时，生日蛋糕取代花馍成为儿女送给长辈的祝寿礼物。村民祭祖、祭神时再也不会用花馍作为祭品，而是把买来的水果、糕点摆放在祭坛上供奉"祖先"和"神灵"。独具一格的花馍文化在党村渐渐消失，这种"民俗艺术"的消失也是传统文化延续的一大遗憾。

（2）建筑文化的隐退

为了追求更高的生活质量，30 年来，老村的村民不断搬迁到塬上，在那里修盖房屋。细心观察新村的房屋，就能发现随着时代的发展，老村传统的建筑文化正逐渐隐退。从外观上看，新村的房屋保留了一些老村四合院的建筑风格，如封闭的围墙、门楣、照壁、守门狮等，但是新村的建筑更加倾向于现代化的建筑风格，这不仅体现在建筑材料上——由木材变为水泥、瓷砖，还体现在房屋结构上——逐渐抛弃传统的四合院结构，修建起单元房或楼房。甚至在居住习俗上也发生了变化——由传统的"按辈分分配住房"到任意选房。而且随着时间的流逝，建筑文化隐退的迹象越来越明显。新盖的房屋和以前的房屋相比带有更多的现代色彩。内涵丰富、精湛多样的雕刻艺术，文化底蕴深厚的标志性建筑（如文星阁、节孝碑、惜字炉等），供村民集体活动的公用设施（如祠堂、分银院、观音庙等）在新村都不复存在。老村和新村呈现两种完全不同的建筑景观，一个是蕴含了传统建筑文化的古村落，另一个则是带有浓厚现代文明气息的现代村落。

2. 精神文化变迁

（1）节日活动的简化

在过去，党村村民对传统节日很是重视，每到逢年过节，他们都会举办大量独具当地特色的集体活动，极大地丰富了村民的文化生活。春节是党村最热闹的节日，在那期间，党村除了举办一些传统活动，如扫房、放鞭炮、祭神拜祖、相互拜年等，还会闹社火。闹社火是党村人过年必不可少的节目，喻示着来年家家户户都过得红红火火。敲锣鼓、耍神楼（一种浓缩的微型神庙）、抬耍芯子、舞龙灯、唱戏曲都是闹社火的必有活动。全村人都参与闹社火，有的负责表演节目，有的负责制作道具，有的则负责一些细节小事，如点鞭炮、倒茶水等。人们虽然忙碌，但是很开心，村里洋溢着一股浓浓的喜庆之情。清明节也是深受孝道文化浸染的党村人极为看重的节日，每到清明时分，全村人都会在祠堂集合，举行祭拜仪式，祭拜祖先后接着举行"分馍"仪式，按照年龄的大小向村民分配作为祭品的花馍，年龄越大的老人获得的花馍越多。除了春节和清明节，在元宵节、七夕节、端午节等传统节日，村上也会开展各种不同的庆祝活动。

据新村村民反映，随着人们休闲娱乐方式的增多，传统活动的形式逐渐简化，现在党村人已经很难看到过去年节时分全村人举办活动的盛大场面。虽然在一些重大节日，村上还会举办一些传统活动，但这些活动的举办只是为了吸引游客、发展经济，带有极强的商业性质。不仅活动形式简单，而且参与者大多不是当地村民，而是旅游局付费从外村请来的表演者。党村人由以往的活动组织者、参与者变为如今的旁观者，很多新村村民表示不愿意去观看节目，用他们的话来说就是"节目没意思，还不如在家看电视"。在物质经济发达、信息传播迅速的今天，人们很难抵制现代文明对传统文化的冲击，党村节日活动的简化反映当前的党村人在面对文娱方式多样选择时，一味接受现代化的休闲方式，而忽视了对传统文化的保护和继承。

（2）民俗风情的淡化

在党村数百年的历史发展中，逐渐发展出了一些较为固定的民俗活动。这些民俗活动是当地人生产、生活及思想观念的重要反映。"荡秋千"作为党村人最古老的民俗活动之一，是当地群众精神面貌最真实的写照。每年的清明节前后，村中男女老少相约来到秋千场上荡秋千，此时的党村充满了欢声笑语。不仅如此，党村祖宗流传下来的婚俗礼仪繁多、寓意深邃，较多地保留了传统文化的原始风貌。婚礼前，结婚双方应严格按照"老规矩"进行提亲、订婚、送彩礼、定婚期、祀先等活动。结婚当天，新娘身穿大红袍，头戴凤冠，俗称"龙袍凤冠"，新郎则身穿长袍，上套短褂，谓之"长袍马褂"。婚礼中，婚房的设置、座席的安排、婚轿的装饰都有讲究，而且党村传统的婚礼都会安排"耍公婆""闹洞房"等极为喜庆的仪式。除了婚礼，隆重的葬礼是党村另一种重要的仪式。通过党村的丧葬风俗，我们可以从中感受到党村人对逝者的深深不舍。从死者去世，到生者守灵，从开棺入殓，到祭拜送葬，葬礼的整个过程都伴随着一系列烦琐复杂的仪式。"烧下炕钱""亲朋吊唁""蒸食来往""挂铭旌""做灵柩围子"是党村丧葬文化中独特而重要的组成部分。这些民俗活动是党村历史文化发展的见证和标志，然而随着时间的推移，具有党村独特韵味的民俗风情在慢慢淡化。

现在的党村新村没有秋千，休闲之时，人们看电视、上网、打麻将，早已遗忘了"荡秋千"这一简单而古老的休闲活动。老村的秋千场地早已荒废，再也听不到秋千场上传来的欢声笑语。虽然近来村上也流行跳广场舞，但除此之外没有举办老少皆宜、全村参与的文娱活动。当地村民说，现在村里越来越多的年轻人选择在镇上举办婚礼。少数具有忆旧怀古情结的小青年也会在村里举办较为古典的中式婚礼，虽然其延续了传统婚俗的基本流程，但也是中西合璧、古今相融后的产物，远不及以前那般热闹和讲究。丧葬风俗是党村至今为止传承得最完整的民俗，即便如此，如今在葬礼的举办过程中也融合了很多现代元素。现代歌舞代替了传统戏曲，由亲人"哭丧"转变为花钱雇人"哭丧"，以往为死者送行扎的纸制花轿、四合院，也变成了纸轿车、楼房，还增添了很多现代化产物，如电视机、电脑等。社会是不断向前发展的，人们的民俗风情紧跟现代化的脚步，发生了很大的变化，人们往往认为被抛弃的都是一些封建、落后的繁文缛节，却不知正是因为这些细节被抹去，现代人之间的情感才会日渐趋于淡薄，生活也变得越发无聊。

（3）家族文化的衰落

家族是中国传统社会的基本结构和功能单位。自古以来，中国人就有很浓厚的家族观念，深受中国传统文化影响的党村人更是如此。党村人历来强调长幼有序、孝敬老人、崇拜祖先、内外有别、繁衍子孙。自党氏家族的第三代传人党真开始，各家各户开始编撰家谱来记载家族世系的繁衍和家中重要人物的事迹。为了更好地教育后代，使其遵守中华民族的传统道德，人们别出心裁地在四合院的醒目之处题刻了家训格言。如"言有教，动有法，昼有为，宵有得；息有养，瞬有存。心敬老，志欲大；智欲圆，行欲方；能欲多，事欲鲜"。这是用来教导后辈"说话要有教养，举止要合规范；白天要有所为，夜思要有心得；一呼吸、一眨眼都应有所收获；处世应该小心，志向应该远大；思想应该随机应变，行动必须方正不苟；本领自然应该越多越好，事情自然做得越完美越好"（李文英，2002：107～108）。祭祖敬老是中国传统家族文化最核心的部分，也是党村人尤为看重的一方面。过去村中的每个祠堂都有"破老"的习俗。所谓"破老"是指族内人到一定的年龄就被认定为"老人"，党氏祠堂规定人到 60 岁就"破老"。"破老"后的人会受到族人和村民的格外尊敬，不仅在举办祭祖仪式时能进入主要位置，对家族内的大小事务拥有发言权，而且在祭祖贡品分配时还能享受"双份待遇"。

走进如今的党村，很难感受到往日浓厚的家族氛围，人们的生产生活不再以家族为中心，家户成为人们的基本活动单位，即使是同一家族的人之间也没有太多的交集。人们不再像以前那样举办集体祭祖仪式，只是在过年时各自在家进行极为简单的祭祖活动。村中的祠堂荒废已久，不具有任何实用性，只有供游客参观的价值。村上的"破老"习俗也随之废除，祠堂外的"长寿凳"竟沦为供游客休息的"休闲椅"，甚至有不少年轻游客坐在上面拍照留念。受到"文化大革命"的影响，村中大量的书册、壁画被烧毁，其中也包括了被视为"旧物"的家谱。现在村中只有两三户人家还存有尚不完整的家谱。村中几乎没有人再编撰"家谱"，尤其是新村的年轻人对家谱毫不了解，这在他们看来都是封建落后的东西。"家族观念"在他们这一辈中已经荡然无遗。在老村四合院墙壁上随处可见的家训格言，在新村却找寻不到踪迹。大部分新村的村民表示不会拿祖传的家训教导孩子，甚至很多人连自己家的家训是什么都不知道。在他们看来，传统的家训并不适用于当代社会，孩子只要接受学校教育就够了，家训对于孩子的成才不能起到实质性的帮助。

"家族"曾在党村的政治、经济、教育等方面扮演了十分重要的角色。然而历经数次革命运动的党村人并没有将家族文化传承下来，家谱的失传、家训的消失、祭祖敬老习俗的剔除是党村家族文化淡化的主要表现。村民在追忆家族文化的同时也认为，这是社会发展的必然和社会进步的体现。

（三）村落空间格局变化的原因

1. 人口增多，居住空间不足

人口数量的增加是导致人口迁移的重要因素。中国古代的家庭多以"联合家庭"为主，父母和众多子女居住在同一个屋檐下。因此，过去党村的四合院内居住的是一个大家庭。由于人口多，每个子女只能分得一到两间房屋。当子女成家并养育后代后，家庭人数进一步增多。老村的四合院较为狭小，房屋数量少，且院落狭长，居住空间有限。于是，当人数增加，超过老村的最大人口容量时，村民就不得不搬迁到别的地方居住。

2. 老村"景点化"，居民生活不便

2003年党村被评为历史文化名村，随后党村旅游事业迅速发展，村内的大部分建筑包括私人的四合院被开发成景点加以保护，并规定任何人不得损坏历史文物，就连住宅的主人也无权对四合

院加以改造、重建和拆毁。据当地村民反映，四合院修建年代已
久，很多地方不适于现代生活的需要。狭窄的院落、被长期空置
的厅房、无法晒农作物的瓦屋顶使得很多原本打算翻修四合院或
利用四合院宅基地重建房屋的村民不得不放弃这一念头。加上老
村公用设施陈旧，道路崎岖不平，地理位置闭塞，与外界沟通不
畅，越来越多的居民只能被迫搬离老屋，去塬上修盖新房。

3. 村民思想观念的转变

党村是由党贾两大家族联姻发展壮大起来的村落，深受中国
传统文化教育的党村村民历来拥有极为浓厚的"家族观念"。在古
代，党村党贾两姓分几处在豫鄂交界的区域经商，并且都取得了
很大成功。获得财富的党村人并没有因此搬离偏僻闭塞的党村，
而是回到故土，大兴土木，修建起一座又一座精美的建筑。他们
还在此结婚生子，繁衍后代。重视文化、崇尚教育的党村人在村
上多处盖起私塾，为子孙后代提供了一个良好的教育环境。随着
现代文明对人们思想观念的冲击日益加强，村民的"家族观念"
逐渐淡化。人们认识到不应该固守本土，于是越来越多的年轻人
离开了土地，走出了老村，去现代化的新村或县城发展。

（四）搬迁引发的问题

1. 新村布局散乱，村民交往减少

新村是老村村民为了获得便利的生活条件搬迁而形成的，村
民将新村选址在公路的两侧。由于缺乏统一规划，整个村落被公
路一分为二，呈条状，村落布局十分散乱。新村继续采用老村生
产队的划分方法，将全村分为五个小组，同一个小组的居民搬迁
在一块修建新居。但是将老村、新村进行对比我们可以发现，虽
然老村划分为不同的生产组，但组与组之间并没有明显的界线。
而塬上新村组与组之间各自为政，界线分明，有的甚至相隔几十
米。最远的四组与其他组竟相隔几百米。现阶段新村不仅内部布

局分散，而且与周围其他村落的界线很不清晰，以至于初到党村的外地人根本分不清自己是到了新村还是周围的其他村。

由于新老村相隔一定的距离，而且新村布局分散，新老村村民之间交流减少，这也严重阻碍了新村村民之间的沟通与交流，村民的归属感严重下降，整个村落的凝聚力也随之降低。很多新村的村民都认为所谓的党村仅指塬下的老村，似乎新村已经脱离老村，成为外在于党村的另一聚落。

案例1-4：解某，女，55岁，家中有5口人，除了老伴儿还有2个女儿和1个孙子。30年前，由于家中人口增多，老村四合院的2间房子不够住，于是便搬迁到塬上居住。解某说当时虽然下定决心在塬上盖房，但是家中经济并不宽裕，没有多余的钱盖房。后来在乡亲们的资助下才盖起了房子。说到老村和新村生活的对比，解某认为四合院冬暖夏凉，住着比较舒服，而且木房子不容易积攒灰尘。但是老村道路不平整，行车很不方便，而且居住空间较为狭窄，不利于生产生活，于是便搬到新村居住。

新村离公路近，方便村民上下班，而且道路平整、居住空间大，为村民生产生活提供了极大的便利。不过新村也存在很多问题，由于新村的组与组相隔较远，加上村里基本不举办集体活动，红白喜事也按组为单位进行，因此村中各组之间的交流较之前大大减少。有些不同组的年轻人甚至互不认识。解某认为，以前在老村，家家户户就像亲戚一般。农忙时，村民之间相互帮忙，农闲时村民相互串门走访，大家都不分彼此。因为在大家的意识中，党贾两家本来就是一家人。而现在村民普遍没有家族观念，一个小家就是一个小团体，家与家之间的交往很少，关系并不密切。尤其是年轻人，大多以打工为生，他们白天去县城打工，晚上则回到家中闭门休息，很少有时间与村中其他人进行交流。因此整个新村虽然人多，但论及凝聚力大不如之前的老村。

2. 老村居住人数减少，不利于古建筑群的保护和发展

随着老村搬迁人数的增加，空置的四合院越来越多，整个老村空荡而冷清。这虽有利于旅游景点的统一开发与管理，但实际上却不利于古建筑的保护。现在无人居住的四合院只能由旅游局雇人进行清理和打扫，即便如此，也远比不上户主对自己私宅保护得仔细和完整。假若所有人都搬离老村，空无一人的四合院只能完全靠外来人员定期打扫和维护，不仅工程浩大，费时费力，而且其保护的力度和效率也缺乏保障。

被誉为民居瑰宝的党村不仅建筑精美，文化底蕴深厚，而且民风质朴，拥有很多能够反映当地经济文化、风土人情的旅游资源。而这一切的根基都在于党村村民的居住。没有人居住的古建筑就像一个缺失灵魂的空壳，毫无生气。前来参观的游客假若只能看到一座座缺乏生活气息的建筑，而看不到当地居民真实的生活现状，也就无法感受到党村古朴的民俗风情，真正领悟到当地深厚的文化底蕴。因此，老村村民的搬迁极大地阻碍了老村古建筑的保护和当地旅游业的发展。

3. 居民公共空间减少，公共设施不健全

老村虽然地理位置偏僻且面积有限，但这并没有限制其公共空间的发展。过去的党村拥有十分丰富的公共空间和较为齐全的公用设施。老村设有供人们休闲娱乐的秋千场，用来祭拜祖先、商议公共事务的祠堂，举办集体活动的广场（观音庙和戏台之间形成的空间），进行文化教育的私塾以及提供水资源的水井和涝池。正是因为老村公共空间占比较大、空间类型多样才赋予了党村不可磨灭的意义和生存力量。

相比老村而言，虽然新村村民的居住空间有所扩大，但是居民的活动空间却大大减少，公共设施也不如老村齐全。村上没有专门

修建供居民活动的休闲场所，村民们的交往活动空间局限于家户之间形成的狭窄的巷道、道路两侧以及老村入口的售票处和停车场。因此，村上举办一些传统的集体活动，如春节闹社火时，还是选在人烟稀少的老村举办。公共空间狭小是导致居民精神文化缺失的重要原因，也是阻碍村落发展的主要因素。受城镇化的影响，新村正逐步向现代化的方向发展，但是仍然缺乏很多必要条件——公共设施不健全就是其重要表现。现阶段，新村缺乏垃圾桶、路灯、诊所、村委会等最基本的公共设施，这给居民的生活带来了一定的不便。

第三节 城镇化发展过程中党村旅游发展现状

一 党村旅游发展概况

（一）党村旅游发展调查

通过发放问卷和访谈，笔者于 2015 年 7 月对党村的旅游发展状况进行了调查，调查在党村景区和党村新村进行。发放问卷 250 份，回收 241 份，有效 241 份，有效回收率为 96.4%，整个样本的基本情况如表 1-5。

表 1-5 样本基本信息

单位：%

		频数	百分比
性别	男	109	45.2
	女	132	54.8
文化程度	小学及以下	55	22.8
	初中	106	44.0
	高中或者中专	59	24.5
	大专或者本科以上	19	7.9
	缺失值	2	0.8

续表

		频数	百分比
年龄	20 岁以下	5	2.1
	20～30 岁	33	13.7
	31～40 岁	30	12.4
	41～50 岁	47	19.5
	50 岁以上	126	52.3
居住状况	居住在老村	95	39.4
	已搬入新村	132	54.8
	不在村里居住	14	5.8

在所有被调查对象中，男性占 45.2%，女性占 54.8%，受访女性明显多于男性，这主要是因为青年和中年男性大多外出打工，且调查期间正值农忙时节，许多男性需从事农业生产。从年龄分布上看，受访者中，40 岁及以下的只有 68 人，仅占样本的 28.2%，41 岁至 50 岁的有 47 人，占样本的 19.5%，而 50 岁以上的则有 126 人，占样本的 52.3%。这说明，村中的大量青壮年选择去其他地方发展，大量优秀劳动力流失，旅游业的发展也失去了具有创造力的主体，而超过一半的老年人也说明，党村中留守老人非常多。关于文化程度，小学及以下的有 55 人，占 22.8%，初高中的共有 165 人，占 68.5%，而大专和本科及以上的仅有 19 人，占 7.9%。这说明，受访者的文化程度大多集中在初高中，只有很小一部分人具有高学历。在居住状况上，39.4% 的受访者仍然居住在老村，54.8% 的受访者已经搬入新村，还有 5.8% 的受访者不在村里居住。这说明，原本居住于党村景区中的居民，超过一半已经搬走，村落中的人口较少，"空心化"严重。

通过调查问卷中受访者的年龄和受访者的居住状况的交叉比较，我们可以发现，搬入新村的共有 132 人，占样本的 54.77%，仍然居住在老村的共有 95 人，占样本的 39.42%，而 41 岁以下居住在老村的共有 24 人, 占居住在老村总人数的 25.26% , 41 岁及以上居住在老村的共有 71 人, 占居住在老村总人数的 74.74% , 其中老年人 54 人。这说明, 过半的村民已搬入新村, 少数人仍然居住在党村老村且大多为老年人 (见表 1-6)。

表 1-6 村庄内部不同年龄层村民居住选择

单位: 人

年龄	居住在老村	已搬入新村	不在村里居住	总计
20 岁以下	3	2	0	5
20~29 岁	13	14	6	33
30~39 岁	8	20	2	30
40~49 岁	17	28	2	47
50 岁及以上	54	68	4	126
总计	95	132	14	241

关于居民居住在老村的原因, 如表 1-7 所示, 仅 5.4% 的居民是由于进行个体经营住在党村, 而 19.9% 的居民是因为在新村无宅基地, 10.8% 的居民是因为习惯居住在老村。这表明, 参与党村旅游业发展的村民只是极少数, 且在搬迁过程中, 相当一部分村民因为无法获得宅基地而没有搬迁。

表 1-7 村民居住在老村的原因

单位: 人, %

	频数	百分比
新村无宅基地	48	19.9
习惯居住在老村	26	10.8
利用旅游优势进行个体经营	13	5.4
其他	10	4.1
缺失值	144	59.8
总计	241	100

案例 1-5：贾某，女，60 岁。贾某现在仍住在老村，我们进去时，家里只有贾某和 4 岁的小孙子。贾某很热情，虽然自己腿脚不灵便，但仍然很热情地招呼我们坐下来休息。我们说明来意后，贾某表示自己很愿意帮助我们，但自己视力不太好，于是，我一边读问卷，一边开始了访谈。

贾某告诉我们，自己有 3 个儿子，大儿子和儿媳在外地打工，主要是去西安，有时候也会去广州等南方地区。二儿子和小儿子还没有成家，但都不在家。老伴是瓦工，现在也不在家，去邻村帮忙了。因为自己身体不太好，她很少出门，只是在家里带孩子，做些家务。访谈中，我注意到贾某家的房子翻修过，与老村其他的房子似乎有些格格不入，笔者询问贾某家里盖房子的时候村里有没有管，贾某回答说，因为前些年房子倒塌了，无法居住，于是翻修了一下，而且自己家里也不在主要游览路线范围之内，所以，修房子的时候村里面也没说什么。

贾某说自己家现在就是以务农和打工维持生计。家里只有老伴一个劳动力，儿子们经常不在家，只有农忙和过年的时候才回来。家里有 5 亩地，主要种的是小麦和花椒，农忙时候儿子们会回家帮忙。当问起贾某对村里旅游事业的看法时，贾某表示因为自己腿脚的原因，很少出门，自己只能从老伴和周围邻居那里了解村里的事情。贾某说，前几年党村的旅游是由村委会管理的，最近两年被旅游局接手，旅游局每年给村里 100 万元，而每年分到每个村民手上的只有 300 元，但较之前每人 100 元，已经有所改善了。每年的 300 元无法满足村民的需求。贾某感慨，村里面的很多年轻人都外出务工了，留下的就是一些和自己一样的老人和小孩子。在访谈中，贾某多次提到政府要与村民多沟通。她认为，村里决定事情的时候，只是干部们坐在一起商量，没群众什么事，即使村民参与了，很多事情也办得事与愿违，不得民心。贾某谈到一件自己家经历的事情，关于申请宅基地。大约4年前，家里人决定搬到新村去，于是，向村委会提交了申请，大约1个月后，家里人去村委会问结果，村委会的干部说让他们等等，这样三次之后，村委会一直说让再等等。半年后，又去村委会，结果他们交到村委会的申请居然找不到了，而村委会始终没有回音，关于宅基地就不了了之，这也就是为什么贾某一家现在仍然住在老村，而且翻新房子的缘故。

贾某在访谈中一直强调政府要与村民多沟通，了解村民的实际需求。贾某虽然因为身体原因很少出门，但她还是很关注村里的事情。对于村里留不住人，老村人口越来越少的状况，贾某很是苦恼。她说，之前自己家的这条巷道住了9户人，但是，现在只剩下3户了，人越来越少了，陪自己聊天的老姐妹也越来越少了，孩子们常年不在家，自己有时候也很孤独。

（二）党村旅游发展的现状

随着城镇化进程的加快，人们的物质生活得到满足，生活水平不断提高。然而在物质财富得到增加的情况下，生活负担也逐渐加深，为了缓解压力，越来越多的人在闲暇之余走出家门，呼朋伴友，去各地旅游参观，追求精神的满足。与此同时，越来越多的乡村旅游业快速发展起来，而古村落作为乡村旅游的一种特色，也吸引了越来越多的游客，在一些古村落旅游资源丰富的地方，旅游业已经成为提升地方经济增长的主要因素之一。而党村作为中国的历史文化名村，以保存完整的四合院及其村内独具特色的建筑而闻名于世，自20世纪80年代被中日联合调查团发现后，党村的知名度不断上升，越来越多的人去党村领略古建筑之美。调查过程中，笔者恰逢党村的篝火晚会，在晚会现场，有来自全国各地的游客，还有外国友人。因此，笔者试图对党村的旅游发展现状进行进一步探究。

1. 起步早，发展滞后

据村民介绍，党村是20世纪90年代初期在村委会的带动下开始发展旅游业的，迄今为止已经有二十几年了，村人对党村的旅游发展这样评价："与同类型旅游业相比较，党村起步早10年，但现状则落后15年。"44.4%的村民认为党村旅游发展一般，14.1%认为发展较差，7.9%则认为党村旅游发展很差，在200多份问卷里，仅有33.6%的人对党村当前的旅游发展持肯定态度，认为其发展还算可以。但是，相较同类型旅游景点，无论是从基础设施，还是从游客接待量等进行比较，已经远远地落后了。

案例1-6：党某，男，70岁。党某是一名退休老教师，现在和老伴一起住在老村。子女均在外地，逢年过节就回家看望老人。进入党某家，映入眼帘的是一幅写着"韩城最美家庭"的照片，家庭三代同堂。进入四合院的大厅，可以看到很多花馍，很壮观，也很形象，放在橱窗里，供游客参观。

党某高度评价了党村的古建筑，他说党村是党村的祖先留给后代珍贵的不可复制的物质、精神文化遗产。他说，党村首先应该是"党村人的党村"，然后才是韩城的、陕西的、中国的和世界的党村。党某谈道，村里的四合院曾经经历了三次毁坏，分别是：1956~1958年农业合作化、公社化时期；1959~1961年三年困难时期；生产责任制时期。直到20世纪80年代末，中日联合调查团发现党村，其才慢慢走向了世界。

对于古建筑的修缮问题，党某认为修缮是好事，但应该以抢修为主，而在修缮时，政府应该和村民多沟通，让村民行使自己的合法权益，包括：知情权、参与权、话语权和监督权。党某进一步说，2012 年冬天的时候，水利部门、电力部门和通信部门都来党村开展相关工作，但是各方各干各的，把一次就可以集中协商解决的问题扩大成三次。三次开挖，三次掩埋，分散行动，不仅浪费了人力物力，而且使村民的生活生产存在巨大的隐患，村民们对此事也是感觉很莫名其妙，作为当事人，却没有人出来和村民沟通，部门之间各行其是，乱作一团。党某认为，无论是党村的发展还是全国的发展都应该统一规划，统筹安排，这样，才能确保资源不浪费，群众的实际利益也能够得到保证。

党某还谈道，现在已经修缮的村落古建筑，也存在很多问题。例如，位于主干道上的重要景点党祖祠，祠堂有 12 扇厅房，但是，现在都已不知所踪；还有文星阁上的风铃，文星阁上原有 8 个风铃，1 个在土改的时候被破坏了，1 个在 1958 年被雷击坏了，还有 6 个铃铛，但是修缮完之后，那 6 个铃铛也不见了。

党某这样评价党村的旅游事业：与同类景点相较发展滞后，虽然起步早 10 年，但是现状则是落后 15 年。而党村的根本问题则是：村民自身观念的问题、村委会无统筹观念和领导无作为。农民由于自身的狭隘性，没有从长远出发，观念还没有转变过来；村委会的干部没有从全局出发规划党村的发展；而旅游局的领导干部也没有引导村民积极参与旅游业，认为多一事不如少一事。但最关键的是村民自身观念意识的转变。关于未来党村的走向，党某还是很乐观的，他认为党村还是会一直向前发展的。但同时，也会面临古村落"空心化"的问题。他认为，古村落的保护不应该只是古建筑等物质的保护，还应该包括人文风俗等非物质文化遗产的保护，但是，如何让村民自愿留下来，这又是一个值得关注和考虑的问题了。

2. 村民参与少，发展规模小

党村老村面临着严重的"空心化"问题，大部分住在新村的党村人早已与党村的旅游业脱离了关系，这是村民没有参与党村旅游业的直接体现。另外，在老村仅存的人口中，只有38人在党村进行个体经营，占总人数的15.8%（见表1-8）。其中，18人经营农家乐，占总人数的7.5%；8人经营纪念品店，占总人数的3.3%；3人经营特色小吃店，占总人数的1.2%；9人经营小商店，占总人数的3.7%（见表1-9）。正规的农家乐共4家，均分布在景区入口处，这几家农家乐在接待游客方面有一定的能力，现代化配备也随着时代的发展有所提高，但总体而言，条件依旧比较简陋。当问到村民对农家乐的态度时，一位村民谈道："我家之前也想过经营农家乐，但是因为家里人少，地方不够宽敞，资金有限，最后就算了。"现在村里农家乐经营得最好的是"一分利饭馆"。据"一分利饭馆"的老板党某介绍，村里每年给开办农家乐的村民补助4万~5万元，最少也能补助2万。党某介绍，随着村里旅游业的发展，办农家乐的村民逐渐增多，但是由于收益不稳定，还有自身不坚持，农家乐办了又停，还是原来的那几家。此外，村中还有以卖纪念品为主的商店2家，地摊2个，从业人员以50岁以上为主，其中还有2位80岁以上的老人，用他们的话说，"开个小店（摆摊）既可以打发时间，也可以额外赚点钱"。由此看出，党村村民旅游经营活动参与度低，且参与人群偏老龄化。

表1-8　被访者中个体经营户的数量

单位：人，%

是否在党村进行个体经营	人数	百分比
是	38	15.8
否	188	78.0

是否在党村进行个体经营	人数	百分比
缺失值	15	6.2
总计	241	100

表1-9 个体经营户主要经营的业务

单位：人，%

在景区内经营的是什么	人数	百分比
农家乐	18	7.5
纪念品店	8	3.3
特色小吃店	3	1.2
小商店	9	3.7
什么也没经营	203	84.2
总计	241	100

3. 分红收益低，村民满意度低

在实地调查中，有村民反映，自从党村旅游业两年前被市旅游局接手之后，每年旅游局就给村里100万，最后每个人分到手的也就是300元。党某说："虽然有100万，但是村里需要支出的事项众多，最后平均下来，一年每人只能够领到300元。但是，300元的分红根本无法满足村民的需求。"一个农家乐老板告诉笔者："党村一年能够接待六七十万游客，而党村的门票是每人60元，但是村民收益却很少。"据调查，笔者发现仅有29.8%的村民对于分红政策感到满意，而35.7%的村民的满意度一般，剩下的34.5%的村民则对分红政策不满意。对于分红政策不满意的居民，他们认为政府接管旅游业后，赚取了较大利润，而自己得到的收益则很小。

案例1-7：贾某，女，62岁，小学文化水平。贾某目前居住在新村，老伴去年（2013）刚去世，和儿子、儿媳妇生活在一起。家里现在是以务农为生，主要种植花椒树，家里的土地除了种植花椒外，其他的都退耕还林了，征地补贴也是家里的主要收入。贾某说自己的儿媳妇做饭特别好吃，家里以前开办过农家乐，但是新村并没有游客来，所以农家乐经营惨淡，儿媳妇对于新村没有游客很愤怒，最后放弃了经营农家乐。贾某空闲时会绣绣十字绣，补补衣服，和村民们聊聊天。贾某说自家的地比较少，平时比较空闲。提及旅游发展，贾某非常愤怒，她认为政府每人给300元补贴，分钱分得太少，政府赚取了较大利润，她对政府的旅游分红政策十分不满意。贾某告诉我们，她的丈夫的爷爷是清朝第一举人贾乐天，以前村里不允许女子上学堂，是贾乐天先生率先办女子学堂，让村子里的女孩上学。贾乐天先生虽然是读书人，但是他的思想很开放，缠足等陋习他并没有让女儿去遵守，而是让其不要缠足。贾某认为，以前村子就是靠爷爷贾乐天出名的，吸引了很多的游客和学者，但是现在旅游发展起来后，村委会和政府就不管贾乐天先生的后代了，她对此表示非常愤怒。

贾某认为党村旅游业目前发展状况比较好。同时，她认为目前党村旅游存在的问题主要是政府政策执行不到位，政府其实对党村投入资金较多，但是层层拨下来都被各级贪污了，最后剩余的钱无力推进党村旅游事业的发展。自2012年政府接管党村旅游业后，村子里的秩序变好了。以前村里人天天打架，现在政府介入管理，村民之间的矛盾冲突减少了。贾某还表示愿意参与党村的旅游发展，自己和儿媳妇还是想开农家乐，但是目前的状况使得她们的愿望无法实现。贾某说，旅游局安排的导游只把游客往下面的古村引，压根没有介绍新村，更不用说比新村还远的寨子，下面的古村收益非常大，而新村和寨子则没收益，根本无法依靠旅游来实现自我发展。贾某认为旅游资源不应该由古村独享，而应该均分，导游应当向游客介绍新村和寨子，村寨合一这种特色会更吸引游客。当问及村庄的搬迁对古村落旅游业发展是否存在影响时，贾某认为搬迁不利于旅游业的发展，这样会导致古村落旅游"空心化"，现在古村下面几乎都没有人了，只剩了40余户，搬走了2/3。贾某一方面认为不应该搬上来，这样不利于旅游发展；另一方面又认为应该搬到新村，因为住在古村的年轻人会因为没新房子而找不到媳妇。贾某的古宅还在老村，因为没钱维修，就那样空闲着。贾某说村子里很多搬到新村的村民都把古宅锁上了，宅子里的草都比人高了，但是那些村民并不想把古宅的门敞开接待游客，因为他们认为自己开放古宅政府也不给钱维修房子，索性锁门让房子闲置。

贾某对党村旅游业的未来发展还提出了建议，那就是把整个新村建设成特色纪念品和特色小吃一条街，模仿国内其他古镇的旅游发展模式。

4. 村民旅游收入普遍较低

党村现有37户个体户，但是在问卷调查中，因为各种原因，有10户没有填写，有27户填写了自己的个体经营年总收入。调查发现，13户个体户收益在8000元及以下，这其中11户的收益在5000元及以下，而这11户的年平均收入仅为4273元。剩余的14户的收入情况较前面相比稍多，但是大多数个体户年收入也仅为1万元左右，仅有1户情况比较乐观，年收入达到10万元。综合这27户的情况，他们的年平均收入为10173元，然而，作为一个一年能够接待游客六七十万的景点，党村村民这样的收入确实处于较低水平。

案例 1–8：党某，女，42 岁。其家中一共 5 口人，孩子在外工作，丈夫在外跑运输，自己和丈夫住在老宅子里，经营一家农家乐。因为家中还有两位老人，且身体状况不好，为了方便，两位老人住在新村的房子里。党某家的房子被评为二甲级民居，是家中祖传的宅子，已经有很长的历史。因为房子没人住很容易倒塌，所以一家人都住在老宅子里。党村旅游发展最初是以付给村民一定补贴的形式，让村民开门让游客参观。然而补贴的数额很少，游客每天在自己家中走来走去，不仅很吵，而且会给自己的生活带来一些不便，更重要的是，部分游客的态度还很不好，没有礼貌，这让党某一家最终选择了不对游客开放自家的房子。

当问及党某家农家乐的收入情况时，她说，虽说开了农家乐，是个体户，但是收入十分有限。党村旅游一年的旺季大概也就 10 天左右，自己家房屋不在旅游的主要线路上，每天的客流量有限，除去食材费和人工费，也就能赚个 1000 元左右。平日里的生意不怎么样，党某没空的时候索性就关了店休息，只在人多的那几天做生意。

党某认为目前党村的旅游业发展较好，政府不存在问题，旅游业的发展需要一个过程。现在政府需要解决的主要问题是旅游宣传和古民居补贴问题。她认为，党村的各项设施正在逐步完善，所以如何宣传党村古民居，让更多的人知道党村就显得尤为重要。只有大家知道了有个党村，那里有保存十分完整的古民居，那么节假日想要旅游的人才会考虑来党村。关于古民居的补贴问题，她表示，只有补贴到位了，村民才会积极配合。自己家的老房子虽然是二甲级古民居，但是评上了和没评上并没有什么区别，维修补贴依然很少，现在自己的房子自己修、自己住，当然也就不愿意对外开放。

从村民的角度来看，党某认为民心不齐是制约党村旅游发展的一大障碍。村民现在不是一条心，已经分成了几股，这跟村民的素质不高、目光不够长远有很大关系。那些参与旅游业当中的人支持、配合党村旅游发展，但是那些不能从中得利的村民却想要搞破坏，让大家都无法获利，还有一部分人则认为旅游业发展与自己没关系，不关心这个事。她说，党村是先辈们做生意挣了钱建立起来的，这里的一砖一瓦都很好，每个人都应该对自己的家乡有一种期盼，而不是只考虑自身的利益。现在村民的思想上存在较大的偏差，党村的旅游业发展好，不能只依靠政府。村委会应该将所有的村民组织起来，让大家一起讨论商量，认清这其中的利害关系，把所有的村民都团结起来，一同努力发展旅游业，把党村建设得更好。

党村不仅获得了建筑学界的极大关注，也越来越被普通群众所熟知，如今党村还被陕西省定为"历史文化保护村"，列入"国际传统民居研究项目"。随着党村名气越来越大，游客数量也一直在增加，但是面对如斯现状，党村该如何走出去，将旅游事业发展壮大，这是党村的管理者和研究者们所要关注的问题。

二 党村村民参与发展旅游业的意愿

在旅游发展中，村民的参与至关重要，只有当地村民通过参与旅游开发和发展，分担对旅游发展的责任，分享由旅游带来的利益，才可能减少由于旅游开发所引起的对当地物质文化遗产和非物质文化遗产的破坏及不满等，为当地旅游注入源源不断的动力和生命力，真正达到古村落旅游的可持续发展。

（一）当地村民参与旅游相关产业发展的意愿

在城镇化进程中，党村与我国绝大多数的农村一样，面临着农村空心化和老龄化的问题。村民不再满足于原有的居住环境，老村的格局不再适合现代生活方式，人口的增加、经济的发展使得老村房屋退出历史的潮流，越来越多的村民搬到了新村，使得老村人口减少，留在老村的多为恋旧的老年人和没有经济能力搬迁的村民，党村旅游业的发展面临村民参与度低的问题。党村的多数村民是愿意参与旅游发展中的，69.3%的人愿意参与党村的旅游发展，其中最主要的原因是他们认为参与旅游发展会使他们的收入增加，其他原因按从多到少依次是参与旅游发展中会让他们的人际交往扩大、实现自我、出行便利和其他原因。他们认为参与旅游发展除了对自己有利之外，对整个村庄都是有积极影响的，不仅可以提高村民的收入和生活质量，还可以增加就业岗位，提高村民发展意识，使其不安于现状，另外还可以间接地促使农民工返乡，这对党村的发展至关重要。笔者调查了解到，在这些人中，有45.6%的人更乐意依靠开农家乐来增加收入，原因是农家乐集住宿、吃饭、休息于一体，收入来源多样且相较其他方式高而稳定。选择以其他方式增加收入的均低于10%。可见，村民选择参与旅游发展首要考虑的是经济因素，若此种方式可以促进自己的收入增加，那他们便更乐于参与旅游发展。对于村民来说，旅游发展是促进他们经济增长的方式之一，不管初衷如何，最后的结果都是利用旅游来发展经济，而不是保护文化遗产。

案例1-9：党某，男，今年（2014）65岁，初中文化水平。党某已经搬入新村，不在老村居住。而且之前一直住在北京，前年（2012）因为要帮女儿照看孩子，才回到新村居住。党某有两个儿子、一个女儿，两个儿子都在外地工作，大儿子在北京上班，小儿子在广州上班，女儿已经出嫁了。小孙女只有2岁，因为女儿女婿工作比较忙，小孙女就由党某和其老伴带。党某一家现在务农，种植少许的花椒树，收入主要是政府给予的旅游分红和补贴。见到党某的时候，他坐在其他村民家门口和村民们聊天。据党某讲，党村的年轻人都外出打工，留在村子里的大多是妇女和上了年纪的老年人。由于村民们土地很少，除了采摘花椒的时候比较忙，平时都比较清闲，大家没什么事可做，就会聚在一起聊聊天、打打麻将、散散步。当问及现在正是旅游的旺季，为什么村里的人还这么清闲的时候，党某摇着头说，村子的旅游与我们没有关系，旅游局有人负责管理门票，停车场有人负责收停车费，导游只把人往下面的老村引，根本不会来新村，所以，旅游实际上不关我们事。

党某虽然表示他们参与不到旅游业的发展中，但是他对党村的旅游发展有一定的见解和建议。他对党村当前的旅游现状比较满意，认为政府对旅游规划得比较好，相比以前好了许多。同时，他认为目前党村旅游存在的问题是政府政策贯彻执行不到位，管理不严，有些人胡作非为。比如有人在路上拉游客，从小道上带进去，只收门票一半的价钱。党某认为这种行为不利于党村旅游业的发展，党村旅游业光靠门票收入，村内没有建设游乐设施等。同时，党某提议古村内的农家乐应当改善饮食，推出党村的特色小吃和食物，饮食费用也应该适当，让游客游得满意，吃得满意，这样才能发展得越来越好，不能光顾着挣钱，因为很多游客反映农家乐又贵又不好吃。党某表示愿意参与党村的旅游发展，如果有资金的话，他和老伴想开个商店，卖卖党村的特色小吃，例如花椒、芽菜之类的，他认为参与旅游能够实现自我发展、增加家庭收入、增加就业岗位以及提高生活质量。党某认为目前村落旅游最大的问题就是村民的目光不够长远，不团结，都只想自己挣钱，没有顾全大局。政府应该设立专门的旅游发展基金、为村民提供旅游发展经验培训、对党村进行广告宣传以及加强旅游景点建设（垃圾桶、公厕、休息区等），以推动党村古村落旅游业的发展。

　　当问及村庄的搬迁对古村落旅游业发展是否存在影响时，党某认为并没有什么影响，只要把古村落的古建筑维护好即可。他认为古村里的人应当全部搬出来，让政府对整个古村落进行统一规划和统一管理，古村旅游，新村建设成热闹的集市，各家可以开商店、摆小吃摊、办农家乐、开纪念品店等。他表示群众应该配合政府的工作，政府和群众齐心协力地共同推进党村古村落旅游业的发展。最后，党某谈道，现在村里的年轻人都不愿意传承古村落的风俗习惯，党村应当多举办一些民俗表演，一来可以吸引游客，二来可以让村里的年轻人受到一定的感染，三来他们这些老年人很想参与民俗表演，传承党村的文化习俗。同时，他希望民俗表演能够在古村和新村之间轮流举办，总是在古村举办，老年人腿脚不便，老是下古村不太方便。

表 1－10　村民参与党村旅游发展的意愿

单位：人，%

是否愿意参与党村古村落的旅游发展	人数	百分比
是	167	69.3
否	74	30.7
总计	241	100

表 1－11　村民认为的可增收的途径

单位：人，%

主要依靠哪方面可以增加收入	人数	百分比
开商店	18	7.5
开农家乐	110	45.6
摆小吃摊	20	8.3
开旅店	14	5.8
卖文化特色产品或土特产	14	5.8

主要依靠哪方面可以增加收入	人数	百分比
文化表演	2	0.8
其他	20	8.3
缺失值	43	17.8
总计	241	100

30.7%的村民不愿意参与旅游发展，他们并不认为村民参与会促进当地旅游业的发展，反而觉得村民的参与会导致管理混乱，村民与村民、村民与政府的矛盾增加，继而导致村民之间的收入差距拉大，贫富分化更加明显，等等。从个人角度出发，他们不愿意参与旅游发展的原因首先是对参与旅游发展不感兴趣，这部分人大多拥有一份较好的工作，或者是更喜欢原来的那种日出而作日落而息的生活方式，不愿意因为旅游发展而打乱自己的生活节奏。其次，党村现在的旅游发展前景不好也是他们不愿意参与旅游发展的重要因素。在他们看来，党村旅游发展了这么多年，却依旧不温不火，政府接手后效果不甚明显，未来旅游发展道路并不乐观，所以他们宁愿在外打工，也不愿意参与当地的旅游发展。再次，缺乏经济投入基础。村中真正有能力办起农家乐的人屈指可数，据一个农家乐老板介绍，其每年虽然可以通过农家乐赚取10多万元，但投入至少要4万~5万元，而且近些年由于要跟上时代步伐，吸引更多的游客，需要购置新的家电，如空调、电视机、无线路由器等，这需要很大的一笔投入，所以并不是村民不想依靠农家乐赚钱，而是没有经济能力。最后，政府政策引导不足也是重要的因素。村民参与不是仅指依靠开店摆摊等方式为旅游发展尽一份力，而是说村民可依靠自己的经验、能力加入旅游发展的规划中，或者在引导游客更加了解党村的物质与非物质文化遗产中尽一份力，更可以在环境保护方面有所贡献，然而政

府直接拒绝了村民的参与，即使是花重金聘请导游、清洁工，也不愿意让有能力的村民发挥才能。另外，像经营经验不足、家中缺乏人力来从事旅游相关工作等也是村民不愿意参与旅游发展的原因。

案例1-10：党某，男，76岁。党某是一名退休老干部，之前在市政府工作过。退休后，他和老伴回到了老村安度晚年。进入党某家之前，门口映入眼帘的八个大字为"清代翰林故居后人"。门口的右联上面贴了张写有"古民居一甲级"的红底木板，跨过门槛，挂在窗根上的木板上写了"清代光绪皇帝'钦点翰林'党蒙故居"，院子是典型的四合院，屋檐下摆放了一个玻璃橱柜，里面有很多珍贵的文物。进到房间，我们和党某说明来意，其表示愿意做完问卷之后接受我的采访。

党某在家中排行老二，大哥在市里，还有个弟弟就在隔壁，子女现在都在外地上班。党某很关注村里的古建筑，自己家是游览路线第一家民居，更是一级民居。但是，现在存在一个很严重的问题就是：古建筑的修理问题。党某家中两边的房子已经逐渐有向中间倾斜之状。党某谈道，自从自己家被评为一级民居后，虽然多次打报告申请修缮房子，但是无人理会。他很担忧，如果不抓紧修缮，等过几年，房子倾斜更加严重，一级民居会被降为二级或三级民居，房子的游览价值下降，游客来到党村之后，将无法进行参观了。他特意提出"先修理其他缓办"的方法，他认为首先应该抢修重要的旅游景点，尤其是一级民居；关于修缮合理性的问题，他认为虽然近些年来一直在修缮古建筑，但是钱没有用在刀刃上；最后就是修缮费用的问题，修理费究竟由谁来承担？古建筑的修缮需要大量的资金和技术支持，政府每年拨款来修理，但是由于需要修理的古建筑数量众多，不能完全满足村民的需求。近5年来，大概有13户民居得到了修缮，其中1户的修缮费用达到了四五十万。据他估计，现在具有保护价值的民居有125户，然而，修缮费用一般需要个人承担60%，国家承担40%，高额的修缮费用使越来越多的村民望而却步。于是，住在老村的村民越来越少了，景点数量也在逐年减少，质量也在逐年下降。而有些已经被修缮的民居其价值其实并没有那些现在迫切需要修缮的民居高，只是因为民居主人和村干部关系相近的原因罢了。

对于党村的现状，党某用很一般来总结，其认为党村从最初由日本学者发现出名，到村委会办旅游，现在由市旅游局接管，在旅游局的管理之下，近些年发展不大。关于党村的未来，他认为应该提高村民的保护意识，增强村民的凝聚力，在加强旅游景点建设修缮和基础设施建设的同时，让原住民留下来，保留原汁原味的党村文化，让村子充满人气，而不是只有空荡荡的房子。

案例1-11：党某，男，70岁，初中文化水平。党某目前居住在寨上，他认为古宅冬暖夏凉，新村的房子夏天似蒸笼般非常热，而冬天非常冷，其表示不愿意搬入新村，愿意在寨子居住一辈子。党某有一个儿子、一个女儿，儿子在韩城市里教书，女儿已经出嫁了，目前家里就他和老伴2个人。党某和老伴平时务农，种植少许的花椒树，家里的土地除了种植花椒外，其他的都退耕还林了，主要靠征地补贴来维持生活。见到党某时，他正在新村村口小广场坐着和一群老人聊天，寨子基本上空了，只剩了9个人居住，其他人都已经搬入新村了。党某说寨子已经破得不行了，但是政府和村委会也不维修，政府和村委会之间相互推卸责任。只有和政府关系好的人才给维修费，至于其他人就要自己花钱维修，下面的古村中一个老人的房子塌了政府也不管。党某谈道，村中有专门的古建筑维修队评估房子，一般维修费用都在 60 万~80 万，国家只给40%的补贴，其他的60%要自己掏钱，村民一般无法支付。而且，其实维修费用只需要几万元，但是政府、维修队层层贪污，所以费用一直高涨。

提及旅游发展，党某非常愤慨，他说旅游局每年给党村 100 万旅游资金，政府一户人家才给300元补贴，分钱分得太少。党某认为党村旅游业目前发展得一般。同时，他认为目前党村旅游存在的问题是政府政策贯彻执行不到位，当地人参与得比较少，除了古村里少部分村民开办农家乐、开商店、摆小吃摊等，新村几乎没人参与旅游业的发展。政府把赚钱的机会都给了外村的人，不给本村人赚钱的机会，比如管理停车场收费的是外村人而不是本村人。党某表示不愿意参与党村的旅游发展，因为缺乏资金投入，自身经验也不足，政府引导也不到位，办农家乐、开商店、摆小吃摊、开旅店、卖文化特色产品或土特产等都没用，没有政府的引导和统一管理、统一规划，是赚不到钱的。而且，他认为农村人小农意识严重，思想非常落后，目光不够长远，而且许多村民看重利益，一个小小的维修队长都非常贪心，只想着钱。当问及村民参与村落旅游发展带来了什么积极和消极影响，党某表示，积极影响是村民的发展意识增强，旅游的发展带来了新的思想、新的观念，村民可能会抛弃旧的顽固思想，接受新观念、新思想；但同时，村民参与旅游发展会造成管理混乱，矛盾增多，因为党村村民之间的利益心和嫉妒心比较强，见不得别人好，不够团结。对于党村的这种状况，他表示非常愤怒但无能为力。他认为政府应该加强旅游景点建设来推动党村古村落旅游业的发展。

当问及村庄的搬迁对古村落旅游业发展是否存在影响时，党某认为搬迁有利于旅游业的发展，这样方便游客游览古宅。

现在古村的门都被村民锁上了，只有几户古宅对游客开放，游客对于花费 60 元只游览了几个古宅表示不太满意。最后，党某谈道，党村目前最大的问题就是旅游的人太少，旅游局和政府对旅游投资太大，但旅游收入太少，只依靠门票收入无法获得预期效益。

（二）当地村民参与古村落文化保护的意愿

古村落发展旅游业重在对当地特色文化的保护，包括古建筑等物质文化遗产和风俗习惯等非物质文化遗产。在城镇化的大背景下，居民追求现代化的生活、更舒适的居住环境，古村落的文化保护面临问题。若是只保护建筑不顾建筑中的人，将会使古村落旅游失去人气；若是对古村落进行全商业开发，必将失去其特有的文化气息。如何协调这两者关系，让旅游业更好地发展？对此，笔者通过案例进行了一些了解。

案例 1 - 12：薛某，女，70 岁，初中文化水平，现与二女儿和孙子居住在老村。在调查过程中笔者发现薛某的防备心理较强。在她看来，党村旅游业的发展，使得各色游客齐聚，增加了村庄的不安全因素，尤其是在村中发生了人口失踪事件之后，薛某更是加强防范，一般不让陌生人进屋。她认为现在村民的人身安全得不到保障，让每家每户敞开大门迎接游客的方案并不可行。她提倡村庄集体搬迁，即将村民全部安置、搬迁到新村，让一部分有意愿的人在老村经营商铺等，这一方面可以使原有的古迹不受现代化的冲击而丧失它的"古韵"，另一方面可以提高当地村民的安全感和生活质量。薛某认为，村民参与并不一定是村民必须住在老村，村民有追求高品质生活的需求，而这势必会破坏古村原有的"古韵"，从而让它发展为似古非古、似现非现的形态，所以最好的方法是将村民的居住地与古村落旅游区分离，新老两村相隔不远的同时又形成巨大的反差，还可以衬托出古村落的"古韵"，村民在古村进行与古村文化风俗相适应的商业活动。村民参与，是村民的心在古村，一心致力于古村的发展。至于如何调动村民参与的积极性，薛某认为关键在于将群众各方面的利益安排妥当，比如在住的方面，因为新村各方面的条件都比老村好，村民都愿意搬上去，但受一些原因的限制，比如缺乏财力支持而无法搬迁，政府应该采取一些措施帮助村民实现搬迁愿望；在就业方面，由于旅游业的发展导致部分村民失地，为了谋生，村民更愿意去其他地方找工作，而不是致力于本村旅游业的发展，薛某觉得本村人更了解村庄的历史沿革和文化底蕴，可以利用这一点为村民提供相应的就业岗位，让他们参与旅游的发展。

在上述案例中，薛某提倡集体搬迁，这与问卷调查结果遥相呼应，如表1-12中，有63.5%的人认为村庄搬迁对古村落旅游业的发展没有影响或者是产生了有利影响，只有35.3%的人认为村庄搬迁造成了古村落旅游的"空心化"。以阮仪三等为代表的观点认为，"空心化"是保护古村落建筑和传统风貌的有效手段，即把原住民迁至周围新区，再对建筑、街区进行修缮，派专业工作人员进驻（阮仪三、邵勇，1996）。以李苏宁为代表的学者指出"空心化"开发看似保存了古村落，却使其丧失了鲜活的生活气息和悠然神韵。他主张居民留在原居住地，反对外来旅游经营者的进驻（李苏宁，2007）。江五七等则提出了"部分空心化"的观点：将一些安全状况令人担忧的古民居住户迁出，其他住户则继续留住，并由政府给予一定的补贴，但严禁他们私自翻修古民居（江五七、陈豫，2003）。我们不能否认村庄搬迁对古村落旅游发展带来的积极影响，但是在"空心化"情况下如何让村民参与旅游发展似乎变得更加困难。

表1-12 村民对村庄搬迁对古村落旅游业的发展影响的认识

单位：人，%

村庄搬迁对古村落旅游业的发展有何影响	人数	百分比
没有影响，将古建筑维护好即可	94	39.0
有利影响，方便游客游览	59	24.5
不利影响，古村落旅游"空心化"	85	35.3
缺失值	3	1.2
总计	241	100

在调查中，村民对于参与古建筑的维修和保护工作、积极传承当地的文化风俗习惯都是比较愿意的，但这绝大部分都建立在获得利益的基础之上。比如当问及是否愿意无偿清洁古村落的街道时，多数人态度迟疑，而如果是有偿清洁，则多数人表示非常愿意。党村村民似乎对村庄的物质与非物质文化遗产的保护没有自觉的保护意识，对古村的归属感并不强，只是觉得理应从中获益，而并不是觉得守护祖先的遗产是自己的义务职责所在。所以，如何调动村民对老村保护和参与旅游的积极性是症结所在。建立在村民参与基础上的古村落旅游发展更能缓解发展中的矛盾，有利于村民与游客和谐关系的发展，为传承发扬本地的非物质文化遗产提供渠道，更在一定程度上可以避免"自上而下"供给所造成的"形象工程"问题（卫龙宝等，2011），缓和村民与政府之间的相互不信任问题。

三　当前发展方式下党村旅游发展出现的问题及对策

通过以上分析可以发现，目前党村旅游发展模式深陷"国进民退"的困局中，由于政府干预过多，当地居民参与较少，党村居民成为旅游发展的局外人，旅游发展与村落发展脱离。多数当地村民愿意参与旅游发展，却被这种发展模式拒之门外，作为党村的主人，对于当地旅游发展已经失去了参与权、话语权和监督权。当前的发展方式使得党村旅游发展出现诸多问题，笔者将从以下方面具体说明并试着提出对策建议。

（一）党村旅游发展中出现的问题

在当前中国古村落发展旅游的过程中都会遇到一些问题，如古建筑的维护与修缮问题、古村落与城镇化的关系问题、古村落的文化与风俗问题等，而依靠古建筑发展旅游业的党村也不例外地存在发展问题，以下就将党村旅游发展中的所存在的问题做一个简单的描述。

1. 景区基础设施建设的缺失

党村从 1989 年开始发展旅游业以来，直到近几年在公共基础设施建设上一直都是空白。在党村景区内能够很明显地看到，虽然多出了几个垃圾箱或者垃圾桶，但是桶内的垃圾一直是满满的，且周围有苍蝇等围绕。根据在村内所了解到的情况，垃圾桶是党村景区管理委员会设立的，但是在设立之后就没有了对垃圾处理的管理，以至于垃圾桶内的垃圾长达半个月都没有被处理，极大地影响了村内旅游的发展和村民的正常生活。

景区内公共厕所的修建经历了很长一段时间，最终修建好、投入使用的也只有一个，其选址在景区内的最后一个游览景点处。村民李某说："有很多游客从进入景区之后就开始找厕所，但是却没有能够供游客使用的公共厕所。所以，游客只能在农户家里使用。"但是，就像村民所说的，之前是土厕的时候游客来上厕所并没有什么问题，但家里自从改成水厕之后上厕所不仅要使用水，并且有的游客不正确使用而经常导致厕所堵塞等问题产生，所以，游客与村民之间就产生一些矛盾或纠纷。

2. 景区管理矛盾重重

党村的旅游业是由政府一手支撑起来的，之前旅游业低落的时候是由党村村委会管理，但自从 2001 年全国上下旅游业开始兴盛之后，村委会与韩城市旅游局签了协议，从此党村的旅游由韩城市旅游局管理。伴随着旅游局对景区的开发而来的是村民与政府之间的矛盾逐步升级。

由于政府承包了党村的旅游，所以景区内的所有与旅游相关的事业都是由政府一手操办。但是景区内依然生活着党村人，他们的衣食起居都是在哺育他们的老宅中完成，村民对于政府对党村的所作所为也是看在眼里。村民贾某说："整个景区的运行和发展都是由政府安排工作人员来操作，村里根本就没有人能够参与到景区的管理和发展中去。村民能享受到的就只有政府每年发放给每位村民的 300 元旅游发展补贴，而那些家里本身是旅游景点且常年受到游客打扰的农户每年也只有 6000 元的补贴，所以就有农户索性锁上自家古宅的大门，远离了旅游景区。"

政府对农民补贴的矛盾只是其管理的一个方面，而景区工作人员的不作为与村民对景区发展的不自觉才是政府对景区进行管理的一大矛盾。在党村的旅游景区内共有 20 余名工作人员，其中在旅游局编制内的正式工作人员只有 3 人，其他人员都是由政府招聘来的临时工。景区内导游的心不在焉、游客服务中心工作人员对游客的冷漠态度、景区查票处工作人员对游客的睁一只眼闭一只眼以及景区负责人对游客的敷衍了事，都对党村的旅游发展产生了负面作用。村民与旅游发展的脱节使得他们在对政府失望的同时也在暗暗地利用旅游开发为自己谋一些私利，有些村民利用自己的摩托车或面包车等低价将游客拉入景区内，从而使游客逃掉了较高的景区门票并使自己获得了一部分的利益。这些给游客提供"方便"的行为使得景区管理的缺陷全面暴露，也激起了其他村民对景区管理委员会和少数村民的不满，更是降低了其他村民参与旅游发展的可能性。

案例 1-13：在关于村落古建筑的修复问题中，党某如此说："我们村子里不管是哪一家想要修缮自己家的房子都很难。首先从程序上来说，要想修自己家的房子首先得要向政府打报告，如果政府同意的话才会派人来评估，然后再拨钱给村里，村里再找施工队来竞标，竞完标之后才开始修，但是很多人都在打报告之后就没有了下文。其次，来评估修房子所需要的钱时，我们都不知道有没有一个标准，所以大家对修一座房子真正需要花多少钱都很有疑问，所以大家都议论纷纷。还有就是我觉得（地方）政府可能会有一些扣压资金吧，比如来评估时修一座房子可能要 40 万，但是（地方）政府往上面报的时候就成 80 万或 100 万了，其他钱都不知道去哪里了。现在最严重的问题就是他们来修房子时专门挑那些好房子、修复花钱比较少的房子来修，因为一方面那些房子比较好修，另一方面就是能省好多钱。他们是省了事、省了钱了，但是这样问题就比较多了，好多本来需要修的房子都没有修，现在就已经有些房子都快要塌了。"从这段话中不难发现，在党村现在的发展状况下，其自身的旅游资源——古建筑得不到应有的保护，使得景点本身的特征逐渐消失，这些行为一方面不利于村落中古建筑的保护，另一方面也打击了村民参与旅游发展的积极性。

案例 1-14：党某，男，71 岁，他家由于有两个儿子，所以在老村有两块宅基地，一栋老宅子，一栋现在住的建于 20 世纪 70 年代的砖房。大儿子一家搬去了新村，由于申请不到宅基地，小儿子一家现在无法在新村建新的住房，只能在外租房住，小儿子在建筑工地打工，孙子则在镇里上学。他家的耕地本来就少，以前种了一些花椒，后来由于环境污染问题，花椒树死掉了，现在都响应国家号召把耕地退耕还林种了杨树。他跟妻子现在几乎没有什么收入，靠两个儿子养老。

　　说到党村旅游业的发展，党某表示问题很多。首先，政府信息不公开。他说村民根本不清楚上面的旅游发展政策是什么，村里有广播、公示栏，但是从来没有用这些工具向村民说明过发展旅游的政策、规划、分红等问题，村民一直都是糊里糊涂的，村委会说要怎么样就怎么样，至于为什么要这样，村民同不同意都不重要。而且村委会常年都没有人在，只有一个看门的大爷，更别说是管理村里的事务了，村主任、村支书等也是经常见不到人。其次，政策的贯彻落实存在严重问题。他说自从旅游局接管党村的旅游业以来，党村确实有了可喜的变化，上面有很多政策也是可以的，但是执行起来就出了问题。关于古建筑的维修问题，政府想把村民私有的祖宅国有化，以前是给村民一定的房屋维护费用，由村民自己负责维修。现在旅游区由政府接管了，又说是政府和房屋主人各负担一半费用。但问题是，房屋的维护费用是政府预估的，通常都高出村民自己维修费用的很多倍，政府和屋主各自负担一半仍然会让屋主承担超出能力的维修费用。他家的老宅子现在没人住，也不想卖给村委会，想看一下未来的政策以及党村的旅游业发展状况再决定怎么办。最后，部分村民不配合。造成这一状况的原因很多，一是少部分村民的私心，因为居住在党村的村民是不用买景点门票的，所以就有村民声称游客是自己家亲戚，或是带游客绕过检票口，自己向游客收取低于门票的"带路费"。还有就是一些村民同自己一样，房屋不在主要的游览线路上，能从旅游业中获得的收益很少。因此部分村民认为旅游业发展好了自己也无法收益，跟自己没有关系，进而不配合相关工作。二是村民和村委会之间存在一些矛盾。在维修村里的祠堂、文星阁这样的公共古建筑时，村委会都会聘用来自其他地方的专业团队，而村民认为自己的老宅子，祖祖辈辈住了几百年，怎么可能不知道怎么修。而且所谓的专业维修团队修的房子问题也很多。另外，在改善村里的基础设施时，除了主要的游览线路外，只有村主任所在的小组建设得比较好，村民觉得村主任是有私心的。

党某目前最关注的就是村民的搬迁问题了，他家的搬迁申请已经提交了两三年，但是迟迟没有回音。他认为政府在这个方面做得很不好，住房问题跟村民息息相关，但是规划没有充分考虑到村民的利益。现在他家没有新的宅基地盖房，位于景区的房子又不能随意拆盖，这让他很不满。而且他认为村民都搬走了并不一定对旅游发展有好处，虽说人都搬走了好管理，但是房子没人住很容易损坏，而且老村都搬空了也少了人气。

案例1-15：党某，63岁，初中文化程度，和老伴搬入新村18余载，居住在新村较为偏僻的一个角落。虽然党某在村子的居住时间有限，但对村中的旅游发展格外关心。党某对党村被日本人发现一直到现在的发展非常了解。他在党村旅游还是由村里管理时负责过游客接待的工作，党某非常自豪地说，那时候外国人来这里旅游点名要他当导游。然而这种情况并没有持续很久，因为自2012年由政府接管党村旅游之后，旅游相关事宜全部由政府统一管理，聘有专业的导游和管理人员，而之前本村参与旅游发展的村民基本上都被辞退。党某说虽然旅游局接管党村旅游业是大势所趋，可以更好地保护党村的建筑，但自己还是有些许遗憾。当问及其对旅游发展的参与感时，党某说以前可以做导游，尽自己的一份力使游客更好地了解党村的文化，而现在不仅住得远，而且就算想参与也没有"身份"参与，在他看来，村民自己对党村的文化历史更加了解，所以完全没有必要在外聘用导游，只需将本村村民稍加培训，他们完全可以当好导游。他认为党村旅游发展的潜力还是很大的，但是需要人尽其力、物尽其用。

3. 景区接待能力弱

旅游景区在发展的同时必定要提高自身的接待能力以满足游客的需求，并由此形成一个良性的循环以吸引更多的游客到景区游玩。但是在党村的整个景区内只有4家农家乐、3个商店为游客提供服务。4家农家乐没有进行统一的管理，不论是其菜单还是住宿都是由农户家自行提供、自行定价，所以其所能提供的食宿服务也是极其有限的。3个商店都是由农户将自家的住房改造而成的，商店面积小，出售的商品单一，它们不能满足游客的消费需求。

笔者在村内了解到，每逢节假日景区内的游客较多时，很多游客因为农家乐的食宿条件差、价格高悻悻而归。这带给党村的不只是农家乐收入的下降，更多的是游客的不满和愤怒。某村民称，有些游客因为在党村游览时受到的接待服务较差，反映到网络或其他媒体上给党村带来了一些负面的影响，所以村民对这些滞后的景区服务也很是不满。

4. 景区的保护与发展的矛盾

发展旅游业的核心主要是能够持续地依托景区自身所具有的资源与环境。党村的旅游就是依靠村落中的古建筑发展起来的，其古老的石砌巷道，形式多样、千姿百态的高大门楼，做工考究的上马石，庄严的祠堂，挺拔的文星阁，神秘的避尘珠，华美的节孝碑和布局合理的四合院，吸引着五湖四海、不同国籍的游客。

但是，经历了几百年风雨侵蚀的古建筑不免会留下岁月的痕迹，全村有一半以上的房屋不同程度地出现屋顶漏雨、房屋倾斜等问题。村民们称，党村古建筑的修复是由政府来管理的，因为个人根本就承担不起修缮房屋的费用。但是，由政府来管理房屋修缮也会出现一些不可避免的问题。党村村民修缮房屋要经过这些程序：先向政府提交房屋修缮的申请，申请被批准之后由政府派专门的工作人员来村子里对需要修缮的房屋进行评估，评估完之后再由政府对具有施工资格的施工队进行招标，最后由施工队对房屋进行修缮。村民在 2011 年向政府提交了房屋修缮的申请，但截至 2015 年也没有收到政府的回复，这个冗长而又复杂的过程使得村民们对修缮古宅望而却步。

党村的古宅修缮所存在的问题并不仅仅是在烦琐的程序上，更多的问题在修缮过程中。党村村民称，政府在修复古宅时一直秉持"只挑好的修"，村民们对此怨声载道。"只挑好的修"是指政府在修缮党村需要修缮的房屋时只修那些修起来比较容易且花费较少的房子，而那些真正需要修缮的房屋却无人问津。在党村被政府修缮过的房屋中，有些房屋被连续修了好几次，就光房屋上的瓦片都换过不止一次。而在党村房屋修缮过程中存在的问题并不是只有这些，施工队的修复工艺和施工过程中的偷梁换柱、偷工减料也已是常态。

案例 1-16：党某，男，62 岁，现在同老伴儿居住在党村老村，两个孩子都在镇上买了商品房，节假日有空就会回家探望二老。他的女儿是党村景区的导游，儿子在 108 国道附近经营一家摩托车修理店。

党某对党村有着很深的感情，他从记事起就一直生活在党村，小时候在村里的中山堂上学。他说，那时候中山堂里挂着许多字画，都十分精美，可惜后来都遗失或者损毁了。村里以前还有个老戏楼，门口的石台阶、石狮子精美气派，过春节的时候，戏楼唱戏，村民们都会去看，许多小商小贩在那里卖花生、果子、手工艺品，热闹非凡。

关于旅游业发展的看法，他觉得党村的旅游业发展得还可以，自己也愿意参与旅游业的发展，但是需要做的还有很多。他的儿媳原来想在家办一个农家乐，但是由于他家的房子不在主要的游览线路上，经过他家的游客比较少，挣不了钱，后来儿媳去了镇上的一家药厂上班。他认为现在党村景区的主要问题还是留不住游客，其原因主要有两点。一是景区的配套设施不够完善，可供游乐的项目少。游客来了之后除了看看古建筑就没有什么可玩的了，而游客来的目的是放松自己，这样的状况让游客都不想再来第二次。党村可看的东西很多，但是没有被发掘出来，有些古建筑，比如戏楼、中山堂，拆了之后就没有再重建了，这些都是可吸引游客的景点。另外，党村是有着深厚历史文化的古村落，自己小时候听爷爷讲述村里的一些故事都觉得很着迷。村里的老年人对村里的文化历史了解得多，年轻人对这些了解得不多，导游讲解的也只是其中的一部分，应该充分挖掘这些文化内容，让党村更加生动地展现在游客面前。二是政策的执行力问题。虽然停车场已经修好，游乐园也开始动工了，但是新的旅游线路规划了多年也迟迟没有动工，对古建筑的保护政策也是历经多次变化但成效不大，对于古建筑维护费用一直存在较大争议，不少村民搬走后，房子没人管，很多老房子都因为年久失修倒塌了。现在的旅游线路只是让游客看了不到一半的党村，如果能快一些将旅游线路修好，让游客能看到完整的党村，从不同的角度感受党村的风貌，再把村里的古建筑维护好，那么游客自然就多了。

当谈到党村旅游业发展的前景时，党某表示自己相信党村的旅游业会越来越好，等到新的旅游线路修好了，自己会考虑开一家农家乐。现在因为旅游业的发展正处在上升阶段，村民能获得的旅游分红少，但是村里人比较多，旅游区还给交农村合作医疗费、广播电视费，他还是比较满意的。

古宅修缮所存在的问题使得村民不再对改善古村的居住环境抱有幻想，他们纷纷锁上景区内古宅的大门，搬离了与他们朝夕相处的古宅。景区内的古建筑也因为无人料理逐渐出现了各种问题，院子里杂草丛生、房屋积满灰尘、墙壁倒塌等现象在党村也不鲜见。这对党村的直接影响就是旅游景点的锐减。

5. 景区内的"空心化"与"老龄化"

在当前城镇化趋势的影响下，农村的"空心化"和"老龄化"已经成为农村的共同特征。党村自然而然也逃离不了当前时代所赋予的命运，出现了严重的"空心化"和"老龄化"。

自1985年前后，党村就开始了搬迁，其原因在于关中农村所盛行的儿子结婚后就要与父母分开住的习俗。所以，农户家中有两个以上儿子时，每有一个儿子结婚就要离开古宅去新村建立新的家庭。近几年，有很多农户因为家庭条件改善搬到了生活条件较好的新村。所以，在党村景区内有60%以上的宅子大门紧闭。而这种"空心化"与旅游发展形成了一个恶性的循环，从政府不让村民参与旅游发展到村民们纷纷搬离古村落再到党村景区内旅游景点的衰落，整个完整的循环链正体现了当前党村令人担忧的旅游发展现状与村落"空心化"之间的联系和不可避免的影响。

党村在"空心化"的同时也伴随着"老龄化"问题。由于村落的旅游发展由政府一手操持，村民没有土地可以耕种，所以很多年轻人留在村里无事可做。为了改善家庭的生活状况，年轻人纷纷离开古朴的村庄进入城市打工。放眼看去，在党村旅游景区内生活的满是七八十岁的老人，而这些留守老人的生活问题却无人问津。那些身体还算健康的老人们闲时聚在一起聊聊天，或是打麻将，而那些身体状况较差的老人只能自己在家里艰难地度过其晚年生活。与村庄"空心化"一样，"老龄化"给党村的旅游发展也带来了很多不可抗拒的压力，老人们无力给党村的发展提供帮助，年轻人远离了需要他们支援发展的落后景区，这使得本应繁荣的党村古村落旅游陷入静止的状态中。

案例 1 - 17：师某今年（2014）68 岁，和党村众多的老人一样，其子辈和孙辈离开了农村去往城市里生活，家里就剩下她和老伴两个人。老伴是从市里机械厂退休的老职工，享受国家每个月发放的退休工资。此外，师某像村子里的其他老人一样在自家门口摆了一个卖旅游纪念品的小摊，老伴也不在家里闲着。

当谈到小摊时，师某说不指望靠这个小摊能赚钱，只是为了打发一个人在家时的寂寞。老人每天早上八九点时将几件纪念品带出家门，同其他几位老人坐在一起闲聊，但从来没有向游客叫卖或者兜售物品，自有一种"姜太公钓鱼"的精神。中午十一二点的时候她回家开始做午饭，等着老伴从市里回来吃饭。下午老人就不再出摊，而是去村子里与其他老人打一两毛钱的麻将或者与左邻右舍闲聊一下。老人一天天地重复着这样的生活，单调、寂寞而又渴望与他人交流。

（二）党村旅游发展问题的应对策略

在党村的旅游发展过程中，村落居民对待旅游发展的态度和古建筑的保护是关键。所以，要使得党村的旅游能够有所发展，就要使村民改变对旅游的态度以及加快对古建筑的保护和维修的进程。针对党村旅游发展所存在的困境，笔者提出以下对策以改善党村的旅游发展现状。

第一，关注旅游发展中的利益分配问题。曾有研究表明，对经济利益的追求构成了不同特征居民群体旅游影响感知分异的焦点所在（卢松，2009a：1~10）。然而，在现实中我们所看到的却是旅游景区的资源以及收益全都掌握在政府的手中，村民对于旅游开发所能得到的利益仅仅停留在政府给每个人每年几百元钱的补贴上。村民不能参与旅游发展中，更不能得到由旅游发展所带来的利益。村民缺少了旅游发展所能带来利益的拉力，自然而然地也就减弱了他们对旅游发展所抱有的热情，与之相应，旅游景区自然也不会得到很好的发展。而这种对旅游发展中利益的关注主要集中在增加村落居民在旅游发展过程中营利的机会以及居民在旅游收益中的分配额度，而对这两项诉求的满足自然会调动起村民参与和促进旅游景区发展的积极性。

第二，提高居民在旅游发展过程中参与旅游规划和决策的地位。在党村的旅游规划和决策的过程中，当地政府处于一个占绝对优势的地位。而这种政府在旅游景区内一手包办的情况使得旅游管理者和决策者轻视村民参与旅游发展的能力。在这一政府行为的背后所产生的是村民对旅游发展的参与意识和参与能力的降低。村民不再是村落旅游发展的主体，也不再是村落古建筑的真正"所有者"，村民从古村落的"主人"变成袖手旁观的"旁人"。这其中居民身份的变化不仅仅降低了村民对于村落的归属感，更使村民对村落的感情淡化，村民将自己定义成村落的外人。这些变化使得村民不再去维护村落的利益。而村落居民的态度和情感会在很大程度上影响古村落的旅游发展，这就要求作为村落旅游开发主体的政府倾听村民对旅游发展的期望和看法，利用多种渠道拓宽村民参与旅游发展的道路，提高村民在旅游发展中的参与程度和主体地位。

第三，加强居民技能教育和培训，延长旅游发展产业链。当前的古村落旅游发展给当地带来了可观的经济效益，但是其收益大多只是停留在旅游景区的门票收入上，该项经济收入来源不仅使得收入结构单一，更是限制了当地农民的就业机会和家庭经济收入的提高，而且景区内游客接待能力弱、服务水平差的问题也不能得到解决。当地政府应该根据该景区产业的实际发展状况和市场需求，培育像购物、娱乐、食宿等与旅游产业相关的其他服务行业，以延长旅游产业链效应；与此同时，政府也应当加强当地居民的技能教育与培训，使其能够顺利地参与相关产业中；同时，政府应当加强对这些产业的管理与指导，使其自身能够在服务于旅游景区的发展过程中得到成长，为当地的居民提供更多的就业机会与发展机会。

第四，强化古村落遗产保护力度。古村落的旅游发展凭借其自身所独有的旅游资源——古村落遗产，由此也能看到古村落遗产对于村落旅游发展的重要性。然而，正是由于古村落遗产的重要性与不可复制性使得其保护成为当前古村落旅游的前提与重心。在国内目前的古村落旅游发展中普遍地存在"重开发、轻保护；重拥有、轻利用；重权属、轻管理；重富有、轻打击；重有形、轻无形；重建设、轻规划"等倾向（卢松，2009b）。因此，要加强对古村落遗产的保护力度，对部分已经受损的遗产要进行修缮与维护。政府在旅游发展过程中要修订符合当地实际情况的保护规划与应急策略，成立和最大效用地发挥遗产保护机构的作用，做好各项保护的具体工作，使得古村落遗产在最大程度上得到保护，避免其受到不必要的损毁（卢松，2009b）。

第五，提高居民的地方认同感和地方依恋度，关注村落民生问题。村落居民对于村落的依恋对社区生活满意度、旅游支持态度都具有积极影响。地方依恋反映的人与地方连接的强度和特质关系，主要分为地方熟悉感、地方归属感、地方认同感、地方依靠感、地方根植性五个层次。地方熟悉度，意味着人们知道、认识地方来自了解和记忆连接；地方归属感的产生则是人感觉是属于这个地方，好像他们拥有"会员的资格"；地方认同感则指居民可以明显区分出此地与其他地方的不同；地方依靠感指当地方可以满足人特定的需求时，人们就会对地方产生地方依赖的关系；地方根植性归于人对于特殊地方之间的关系，人们想要拥有这个地方，"就像家一样，不需防备"（卢松，2009b）。因此，要发展古村落的旅游产业，就必须要大力保护古村落本来的面貌。在保留其独特的地方风情和民族习惯的同时，要尊重当地居民的生活方式和各种生活习惯，使得当地居民喜欢、热爱自己所生活的社区。

第四节　游客体验视角下的党村旅游发展现状

一　研究背景

随着乡村旅游的快速发展，古村落作为乡村旅游的一种特色也开始如火如荼地发展起来。在一些古村落旅游资源丰富的地方，旅游业已经成为提升地方经济增长的主导因素之一，带动了当地餐饮、酒店、交通等相关行业的发展。党村作为乡村旅游的特色代表之一，越来越受到周边地区乃至全国都市居民的青睐。自1992 年 5 月党村正式对游客开放，古村落旅游业取得了一定的发展。但是旅游业的发展并没有带动整个党村的经济发展，村民收入和以前相比增幅并不大，旅游景点以及景点内基础设施和二十年前相比并无太大变化，参与旅游事业发展的村民（开农家乐、商店、小吃摊、文化特色产品店等）也很少，党村旅游业发展状况不尽如人意。近些年来，韩城市市政府和相关部门也着力关注党村旅游业的发展，包括通过电视、互联网等媒体大力宣传党村，设立专门的旅游管理委员会，完善党村的基础设施建设等在内的一系列措施，有效地改善了党村的旅游环境，越来越多的游客来到党村参观，感受古民居的魅力。尽管每年党村的游客接待量超过 70 万，但是和全国同类型的古村落旅游景区相比较，党村的情况不容乐观。游客的数量是决定党村旅游业发展的关键因素，为了进一步提高党村旅游景区的吸引力，让游客获得更为丰富的旅游体验，笔者一行人来到党村，开展了以党村游客为研究对象的社会调查。

二　党村发展现状

近年来,古村落旅游以其古老完整的建筑遗存、淳朴厚道的民俗风情,受到国内外游客的喜爱。目前我国许多古村落已成为新兴的文化旅游地。古村落旅游的民族特色性、时代差异性、历史延续性都决定了其有长足的发展。但是目前我国古村落旅游产品无论从规模上,还是从品质上,都不能满足国内外旅游者的体验需求。党村就是这样一个例子。由上文可知,目前党村的旅游发展并没有达到理想中的效果。党村现阶段旅游发展状况主要表现在以下几个方面。

旅游设施严重滞后,不能满足旅游者旅游活动中的基本需求。如党村的洗手间,2015年9月,在村内设置了洗手间,虽然这是党村旅游设施逐步完善的体现,但是现在设置的洗手间数量和条件都很有限,在主要游览路线上只有一个洗手间,游客量大的时候根本无法满足需求,而且洗手间内部设施也过于简陋,卫生条件让人担忧。党村于2015年9月在游览路线上多处设了垃圾箱,使游览环境和卫生条件得到了改善,但是很多游客反映在垃圾箱的外观设计上还是存在不足,垃圾箱跟景区风格不配套,影响景区的观赏性。党村景区停车场经游客反映后,在那里晾晒粮食的现象有所减少,停车位被占用的现象也减少了。由于历史、地理等原因,保存较为完好的古村落大多环境较为封闭、交通不便,古村落得以遗存,但这又影响到古村落旅游的可进入性。封闭性使得古村落的现代化进程较慢,现有基础设施落后且不完善。党村目前开阔的空间与绿地不足、停车场太小、道路狭窄,这都成为影响游客游览的关键所在。

党村旅游资源产权不清晰,形式上的所有权多头性与事实上所有者的缺位并存。党村居民拥有世代相传的四合院的所有权,寨堡、古塔、祠堂、古井、节孝碑、土地、水系、道路、桥梁等旅游资源应属集体和国家所有；而反映当地经济文化、风俗习惯、宗教信仰的社会风情旅游资源，如婚丧、节庆、饮食、服饰，难以确定其所有权。古村落旅游作为一项集建筑、历史、文化、民俗、传统于一体的综合文化旅游项目，旅游开发和文物保护过程中各经济主体的利益较难协调。所有者的事实缺位使得经营者的经营没有约束，往往追求短期利益而忽视长远利益。党村旅游经营权力过度集中与管理力度不足并存。韩城市文物旅游局作为其业务主管部门设有党村文管所，但由于行政隶属不清、资金不足等多种原因，文物旅游局实际对其开发保护的监控力度不足。党村现对外挂牌的组织有党村古民居管理委员会、党村古民居旅游开发有限公司，其实质是由村委会人员组成，村中实行政企不分家的管理方式，以经营权代替管理权。而以作为行政单位的村委会来经营景区实际上是无偿使用旅游资源，且没有任何风险，这就缺乏相应的责任感和约束力。同时群众的信任度不足，故而造成权力膨胀和管理低效。

对旅游资源保护不力的主要原因是缺乏资金。目前，党村旅游开发保护的资金主要来源于两个方面：一是国家文物保护部门拨款；二是旅游收入。党村的旅游开发、居民生活与旅游资源保护三者存在矛盾。受我国城镇化进程的影响，现代化的生活方式对古村落居民尤其是年轻人具有很强的感染力，在四合院的修缮改造等过程中，势必会发生违背古村落旅游资源保护原则的行为。在实地调查中，我们发现许多村民对地板、门窗等处进行了令人痛心的所谓改新翻旧工作，以及在党村泌阳堡围墙非法取土严重破坏文物古迹等问题。这些行为对党村的旅游环境造成了一定程度的破坏，使得党村难以保持原始状态。旅游开发经营和游览活动也对资源和环境产生了不良影响，这对于不可再生的古村落旅游资源来说是一个无法弥补的损失。

旅游业带给居民的利益不足以激发其参与旅游经营的热情。

在党村，除了一些年轻妇女作为导游直接参与了旅游接待和一部分经营农家乐外，大多数居民的利益没有与旅游产业直接联系起来。古村落旅游收入基本上为单纯的门票收入，作为门槛，门票价格是不宜过高的，故旅游收入的增幅受到很大的限制。古村落居民整体旅游意识较弱，参与能力较低，他们无法深入理解并参与旅游开发、经营管理和保护，居民的参与不足在很大程度上影响了古村落旅游的服务质量和开发保护效率。此外，游客游览党村大多还想感受一下党村的质朴民风，可是党村村民大多表现得比较冷漠，对待游客没有游客期望的那种热情，这使得游客在党村的游览没有达到期望值，不利于党村旅游的长远发展。

与古村落旅游资源较高的历史价值、文化价值、观赏价值相对比，党村旅游产品尚未形成相应的知名度，旅游宣传、促销力度不足，旅游吸引力和影响范围基本处于自然状态。党村以接待国内游客为主，国际影响范围很小，主要集中在日本游客和外国留学生上，客源市场呈现较集中的地域性。由于古村落旅游特有的乡土性，其难以吸引大量管理人才的参与，党村的古村落旅游管理人员和服务人员以及当地居民的文化素质普遍较低，旅游服务观念落后，在激烈的旅游市场竞争中处于劣势。

此外，调查中很多游客反映，党村门票票价60元，票价偏高，旅游性价比很低，以党村目前的旅游发展情况来说，门票60元从客观角度来看实属偏高。党村售票目前有两种形式，一种是在售票处售票，一种是网上售票。据网上购票的游客反映，网上购票的票价是48元，但是进入景区的具体时间不能确定。很多游客不得已还要在售票处重新购票，这使得网上购票相当于虚设，难以保障网上购票游客的利益。

虽然党村近阶段旅游得到了长足的发展，但是在发展过程中还有很多亟待解决的问题，并且这些问题也是必须解决的问题，这涉及党村今后旅游的发展。

三 党村游客基本情况及旅游预期

在城镇化的大背景下，中国的一些古村落正在逐渐消亡，古村落面临前所未有的冲击和挑战，古村落文化的保护与开发问题引起各界关注。因古村落独有的建筑、历史遗产等物质文化遗产和民俗文化、民间艺术等非物质文化遗产具有极高的旅游开发价值，众多古村落纷纷开始发展旅游业。但是，目前在古村落旅游业的发展过程中存在诸多问题，所以探索适合古村落旅游发展的模式刻不容缓。

为了进一步探索党村的旅游发展状况，笔者开展了另一次实地调查，调查面向前往党村的游客，随机发放问卷 230 份，收回 229 份，回收率为 99.5%，其中有效问卷 222 份，有效率为 96.7%。党村景区景点多为四合院，游览路线单一，最后一个景点文星阁场地空旷，客流量大，游客逗留时间长，作为景区重要景点是每位游客的必游之地。而作为老村出口的泌阳堡，同样场地空旷，游客量大，因此笔者选取文星阁和泌阳堡作为调查地点，于调查期间的每天上午 8 点到下午 5 点半对经过调查地点的游客进行调查。发放问卷前，调查员首先询问游客是否已经游览完景区内主要的景点，如果是，则进一步询问游客是否愿意协助进行调查，填写一份问卷。征得游客同意后，将问卷发放给游客，待其填写完毕后检查问卷是否填写完整，以确保回收问卷的有效性。如果游客拒绝填写问卷或表示刚进入景区，还没有印象无法填写问卷，则重新抽样。样本的基本情况见表 1 - 13。

表 1 - 13　被调查者（游客）基本信息

单位：%

变量		频数	百分比
性别	男	119	53.6
	女	103	46.4

变量		频数	百分比
文化程度	小学及以下	6	2. 7
	初中	32	14. 4
	高中或者中专	58	26. 1
	大学以上	126	56. 8
年龄	20 岁以下	5	2. 3
	20～30 岁	33	14. 9
	31～40 岁	107	48. 2
	41～50 岁	47	21. 1
	50 岁以上	30	13. 5
职业	公职人员	27	12. 2
	教师	14	6. 3
	企业管理人员	17	7. 7
	工人（含农民工）	36	16. 2
	农民	7	3. 2
	个体户	46	20. 7
	学生	56	25. 2
	其他从业人员	19	8. 6

通过对前往党村游客的基本情况的分析，可得出以下结论。

1. 本省居民为游客主体

在被调查的对象中，来自陕西省的游客占到样本总体的 79.3%，来自陕西周边省份，如山西、甘肃、四川和湖北的游客占到 11.8%，只有个别游客来自距陕西较远的省市（见表1－14）。因此，前往党村的游客主体为本省的居民，而且通过访谈了解到，他们中大多是韩城市人，在黄金周就近旅游，其中有很多当地游客不是第一次来党村，对党村的历史文化已是相当了解，也见证了党村自发展旅游业以来的变化。

表 1 - 14　游客来源地统计

单位：%

省（自治区）	频数	百分比
吉林	3	1.4
山东	2	0.9
山西	13	5.9
福建	2	0.9
广东	9	4.1
陕西	176	79.3
甘肃	6	2.7
内蒙古自治区	2	0.9
广西壮族自治区	1	0.5
云南	1	0.5
四川	3	1.4
湖北	4	1.8

案例 1 - 18： 在访谈中偶遇一位本地的游客张某，其自述自己已记不起是第几次来党村了。张某 24 岁，自党村旅游业发展起来，基本上每年都来，问到党村旅游业近年来的变化，张某是比较有发言权的。她说："今年来党村门票管理有序化了，导游的数量增加了，素质也见提高，曾经关门的景点现在对外开放了。这次国庆节来，最能看到的变化就是景区新增的基础设施，垃圾箱、指路标、公共厕所，还有每个店面统一的牌匾，为党村增添了新气象。"问到是否还会再次游览党村，张某高兴地说："党村是韩城有名的景观，有外地的亲朋好友来，我必带着他们游览党村，这些年来我见证着党村的变化，也期待着党村未来有更大的变化。"

2. 景区对游客的吸引力较强

党村因日本九州大学青木正夫教授所著的《党村》一书引起国内外各界的关注，其旅游业的发展经历了从"无"到"有"，从"无名"到"有名"，自 2012 年起，市政府接管党村，党村旅游业的发展逐渐走上正轨。但由于发展时间较短，地理位置较偏，党村对游客的吸引力令人担忧。通过调查，65.9%的游客是专程来党村游览的，24.7%的游客是在游览其他景点时顺路来到党村（见表 1-15），这表明党村的文化建筑景观对游客有较强的吸引力。如周先生一家专程从广州来党村感受党村的古建筑魅力，体验古村落民俗。

表 1-15 游客出游目的的情况统计

单位：%

出游的目的	频数	百分比
专程来党村游览	124	55.9
游览其他景点顺路来游览	77	34.7
其他	21	9.5
总计	222	100

案例 1-19：周某，43 岁，广东省揭阳市人，本科学历，是一家私企的管理人员，做过有关古村落的项目，在相关书籍文献中看到过党村。他和妻子，还有 13 岁的女儿，开车专程来西安旅游。周某说："这次黄金周旅游的第一站就是党村，此次来最主要的目的是从紧张快节奏的生活中抽离出来，放松身心，感受古村落文化、体验古村落民俗、观赏古村落的特色建筑，顺便让女儿对历史文化有所了解，感受古人伟大的智慧。"周某来之前对党村有所了解，对党村的期望值很高，游览之后的满意度也很高。周某说，党村现在发展还不错，但

有些方面仍需完善，而自己以后有机会也会再来。

根据表 1 - 16，样本中来自本省的 176 名游客中，有 107 名是专程到党村游览，说明党村对本省的游客影响较大，但仍有山西、广西、广东等外省的游客专程来此游览。

表 1 - 16　各省份游客的旅游动机

单位：人

来源	专程来旅游	顺路来旅游	其他	总计
吉林	0	2	1	3
山东	0	1	1	2
山西	7	6	0	13
福建	0	0	2	2
广东	3	6	0	9
陕西	107	53	16	176
甘肃	1	5	0	6
内蒙古	2	0	0	2
广西	1	0	0	1
云南	0	0	1	1
四川	2	1	0	3
湖北	1	3	0	4
总计	124	77	21	222

3. 体验式的旅游期望

党村四合院是韩城民居的典型代表，对于游客而言，他们前往党村的主要目的是参观古建筑，体验古建筑中的历史文化。如表 1 - 17 中，有 74.3% 的游客游览的目的是感受古村落的文化，体验古村落的民俗以及观赏古村的特色建筑，只有 20.3% 的游客是以休闲娱乐为目的来到党村旅游。由此可以得出，绝大多数游客对于党村的旅游期望以体验式旅游为主，而非观光式游览，而且通过访谈，许多游客对党村忽视村落非物质文化的保护和商业化的开发表示反感。

表 1–17　游览古村的目的统计

单位：%

	次数	百分比
感受古村落文化，体验古村落的民俗	93	41.9
观赏古村落的特色建筑	72	32.4
观光旅游，休闲娱乐	45	20.3
体验乡村生活	4	1.8
学术研究（写生等活动）	5	2.3
其他	3	1.4
总计	222	100

案例 1–20：龚某，男，61 岁，陕西西安人。在文星阁前遇到龚某时，他正在和妻子讲述之前来党村的情形。据龚某介绍，从 20 世纪 90 年代开始到现在，他先后 4 次游览了党村，可以这样说，龚某是党村旅游业一路发展的见证者。从 1990 年因为工作原因到韩城开会，会议结束后游览了当时还不太为人所知的党村，到今天游人如织的党村，在 20 多年的时间里，龚某在工作之余，总是会来党村走走看看。龚某告诉我们，他很喜欢党村根据自己独特的地形，形成的建筑密集的四合院，但是今天的党村让他感觉有些失落和担忧。他回忆自己第一次来党村的情形，没有专门的旅游机构，人们保持着原生态的古朴民风，当有游客去自己家里参观时，村民很热情地接待他们，走进党村，就会感受到浓郁的古民居气息。今天的党村，基础设施得到很好的改善，有专门的停车场，有专门的旅游管理委员会，也有导游为游客提供更专

业的服务，村民们也有意识地进行商业活动。但与基础设施得到改善相反的是，旅游的质量下降了。在对龚某访谈的过程中，他提出，游客要参观的不仅是古建筑和古民居，还有就是感受党村的人文景观，但是，如今的党村，商业味很重，民风民俗正在走向衰落。"十一"期间，很多的村民在家附近进行小商品交易，虽然满足了游客的购物需求，但是从整体上破坏了古村落的感觉。党村的商业气息浓厚，但是发展不仅乱，而且不合理。

四 党村游客体验情况

在体验经济时代，旅游者的旅游经历日益丰富，旅游消费观念也日益成熟。旅游者的旅游活动由传统的观光向追求高质量的旅游体验转变，旅游经营者的中心任务由单纯提供旅游产品与服务向为游客塑造难以忘怀的旅游体验转变（王帆、赵振斌，2009）。旅游究其本质就是游客寻求异于日常生活的环境和氛围，能够满足其愉悦、寻求刺激、好奇、求知和审美等心理需要的体验剧场（龙江智，2005）。旅游世界的硬核是旅游体验，如果在旅游世界中抽掉了旅游体验，就等于抽掉了旅游现象的基本矛盾，抽掉了旅游现象的内核（谢彦君，2005）。由此我们可以看到旅游体验在现代旅游业发展中的重要性，游客体验情况作为旅游体验的重要参照物显得尤为重要。古村落是地理空间上的一种特殊景观，其是由历史遗留下来的民居建筑群、历史事务、艺术表现、自然环境、人类生产活动以及一种抽象的文化内涵、风格、古韵氛围等组成的综合景观体（方志远、冯淑华，2004）。在经济高速发展的今天，人们的生活节奏不断加快，更加渴望回归自然，回归传统，而古村落因为其独特的古韵满足了人们的这一需求。党村因为其独特的建筑风貌、特有的古韵氛围和文化积淀吸引了大批的游客。然而多年来党村的旅游发展一直不是很好，其中一个重要的原因就是在旅游发展过程中忽略了游客的体验和感受。

研究者对体验类型有相关界定。他们根据人的参与程度与人和环境的相关性的不同把体验分成四种类型，即娱乐（entertainment）、教育（education）、逃避现实（escape）和审美（estheticism），并认为最丰富的体验包含四种类型的体验，即教育体验、娱乐体验、逃避体验、审美体验。对于游客而言，这四种体验都可以在古村落得到满足，不过因个体因素稍有差异而已（Pine & Gilmore，1999）。

游客的游览活动可以反映景区是否完善以及发展的需要。党村的诸多游览活动中，有95.5%的人会选择参观古民居，其次依次为观看、参与民俗活动（48.6%）；品尝特色菜肴（34.2%）；购买工艺品（30.2%）；18.5%的游客会和居民交谈，只有5.4%的人会在当地居民家住（见表1－18）。说明游客的游览活动比较多样，但是受到景区自身的限制，有些游览项目还有待提高和加强。

表1－18　游客游览活动（多项选择）

单位：%

游览活动项目	频数	百分比
参观古民居	212	95.5
品尝特色菜肴	76	34.2
在当地居民家住	12	5.4
和居民交谈	41	18.5
购买工艺品	67	30.2
观看、参与民俗活动	108	48.6
其他	2	0.9

党村的景观要素大体分为四类：古民居、厚重的历史文化/民

俗、独特的建筑艺术和其他。在游览之后，游客对党村的古民居印象最深，占40.5%，其次为独特的建筑艺术和厚重的历史文化/民俗，分别占29.7%和27.5%（见表1-19）。因此，我们可以看出，党村古村落旅游主要发挥的是其审美体验和教育体验的功能。

表1-19　游客游览后对党村的印象

单位：%

对党村哪方面印象最深	频数	百分比
古民居	90	40.5
厚重的历史文化/民俗	61	27.5
独特的建筑艺术	66	29.7
其他	5	2.3
总计	222	100

案例1-21：李某，出生于1990年，来自陕西省西安市未央区，是一名大学本科生，这次他和朋友一起趁着十一假期旅游。李某说他们本来不知道这个景区，是在韩城市司马迁景区游玩的时候，听其他游客介绍此处景点，听闻党村是东方人类古代传统居住村寨的活化石，被陕西省定为"历史文化保护村"，并列入"国际传统民居研究项目"，于是决定顺路来游览。李某说此次他们游览的目的是为了感受古村落文化，体验古村落的民俗，他和朋友都对党村厚重的历史文化和习俗十分感兴趣。当问及游览体验时，李某说走进景区，感觉仿佛穿越时光，走进了600年前的古时代。安安静静的一个村落，建筑保存完整，走在石板小巷中，历史厚重感迎面而来，整个村庄文化氛围浓郁。钦点翰林、明清进士，一座座门第记录着村庄乃至韩城的荣耀；"安详恭敬""勤俭治家"，一句句家训凝聚着先辈对后人的殷切期望。走在石板路

上，慢慢地参观，细细地体会，的确别有一番趣味。李某认为令他印象深刻的是党村独特的建筑艺术，他虽然没有选择让导游带领参观，但有跟着导游身后听了一些介绍，其中就听了介绍党村的建筑艺术，石雕、木雕和砖雕三雕俱全，门口多是狮子墩石雕，形态逼真。门楼两侧是美观的砖雕岸头，有琴棋书画、梅兰竹菊、鹿兔象马以及几何图案、万字拐、八卦图，等等，还有门额题字，几乎家家都有，多是木雕。另外，他认为党村相较于其他古村落的独特之处在于该村保存较为完整，地势独特。此行让他对党村历史有了一定了解，受益颇多。

在案例中，李某带着好奇和疑问来到党村，不仅欣赏了古村落建筑，感受了古村落文化和民俗，而且在游览过程中体验到了村庄厚重的历史感和文化气息，如同上了一节生动的历史与民俗课。

表 1 – 20　游客游览前的期望值与游览后的满意值之间
差异比较的配对样本检验

	均值	标准差	N	t	Sig.（双侧）
游览前的期望值	4.03	0.062	222	6.652	0.000
游览后的满意值	3.58	0.072	222		

游客满意度是游客对旅游地的期望和实地旅游体验相比较的结果，若实地旅游体验高于事先的期望值，则游客是满意的。这是旅游体验发展好坏的重要衡量标准之一，因此，游客游览前的期望值与游览后的满意值之间的差异至关重要。表 1 – 20 为样本游客游览前的满意值与游览后的满意值之间差异比较的配对样本检验，从表中可以看出，游客游览前与游览后的平均差异值为 0.45，游览前的期望值明显高于游览后的满意值。平均数差异值检验的 t 值为 6.652，显著性检验概率值 $p = 0.000 < 0.05$，达到 0.05 的显著水平，表示样本

游客在游览前的期望值与游览后的满意值之间存在显著差异。

案例 1-22：陈某，出生于 1960 年，来自陕西省蒲城县。陈某听说党村除了特色建筑还有美食，但是来了之后感觉并没有独特之处，只是古建筑而已，可能也是自己不太了解建筑方面的知识，也没太大兴趣。而且很多房子门都锁住了，根本进不去，整个景区 10 分钟就逛完了，根本不值 60 元高额的门票。可能是因为她来太早了整个景区没几个游客，也没见到村民，街道两旁也没摆摊的村民，什么都没有，陈某抱怨说本来是开开心心地来到这儿旅游，结果却失望而归。陈某表示自己对党村的文化不太了解，也没有选择导游带领游览景区，因为她对这些没有太大兴趣。此外，陈某抱怨说对景区的基础设施不太满意，厕所也没个指示牌，找厕所找了半天还没找到；而且景区内购物不便，种类不多，对此不太满意。除了古建筑，感觉这里什么都没有，特产也很少，而且到现在还没看到村民，感觉不到村民的热情，景区太冷清不热闹。

在本案例中，陈某对党村的预期较高，但因为不熟悉建筑方面的知识和对美食的追求没有得到满足失望而归。这说明党村在建设方面应该注重与景区相应的其他方面的建设，比如陈某希望的特色美食和特产。

以上可以看作游客对党村的总体满意度，接下来我们分别来看游客对党村旅游的各项具体指标的满意度。

如表 1-21 所示，游客对党村各项具体指标呈现不同的满意程度，其中有 61.2% 的游客对党村的古建筑表示非常满意或者满意，满意程度相对较高。对党村景区的景点布局和路线规划满意程度一般，满意度为 58.5%，这说明党村在景点布局和路线规划方面有待改进，很多游客反映游览路线曲曲折折，绕来绕去，不方便游览。对于党村的标识，古建筑在吸引游客方面发挥着不可替代的作用。对于景区的基础设施，如指示牌标识等，有82.5%的游客表示满意或非常满意，说明党村的旅游标识相对来说清晰明了，这较以前来说是很大的进步。游客认为景区的垃圾桶和厕所相对方便易找，有76.2%的游客对这一设施比较满意，然而也有部分游客反映厕所不易寻找，比较偏僻不说而且配置比较落后，用起来不方便。对于景区的交通状况，游客满意程度较高，为68.9%，党村在发展过程中不断改善交通状况，通往景区的道路已实现现代化，而景区内的道路依然是原来古朴的石子路，这一方面使得古村落的古韵犹存，另一方面造成了些许的不便。在购物与饮食住宿方面，游客对购物的满意程度偏低，为36.5%，游客认为党村商品种类单一粗糙，大多数人不会在景区购物；在饮食与住宿方面，由于多数游客不会选择在景区内就餐，更不会住宿，所以样本的缺失值较大，在调查样本中有110人在景区就餐，满意度很低，为24.1%，人们对景区的饮食普遍没有好感，一方面是因为农家乐店主为了节约成本偷工减料，另一方面也许是地域及个人口味的原因；而在景区住宿的游客更少，说明景区的游览价值有限，人们通常会在半天之内就结束游览，游览结束后完全有充分的时间去别的地方，所以党村农家乐的住宿情况不容乐观。大约有87人会选择在导游的带领下进行游览参观，占样本总量的39.2%，多数人因为高额的导游费或不喜被约束而自行参观。

表1－21　游客对党村景点各项具体指标的满意程度

单位：%

项目	非常满意		满意		一般		不满意		非常不满意		总计	
	频数	百分比	频数	百分比	频数	百分比	频数	百分比	频数	百分比	频数	百分比
古建筑	40	18.0	97	43.7	82	36.9	2	0.9	1	0.5	222	100

续表

项目	非常满意		满意		一般		不满意		非常不满意		总计	
	频数	百分比	频数	百分比	频数	百分比	频数	百分比	频数	百分比	频数	百分比
景点布局、规划	30	13.5	101	45.5	83	37.4	8	3.6	0	0	222	99.1
指示牌标识	57	25.7	126	56.8	31	14.0	8	3.6	0	0	222	99.1
垃圾桶/厕所	47	21.2	122	55.0	45	20.3	6	2.7	2	0.9	222	99.1
景区交通状况	51	23.0	102	45.9	58	26.1	10	4.5	1	0.5	222	99.1
景区购物及其种类	14	6.3	67	30.2	74	33.3	60	27.0	7	3.2	222	99.1
农家乐就餐条件	9	4.0	45	20.1	51	22.8	3	1.3	2	0.9	110	49.1
农家乐住宿条件	2	0.9	7	3.1	8	3.6	2	0.9	0	0	19	8.5
导游	18	8	62	27.7	7	3.1	0	0	0	0	87	38.8

　　整体而言，游客对党村的满意度因个人差异而有区别，游客或多或少都得到了教育体验、娱乐体验、逃避体验和审美体验。有的游客不止一次来到党村，一方面可以在古村落的古韵中放松自己，舒缓压力，另一方面可以在游览中丰富自己的知识，提高见识。很多游客都是在朋友的推荐下来到党村，并表示游览之后的收获很大，会推荐其他人来这里参观游览。

五　党村旅游发展的困境及对策

（一）党村旅游发展的困境

　　自 20 世纪 80 年代中日联合考察团发现党村古建筑群以来，其卓越的建筑艺术吸引了一批又一批的游客前来参观，旅游业也随之发展起来，至今已具备一定规模。然而古民居的特殊性、景区知名度、景区管理、古民居保护等问题一直是党村旅游发展的困境。

1. "空心化"现象严重，村民参与度低

与其他景区不同，党村古民居建筑群既蕴含丰富的历史文化，同时又是村民世代居住的家园，这是它的独特之处，也是发展旅游业的困境之一。一方面，旅游区的开放势必会对居住在古民居的村民的日常生活带来一定的打扰；另一方面，因为景区发展必须兼顾村民生活起居和房屋私有等问题，景区的门票管理、维护、基础设施建设等遇到了诸多难题。为了便于景区的管理，党村旅游区管理部门通过补贴的方式鼓励村民由老村搬入建于村子上方的寨子中居住，如果村民愿意可以将老宅子卖给旅游区。这样做对于景区的发展无疑是有益的，不仅有效地防止了逃票现象的发生，保障了旅游的收入，景区的维护和建设也因为不用兼顾多方利益而相对简单。而对村民而言，新村交通便利，房屋的各项设施也更现代化，有效地提高了生活质量。但是这样做也直接导致了旅游区的"空心化"，搬到新村的村民对于老村的各项事务较少关心，极少参与当地的旅游业，而旅游区在决策中也没有充分考虑到村民的参与问题，村民的参与度低。这种状况使得旅游区内鲜有当地人，就算是在景区内做生意的也寥寥无几，游客来了之后除了参观古民居外，没有其他的旅游产品，旅途显得有些单调。同时，由于大部分村民无法参与古村落旅游，许多村民对旅游业发展漠不关心甚至抵制，给旅游业的发展造成了一定阻碍。

2. 游览项目少，内容贫乏

作为中国历史文化名村，经历近 700 年的积淀，党村有着精湛的建筑艺术和浓厚的历史文化内涵，这也是它最吸引人的地方。但是去过党村的不少游客反映，去了之后只能逛逛老巷子，看看老宅子，旅游路线短，而且没有导游的讲解，许多建筑文化一般人看不懂，除此之外再无其他游乐项目了，而且景区内卖纪念品、特色小吃、住宿餐饮的商铺屈指可数且规模十分小，游客最多一小时即可游览完整个景区，无须在景区内食宿。这不仅使得除门票外的收入在景区总收入中所占的比例十分小，也让游客觉得景区没什么意思，没有达到游玩放松的目的，游客再次来游玩或者向他人介绍景区的可能性也较小。

案例 1-23：杨某，男，73 岁，西安人，小学文化水平。他同家人一起来党村游玩。杨某说，儿子三年前来过党村游玩，感觉还可以，而且距家近，十一长假刚好有空，所以带他出来走走。他表示，党村的古建筑保护得比较好，完整度好，可以看到明清时期的建筑艺术，他来之前虽然只是想着散散心，没有多高的期望值，但总体上他还是满意的。因为年纪比较大，他们的游览速度比较慢，杨某也仔细看了几处老宅子，拍了一些照片，转了一圈虽然对党村的历史文化还是不太了解，但是一些精湛的雕塑、房屋装饰还是让他觉得不虚此行。杨某一家没有选择导游带领参观，他们觉得自己参观更为灵活，游览过程中，他们购买了当地的手工弹弓给小孩玩，也品尝了景区售卖的小吃。

对于景区的基础设施，杨某认为，自己一家是开车来的，从西安过来也就两三个小时，交通便利。车就停在景区外的停车场，挺方便的，景区门口的工作人员态度也挺好。而且景区内的指示路牌清晰明了，游客可以自行游览，垃圾桶、厕所等也方便易找，这些都让其感到满意。但是对于旅游景点的布局和旅游路线的规划，以及景区购物，杨某认为仍需要改进，景区的旅游景点很单调，走走就觉得没意思了，而且景区内没什么购物点，就连精致一些的纪念品和当地特色小吃也没有地方可买。杨某一家没有在党村景区就餐，因为他们来之前已经吃过早饭，由于距离家近，也不准备在景区留宿，游览完景区后就直接回家了。景区对于60岁以上的老人免收门票，杨某认为，门票对于他这样的老年人来说是合理的，但是对于年轻人，特别是学生，60元的门票就有些贵了。这些群体一般都是乘坐公共交通工具，不太方便，而且景区内可游览的项目确实较少，别人好不容易来了之后却没什么可看，会感觉门票还是偏高。对于是否愿意向亲朋好友推荐党村景区，杨某表示非常不愿意，他说党村对于他们老年人出来散散心还可以，但是对于一个旅游景区来说，真的是没什么可看的，很没意思，加上这个门票价格，他认为不值得一来。

3. 民俗风情未得到充分体现，景区缺少灵魂

党村始建于明清时期，有着丰富的历史文化和独特的民俗风情，但是这一点在党村景区中没有得到充分展示。景区内当地人很少，民俗表演只是偶尔会有且比较粗糙，就连当地的特色小吃在景区内也少有售卖。党村在逢年过节、婚丧嫁娶上都有自己一套独特的风俗习惯，由于现代生活追求简洁和新的生活方式的兴起，这些习俗渐渐地被人们遗忘，民俗表演可以将这些习俗展示给游客看，增加景区的活力。食物是人们生活中不可或缺的一部分，也是一个地区文化的标志。党村也有自己的特色小吃，比如花椒饼、银子罐儿馍、枣馍等，在党村景区，类似于枣馍这种用于重要场合的点心，本应是当地的一种特色，但是只能在展览区看到而无法购买。游客少了口福，景区少了收入，让游客记住党村的因素也少了一个。

4. 景区知名度不高，客流量小

党村自开发至今，已经有十余年，但是游客仍然主要来源于本省，相邻省份的都较少。党村古民居建筑群的发现使其闻名中

外学术界，其独特的建筑艺术使得国外许多专家都赞不绝口。但是对于普通人来说，其知名度一直不高，许多人不知道党村景区的存在，甚至本省的人都不知道。党村景区的客流量十分有限，在节假日之外的时间，景区里几乎没什么游客，而在类似于国庆这样的长假中，每天的客流量也只能达到几百人。

5. 保护力度不足，部分古建筑损坏严重

古民居建筑群是党村整个景区的核心，保护古建筑是党村旅游区发展的首要任务。然而在景区中，部分建筑物已经因为年久失修而坍塌，修缮的部分建筑物也不尽如人意。党村关于古民居保护的相关政策经历了多次变革，由政府补贴修缮到村民自行管理再到政府与村民联合修缮，但是都没有达到预期的效果。早期的补贴过少，且村民的生活水平较低，村民大多没有将补贴款用于房屋修缮，现在虽是联合修缮，但是由于旅游管理部门的修缮预算过高，村民要承担的费用超出了其能力范围，许多村民放弃了修缮老宅子。

（二）党村旅游发展的相关对策

旅游吸引物的吸引力，不能仅仅从其客观属性来判定，还必须同时从其符号属性来分析，吸引物之所以称为吸引物，离不开其独特的客观属性，但是这种客观属性仅仅是某物成为吸引物的前提或者潜在条件。只有当人们形成了某个客体的形象，这个客体才在现实的意义上成为吸引物（Pizam，1978）。在党村的旅游发展中，不仅要突出其古村落的特殊性，也要做好形象设计和产品定位。

1. 充分挖掘当地特色，凸显民俗文化

党村蕴含了丰富的历史文化，有着独特的民俗风情，通过民俗表演、民俗展览等形式，让游客了解党村的民俗文化，在古城中体验从明清时期延续至今的风土人情，不仅会让党村景区独具特色，也会让游客在此得到放松，从而吸引更多的游客。例如每天定时在文星阁、分银院、党贾两族祖祠中开展模拟古人祭拜、分银的表演活动。在文星阁利用祈福祭拜文化，推出学业祈福活动，并定时开放文星阁，使游客可以登阁望远。推出模拟古代学堂的活动，让游客了解党村的历史。在具有代表性的景观院落中，完善景点讲解，尤其重点讲解院落建筑风格、石雕、木雕、砖雕的特色以及建筑中蕴含的人本理念。在祠堂中，模拟古代祠堂活动，通过直观而富有感染力的活动，使得游客形成心理认同。

2. 开发新的旅游产品，增添景区活力

党村景区目前的游览路线较短，且游览路线沿途可游览的景点较少，部分民居不对游客开放，使得游览过程显得有些单调。因此需要开发新的旅游产品，如特色小吃店、旅游纪念品店等，这样不仅可以让景区更具活力，而且游客的游览点也会随之充实起来。此外，在购物活动中，商家要规范经营、明码标价，杜绝坑客、宰客的行为，塑造良好的经营形象。

案例 1-24：张某，女，20 岁，陕西商洛人，大学本科在读。张某是和同学一起来党村游玩的，她们本打算去司马迁祠旅游，在网上看到党村景区跟司马迁祠距离很近，而且十一假期比较长，所以顺路过来游览。在来之前，张某在互联网上看了关于党村古民居建筑群的简介和一些图片，感觉党村的古民居建筑风格独特，有着浓厚的明清特色，整个景区古色古香，打算和朋友一起看看，在古城里拍一些照片，想着应该是一次比较难忘的旅行。她表示，自己来党村的主要目的就是看看古建筑，感受古村落文化，体验古村落民俗。顺着游览路线转了一圈之后，张某感觉景区和自己来之前预想的相差不大，她们一行人没有请导游讲解，按着买门票时送的游览手册自己游览了整个景区。她认为，党村的古建筑保护工作是令人满意的，景区基本呈现了明清时期党村人的生活场景和当时的建筑特色，虽然游览完了对于党村的历史文化还是不了解，但是它精湛的建筑艺术还是给人留下了深刻的印象。整个景区总体来说她是满意的，景区的指示牌清晰明了，游客可以自行游览而不会错过景点，垃圾桶、厕所等设施也方便易找，相隔不远就有。而对于旅游景点布局和道路规划，她认为，游览的路线过短，感觉要不了多久就游览完了整个景区，景点设置上也略显单调，如果能将游览路线加以拓展，增设一些景点，如学校、戏楼、商铺等，完整地展示当时党村人日常生活的风貌就会更有意思了。而对于交通条件，张某表示比较不满意，她说她和同学先是坐车去了韩城市，以为很快就能到党村，但是一路上折腾了很久。因为从市区没有直达党村的旅游专线，她和同学不得不换乘了一次，乘坐韩城到下峪口的村村通客车，村村通客车比较破旧且载客量小，乘车环境较差，而且那趟车只能到108国道旁，离党村景区仍然有较远的一段路程。

张某在景区参观了古民居，游览途中刚好碰到景区的党贾两家的联姻民俗表演，还抢到了喜糖，张某感觉还是挺开心的。游览完之后，张某一行人打算直接去司马迁祠景区，她们不打算在景区就餐或住宿。因为她感觉景区的东西比较贵，而且没什么特色，出了景区也可以买到。对于门票价格，她认为门票价格是不合理的，60元的门票价格，可游览的项目有些少，如果能稍微低一些就好了。最后，张某表示自己愿意向亲朋好友推荐党村景区，因为党村景区就在省内，距离近，虽然景区不大，但仍然是周末散散心、领略一下明清时期民居建筑风格的理想之地，而且景区目前正在建设，可以看到景区附近绿化工作很不错，景区外的游乐园也正在建设，将来一定会更有意思。此次的党村之行她跟朋友都玩得比较开心，希望景区能够越来越好，为陕西的旅游事业增添一抹古风古韵。

3. 加大保护力度，维护古建筑群的完整

完整性是衡量古建筑价值的一个重要指标，越完整的古建筑越能够展示其建筑文化，艺术价值也就更高。党村拥有近700年的历史，其古民居建筑群保存的完整程度曾令中外多位专家赞叹，加大对古建筑群的保护力度，维护其完整性，不仅对人类建筑史有着重要意义，也会使得党村景区的游览价值更高。

积极申请国家文化保护、争取国家文物修缮项目、加大对古建筑修缮和复原工作的资金投入是保护古村落的重要措施。在严格保护古村落建筑风貌、格局的基础上，遵循修旧如旧的原则，对已出现问题的古建筑按紧急程度进行及时修缮，定期对村中的建筑进行检查和登记，做好日常维护工作。同时，做好与党村村民的沟通工作，在房屋修缮、复原的过程中尊重村民的发展意愿。

4. 提高村民的参与意识，实现共同发展

村民的参与和支持是景区发展的重要动力之一，在决策中考虑村民的诉求，让村民同政府一起管理旅游区，既降低节省管理成本，又可以实现共同发展。景区旅游管理处应主动为党村村民在景区就业提供优惠，就近解决就业问题。例如导游的培训与聘请，可以在党村村民中选拔；各项基础设施的管理及服务人员，优先选择党村村民等。让村民在旅游发展中有发言权，也会有利于保护景区的完整性。通过参与旅游开发，村民才能增收致富，才能真正成为党村的主人。

5. 加强宣传力度，提高知名度

党村古民居建筑群因其独特而精湛的建筑艺术和惊人的完整性，具有很高的艺术价值和研究价值，但是目前的知名度太低，许多人都不知道这一景区的存在。因此，加强宣传力度，让更多的人知道党村景区，吸引更多的游客前来游玩是最直接的方法。
另外，景区还可以通过与省内其他知名度较高的景区加强合作，
通过多景区联合游优惠票等形式，提高景区知名度。

六　小结

乡村的"理想的风景画"大致有以下三种情形：①优美的风
景画。游客置身其中会产生心旷神怡的感觉，达到休闲、身心放
松和娱乐的效果。②别致的风俗画。保持完好的农村传统习俗，
包括生产、生活方式、居民、宗教、仪式、庆典、习俗等，具有
独特价值的地方文化遗产（包括物质和精神方面的）使游客可以
从中感受到浓郁、独特的传统风貌。③异族的风情画。具有鲜明
的民族特色（彭兆荣，2011：78）。党村古老而独特的建筑群、淳
朴的民风以及优美的自然风光，是当代浮躁的都市人舒展身心、
亲近自然和体验乡村的好去处。但目前开发利用中存在的问题，
使得党村所描绘的"风景画"不够"理想"。解决这些问题，要靠
政府和村民的共同努力，做好旅游特色定位，开发与保护并重。

第二章　企业带动型村庄：阳村

第一节　阳村的基本概况

一　历史概况

阳村历史悠久，据考证，阳村始建于北宋初年，迄今已有千余年历史。最初在这里居住的是几户焦姓人家，故起名曰"焦家庄"。后来阳姓人家逐渐移居在此，年复一年，人口增多，到明清两朝时期，阳姓人增多，遂将村名改称"阳村"。后来王、李、陈等姓相继移入定居，与焦姓并为五大姓。阳村的文化风俗随着历史发展而演变，在不同历史时期有不同的特点。过去十年内，外来企业进村投资设厂带动了阳村经济发展，也使得阳村的文化与生活发生了新的变化。

二　村庄概况及其区位优势

阳村位于韩城市西庄镇以北，南距韩城市 10 公里，距西庄镇 1 公里。该村行政区划面积 3500 亩，其中村庄建筑面积约为 1200 亩；耕地面积约 800 亩，主要种植玉米、小麦；经济林面积约 100 亩，主要种植花椒；林地面积约 300 亩，主要种植刺槐、速生杨等。此外，阳村约有 1100 亩土地被工厂占用。当地政府于 2014 年实施"北林计划"，在未来五年内预实现村庄土地全部退耕还林。阳村主要地形为平原，共有 7 个村民小组，其中 1~6 组居住较为集中，并由东部村口依次向村内延伸。7 组位于村庄西北部山腰上，与其他 6 个小组距离较远。阳村村委会设在 4 组。

西庄镇阳村有着众多区位优势。首先，矿产资源丰富，当地拥有大量的煤炭、铁、镓等资源，一直以来，西庄镇都是煤炭的主产区。由于焦炭钢铁等重工业企业需要大量的资源，通过将工厂建在靠近矿区的地方更利于企业降低成本。其次，当地交通便利，靠近公路干线、铁路及水路，运输方便。便利的交通不仅方便了原料的进入与成品的外运，同时对区域内的短途运输也十分有利，这对于企业发展有着重要的影响。再次，当地过去以农业为主，经济较落后，人力成本较低，廉价的劳动力有利于降低生产成本，对企业有着较强的吸引力。最后，受到当地政府通过发展工业带动经济政策的支持。这些为西庄镇成为众多企业的首选之地提供了充分的条件。

三　人口与教育情况

阳村共有 1890 人，582 户，常住人口约 2000 人（部分人在外工作，退休后回乡养老，户籍不在阳村）。阳村共有焦、阳、王、李、陈五大姓氏，共占该村人口的 75%。现任村支书与村主任姓陈，为 2012 年村民选举产生。

（一）教育资源

阳村现有村办幼儿园、村办小学。阳村幼儿园紧挨着村委会办公室，位于阳村的中心地区，园内基本为本村儿童。幼儿园有专职的幼师和相关后勤人员，能够满足基本的教学、照料生活需求。但幼儿园的场地有限，园内的课外读物、益智玩具等辅助教学材料不齐全、更新速度慢，学生课外活动较单一。村办小学在村干道以北，是阳村及其周边村落中规模最大、办学条件最好的一所学校，因此吸纳了本村及外村 300 多名学生。阳村小学的学生分为住校生和走读生两种，住校生大多为偏远山区或邻村学生。

（二）升学状况及相关福利

阳村没有中学，学生主要到下峪口初中、西庄镇初中、西庄镇高中就读，还有一部分学生在韩城市市区就读，随着义务教育的普及，阳村学生均能接受九年义务教育。此外，本村学生高中主要在韩城市高中或西庄镇高中就读，村民对子女高中的选择多参考中考成绩及家庭经济情况，普通家庭更多地考虑经济因素。阳村每年有 8～10 人考上本科，还有大体相同数量的学生考上专科学校。根据近几年来的高考成绩，阳村在市区上学的考生上本率高于在村中上学的考生。

四 交通与基础设施建设

阳村交通较为便利，108 国道由东北向东南穿过村庄，国道以西现在为村庄建设用地及农业用地，国道以东由"黑猫焦化"等工厂占用。村内主干道 3 条，均已硬化并通路灯，其他道路已于2007～2008 年实现硬化。村里主要交通工具为汽车与电动车，由于离西庄镇、韩城市较近，居民外出求学、购物较为方便。

村内有广播站 1 个，村务公告栏 7 个，戏台 1 个，敬老院 1个。本村依靠邻近 108 国道与"黑猫焦化"的优势，在村口以北规划建设一个包括维修、餐饮、住宿的综合服务区，现已规划完成，目前仍在建设中。

五 阳村文化概况

阳村虽然历史悠久，但在发展的过程中没有一直沿袭传统文化风俗，而是随着潮流移风易俗，如今村民的文化与生活逐渐朝着城镇化和现代化发展，一些传统风俗与文化的影响逐渐减弱。

（一）文化遗产

阳村鼓乐是阳村现存的最完整、最具代表性的传统文化，属于省级非物质文化遗产。阳村锣鼓不是行鼓，而是一种宗庙器乐，这套锣鼓乐器由云锣、小鼓、钟、法螺、大锣及钹组成。古乐曲谱《谏公》是阳村王门后裔尊神敬祖的一种独特表演形式，曲谱由来已久，清顺治年间，王姓家族每年春节正月初一祭拜祖先，在祖先牌位前敲打此曲谱，以示不忘祖恩。康熙年间，因天下安定，王姓人丁兴旺，生活富裕，祭祖时感到乐曲单调，后购置回铙、钹、云锣等乐器，经过精心探讨，将曲谱起名曰《谏公》（即尊长之意），从此每年春节、清明节都演奏此曲，代代流传至今。《谏公》流传至今已三百余年，韩城境内仅阳村居民可演奏这一古曲，其音量高低快慢有序，恭敬祭神，祭拜结束，方可演奏其他曲谱，以示欢乐。如今阳村已组成鼓乐队，对乐谱乐器进行了整理保护，在传统节日及重大场合进行演奏，近年来阳村鼓乐队还多次受邀演出，使阳村鼓乐得到发扬和继承①。

（二）宗教信仰

随着社会的发展，人们思想观念的转变，人们不再集体祭祖、敬神，加之"文革"中，大批祠庙被摧毁，阳村的祭祀及宗教活动逐年减少。阳村原有祭祀场所"玉皇庙"，但在工业园区的建设中被拆除，目前村中已没有祠堂、寺庙等。阳村居民大部分没有宗教信仰，村中佛教信徒主要在邻村昝村的普照寺进行活动，基督教徒主要在下峪口基督教堂进行活动。阳村居民以前就没有很深厚的宗教信仰传统，没有形成相应的信教文化。

六 研究方法

本次调研选取陕西省韩城市西庄镇阳村村民作为调查对象，通过问卷调查法、深度访谈法和实地观察法对阳村地区污染情况

---

① http://www.hancheng.gov.cn/zjhc/hcgl/71518.htm.

和企业所承担的社会责任进行了调查，在村庄内发放问卷 220 份，回收有效问卷 200，有效回收率为 91%。本次调查组由 4 名研究生组成，于 2015 年 7 月 15 日~20 日对韩城市西庄镇阳村进行了为期 6 天的调查，并走访了阳村 1~7 组的村民。

第二节　驻村企业及其对村庄的影响

一　驻村企业概况

2003 年前后，H 企业等 7 家民营企业陆续入驻阳村。以 H 企业为例，它是由陕西省和江西省的两个公司按 8:2 出资注册并由前者控股的合资民营企业。依照科学发展、节约资源、综合利用的循环经济模式，企业形成了自己的产业链条，年效益近 10 亿，每年积极缴纳税款 4 亿左右。

企业的介入能够促使当地快速发展，在短时间内使村民获得巨大的经济收益。但与此同时，村庄不得不改变沿袭多年的传统与习惯，这会给阳村带来社会、生活、环境等方面剧烈的变化，以及村企磨合的阵痛。因此，我们只有通过对村庄的社会变迁进行深入调查，并分析企业与村庄二者的互动机制，才能更好地理解作为独立的企业在嵌入农村社会时，如何融入当地社会，以及农村社会在此情况下如何反应，也只有这样我们才能更好地处理类似的问题，并为今后研究提供有益的参考。

二　驻村企业对村庄的影响

（一）驻村企业对村民就业的影响

就业和再就业问题关乎百姓切身利益，就业是民生之本，只有就业了，个人才能获得收入，安居乐业，实现价值，社会才能不断发展和进步。扩大就业、促进再就业，也是调整经济结构、推动农村城镇化建设的关键，是经济社会持续健康发展的前提基础。因此，驻村的民营企业首先解决的便是当地的就业问题。他们为失地的阳村村民优先提供了众多岗位，在建厂初期，只要符合招工条件的阳村村民都可以优先考虑进厂工作，在企业的2000多名职工当中，阳村村民有400多人。均为20岁至50岁的精壮劳动力，并以男性居多。大多数工人自建厂便在工厂工作，是厂子的第一批建设者。工厂内职工大体可以分为技术工人和一般工人，阳村的村民多为一般工人，在各个生产线上工作，每月工资2500元左右，企业每月月中按时将工资发放给职工。

除工资外，企业按照国家相关法律的规定，给每位在厂职工缴纳五险一金，包括养老保险、医疗保险、失业保险、工伤保险、生育保险和住房公积金，并且落实到位。若职工中途想更换单位或放弃工作，五种保险可以移交社会保险由新的工作单位或自己进行续缴。住房公积金可以一次性提取。其中生育保险除了按国家相关法律规定施行外，企业对职工有特殊照顾，女性职工除带薪休产假外，在产后的三个月中，每月发放900元的补贴，男性职工正常工作，除正常发放工资外，另有每月300元的补贴。除了招收符合要求的工人外，近些年来，为了给年龄稍大并且文化水平较低的阳村村民提供岗位，企业安排8个村民作为厂内绿化工，30多个村民作为厂内的保洁人员，通过扩大招收对象，企业最大限度地吸收了当地劳动力，在很大程度上解决了当地的就业问题。

除此之外，围绕着企业，村民还可以从事其他经营活动。本村部分男子通过购买或租赁货车为工厂运送原料或产品。在工厂周围，许多阳村人经营旅馆、饭店、超市等，这些都以企业为基础增加了村民的收入。

案例2-1：杨某，女，46岁，汉族，初中文化程度，阳村2组村民，家中4口人，夫妻二人和两个儿子，其中一个儿子在上学。2004年前，她家有9亩地，6亩种植果树，3亩种植粮食，务农收入是家庭收入的主要来源，农闲时外出打零工，家庭年总收入为2万~3万元，家庭生活困难。2004年企业入驻阳村，她家中的8亩地被占用，成为失地农民，每年每亩地企业给予其4600元的补偿，政府为解决失地农民的就业问题，开辟绿色通道，帮他们在厂口以优惠价格申请了一个铺面，2005年，夫妻二人在H企业门前开起了早餐店，上早班和下晚班的工人都到此店吃早饭，早餐店的年收益为3万元。家中大儿子在H企业工作，月收入为2000~3000元。失地的租金、早餐店的收益和厂内固定工资，其家庭年总收入将近10万，收入比过去翻了数倍，这都得益于驻村企业，让他们得以脱贫致富。

由于驻村的民营企业是重化工厂，需要的女工较少，村中女性的就业问题仍存在。在未来两年内，企业还要建立一个化工厂，将吸纳村中女性的劳动力，让更多的阳村村民进厂工作，解决女性就业问题。

每年固定节日，如春节、五一、中秋等，企业会给职工发放米面油等节假日福利。夏季高温作业或冬季户外作业，企业会给职工高温补贴并发放绿豆、白糖和凉茶等防暑降温用品或冬季御寒保暖的手套等用品。此外，企业为职工提供口罩、洗衣粉等劳保用品。

食宿方面，企业为每位职工每月提供100元的饭卡，供职工在厂内食堂用餐，按出勤天数发放，保证职工工作期间的饮食。企业为单身和倒班的职工提供专门的公寓楼，本厂职工可以申请居住。此外，企业在韩城市为职工建职工小区，即"矿馨园小区"，并以每平方米1800元的价格对内销售，此房价远低于市场价格，在厂职工可根据自身情况自愿购买，职工享有居住权。阳村职工中已有部分入城居住，上下班由厂车接送。

（二）驻村企业对村民收入的影响

1. 村民整体收入水平

本次调查的 200 位村民中，共有 165 位愿意回答年收入问题，缺失值 35 个。其中，村民年收入最低的为 5000 元，最高的为 500000 元，贫富差距较大。对村民收入进行 Kolmogorov-Smirnov 正态检验后发现显著性 $p < 0.05$ （见表 2 - 2），不符合正态分布，在下一步的分析中选择使用非参数检验。村民的年收入与其赚钱能力、机遇、年龄、工作种类等都有一定的关系，因此收入水平不呈现正态分布。村民收入的中位数为 40000 元，较能代表阳村村民年收入的总体情况（见表 2 - 1）。

表 2 - 1 村民收入分布趋势

项目	数值（元）
平均数	40927
中位数	40000
众数	40000
标准差	19801

表 2 - 2 Kolmogorov-Smirnov 正态检验摘要

统计量	自由度	显著性
0.155	165	0.000

2. 村民的收入来源

从村民对不同的收入来源勾选的频数和百分比来看（见表 2 - 3），阳村村民收入来源主要为土地租金（39.5%）、打工（32.8%）、驻村企业工资（29.7%）和务农（29.2%）。其中，土地租金收入和驻村企业工资都是依靠各个入驻阳村的企业。可见，驻村企业已经是村民收入的重要来源和保障。

表 2 - 3 村民收入来源分布

单位：%

收入来源	频数	百分比	个案数百分比
务农	57	17.5	29.2
打工	64	19.7	32.8
个体经营	23	7.1	11.8
土地租金	77	23.7	39.5
驻村企业工资	58	17.8	29.7
经济林收入	9	2.8	4.6
政府补贴	13	4.0	6.7
其他	24	7.4	12.3
总计	325	100	166.7

由于园区的建设需要，企业租用了阳村村民的土地，共计 1100 亩。作为补偿，根据土地的基本情况（土地质量、作物收成等）每年有每亩 1600 元到 4600 元不等的基本补偿，直接补偿到农户。除此之外，厂区的日常运行需要较多的劳动力，使得阳村和附近村落的村民可以进入企业工作，村民到工厂就业也作为占用阳村土地的一部分补偿。以上两方面的变化使得阳村居民的收入有了大幅度的提高。村民收入在十年间发生了巨大的变化，实现了大幅度的增长。村委会办公设施、村庄文化娱乐设施，以及其他建设都有企业的支持。由此可见，企业的进驻是阳村居民收入发生重大变化的根本原因，也是村落各方面发生巨变的根本原因。

此外，传统农业经营仍然是阳村的主要生产方式之一，务农和经济林收入共占 33.8%，仅次于土地租金，大部分村民仍然离不开土地。不管是出于无奈还是所谓的"恋土情结"，耕地是阳村村民的重要财产和主要的收入来源之一。

3. 村民收入的组间、组内差距及变化

2003 年前后，H 企业等 7 家民营企业陆续入驻阳村。阳村的发展从此与这些企业息息相关。客观上来说，企业的入驻必定能够促进阳村村民的就业，增加其收入。然而，并不是所有村民都能从驻村企业获利，一部分村民的耕地被驻村企业征用，地租成为其稳定的收入来源；一部分青壮年村民进入企业工作；还有一部分村民仍然从事传统农业生产，经营着他们被污染的耕地、林地。收入差距是我国城乡普遍存在的问题，阳村也不例外，村民之间存在较为明显的收入差距，并且这种差距具有"阳村特色"，即主要表现在村民小组之间和村民小组之内的差距和变化。而造成并影响这种差距和变化的关键因素是村民与驻村企业的关系。

　　表2-4为本次调查的样本在阳村七个组中的分布情况。在总体200个个案中，有效个案为183个，有效率91.5%。其中，1~5组人数所占比重较大，这也符合阳村的总体人口分布情况。1~6组在阳村比较集中，第7组独立位于阳村北部，曾是起到防护作用的村寨所在地。

表2-4　样本的组群分布

单位：%

组别	频数	百分比
第1组	37	18.5
第2组	24	12.0
第3组	21	10.5
第4组	39	19.5
第5组	27	13.5
第6组	17	8.5
第7组	18	9.0
缺失值	17	8.5
总计	200	100

　　如表所示，阳村分为7个小组，当谈论收入的组间差异时理论

上应该对 7 个不同的组进行比较。但是我们的考察目的在于验证驻村企业对村民收入产生的影响，因此需要将受到驻村企业直接影响的几个组合成为一组，其他组合成为另一组再进行比较即可得出结果。根据村民反映和此前的几次田野调查结果，阳村 1 ~ 4 组耕地被占，5 ~ 7 组耕地较少或者未被驻村企业占用。征地赔偿的原则是"占谁赔谁"——占到谁的地就把赔款给谁，如果没有占到就没有赔偿。因此，我们将 1 ~ 4 组合并为"A 组"，5 ~ 7 组合并为"B 组"，重新分组后的结果如表 2 - 5 所示。

表 2 - 5　重新编码组别分布

单位：%

组别	频数	百分比
A 组	121	60.5
B 组	62	31.0
缺失	17	8.5
总计	200	100

A 组共有 121 个个案，所占百分比为 60.5%，B 组共有 62 个个案，百分比 31.0%，A 组比重高于 B 组，原因是 A 组多出 1 组的同时，1 ~ 4 组人口本身比 5 ~ 7 组人口多，因此样本的比例符合总体情况。通过这两组之间的比较，我们可以验证驻村企业是否造成村庄组间收入分化。我们的假设为：

H_0：A 组与 B 组的年收入相同，即驻村企业没有造成村民组间收入分化。

H_1：A 组与 B 组的年收入不相同，即驻村企业造成了村民组间收入分化。

我们可以用独立样本 T 检验方式来比较两组之间的平均收入，以观察它们之间的差异。由表 2 - 2 可知，村民年收入不呈现正态分布，因此我们不能简单地使用参数检验，应使用非参数检验法。

两组年收入之间的差异 Mann-Whitney 检验的结果如表 2 - 6 所示：A、B 两组的收入比较有效值分别为 95、57，Z 值为 -5.13，显著性 $p = 0.000 < 0.001$，差异显著。因此我们拒绝 H_0，接受 H_1：A 组与 B 组的年收入有显著差别，并且这种差别不是由抽样误差造成，直接原因在于哪一组能够从驻村企业中获得直接利益。

表 2 - 6　村民收入组间差异 Mann-Whitney 检验摘要

	统计量	A 组	B 组
	频数	95	57
	中位数	43000	30000
四分位数（%）	25	38000	16500
	50	43000	30000
	75	50000	40000
	$Z = -5.13^{***}$		

注：$^{***}P < 0.001$

A 组村民年收入的中位数为 43000 元，25% 位数为 38000 元，75% 位数为 50000 元，三个数字均高于 B 组的 30000 元、16500 元、40000 元。因此，A 组村民年收入整体上明显高于 B 组村民的年收入。这种差异是怎样产生的，我们通过对比两组村民之间的收入来源来进行探讨。

对 A 组、B 组两组村民的各项收入的来源进行对比后发现，两组村民在"务农""土地租金""经济林收入""政府补贴"等四项的卡方检验值分别为 4.44、30.86、7.87、4.55，均达到 $p < 0.05$ 或者更高的显著度，表示村民在这四项收入来源上有显著差别（见表 2 - 7）。从所占比重上来看，"经济林收入"和"政府补贴"主要是 B 组村民的收入来源。B 组村民的林地被保留，未能从驻村企业获得土地补偿金，因此，务农和经营经济林仍是他们重要的收入来源。B 组收入水平偏低，因此他们获得了更多的

"政府补贴"。在"土地租金"这一项上的差别显著性更是达到了 $p < 0.001$，A 组的比重大大高于 B 组。A 组平均被占土地为 3.5 亩，平均每亩补偿 3044 元/年，这能够为这组村民带来 10654 元的额外收入。同时他们还有一部分人仍然务农（15.6%），并在"打工""个体经营""驻村企业工资""其他"等四个选项上与 B 组无显著差别。这就是说，A 组、B 两组之间的收入差别主要来自于"土地租金"这一项，驻村企业的占地赔偿是造成两组之间收入差异的主要原因。阳村 1~4 组村民的年收入显著高于 5~7 组村民的年收入，主要原因是企业的入驻改变了部分村民的收入来源。1~4 组村民的土地多位于国道东侧，大多数村民的土地被企业占用，土地补偿金是这四组村民的重要收入来源，他们每年能从中收入 10654 元。而 5~7 组村民被占土地少，不能从企业获得同样的收入。在"打工""驻村企业工资"等来源方面无显著差异的情况下，"土地租金"对 1~4 组和 5~7 组村民之间的收入差异起到决定性的作用。

表 2-7 不同组别收入来源勾选频数及差别卡方摘要

单位：%

收入来源		A 组	B 组	卡方检验值
务农	频数	28	24	4.44*
	百分比	15.6	13.3	
土地租金	频数	68	9	30.86***
	百分比	37.8	5.0	
经济林收入	频数	2	7	7.87**
	百分比	1.1	3.9	
政府补贴	频数	5	8	4.55*
	百分比	2.8	4.4	

注：* $p < 0.05$，** $p < 0.01$，*** $p < 0.001$

总的来说，阳村村民的收入差距表现为：组间差距大，组内差距小；1~4组收入普遍高于5~7组的收入，且有差距逐渐拉大的趋势。通过调查对比发现，在工业园区建成之前居民的收入差距总体上并不大。除少数人通过从事建筑行业获取较高收入外，其余村民，大多从事花椒种植和粮食作物种植，农闲时在附近村落打零工。因此，无论是在组间还是组内差距并不大，村民之间在收入方面同质性强。在工业园区建成后，居民的收入差距逐渐拉开，收入方面的异质性也日益明显，表现在上文所说的组间和组内的差距两方面。具体来看，首先是组间的差距。组间差距较大，主要是体现在1~4组的收入较明显地高于其他3组。很重要的一个方面是工业园区在建设时主要是占了这4个组的地，剩下的3个组基本没有被占到地。征地赔偿的原则是"占谁赔谁"，如果没有占到就没有赔偿。前4组的居民每年可以获得地租赔偿这一固定收入，而没有被占地的村民就没有这方面的收入。如调查中2组张姓一家的5亩地全部被占并且土地好，每年地租的收入就有2万多元。地租本身就成为较为客观的一笔收入，成为组间差距拉开的一个重要原因。此外，被占地村民在厂内求职时拥有较未被占地村民的优先权，这也是组间收入差距的增大的相关因素。其次是组内的差距。组内差距较小，主要原因在于组内村民耕地和居住的地理位置相似，无论是否获得补偿，组内的生产生活方式和主要收入来源是比较相似的，较其他组的同质性高，因而收入差距比较小。

除此之外，调查中还发现，组间的收入差距有逐步扩大的趋势，主要表现为优势组的村民的经济优势逐渐增强，劣势组的经济优势逐渐丧失，差距逐步扩大。前4组的居民在收入增多的前提下积累了较多的资本，开始投入其他行业，如运输、餐饮等行业，收入的优势进一步扩大；后3组以种植业为主的村民，在环境污染的影响下，农作物的产量和质量出现较为明显的下降，原本的农业优势逐渐丧失。在这两种作用的推动下，阳村村民组间的收入差距将进一步扩大，分化将更加明显。经济收入上的分化，会逐渐地带动村民生活方面的分化，可能会对村庄未来的整体发展产生消极的作用。

为了说明企业进入对村民收入产生影响的显著作用，现补充两个案例，一个来自征地组（A组），另一个来自未征地组（B组），从中可以窥得其差距。

案例2-2：张某，46岁，2组村民，初中学历，现在H企业焦化车间工作，普通车间工人。家中有四口人，本人、妻子和两个女儿。妻子也在H企业上班，在供水站工作。两个女儿，大女儿25岁，大学本科毕业，现在在西安工作，不在家居住。二女儿21岁，在西安上学，大学三年级，也不在家居住。张某家中有5亩3分耕地，在2004年工业园区建设中全被H企业征用，每年企业向他支付24477元的土地租金，据他所说，这些钱足够他和妻子的日常开支和小女儿的花销，这让他基本不为生计问题担忧。

他本人在甲醇厂上班，每月3200元，妻子每月工资3000元，收入相当可观。他的劳动合同五年一签，今年（2014）刚签署新的五年劳动合同。他和妻子的养老保险都从2009年开始缴纳。张某在2011年翻盖了住宅，并于2012年购买了汽车，家中有数字电视、网络，也安装有电话，他和妻子都有手机，平时通信以手机为主。工作之余，他喜欢打乒乓球锻炼身体。他表示目前的生活压力不大，居住较为舒适，生活满意度高。

案例2-3：陈某，58岁，5组村民，初中学历，现为养殖户，养殖绵羊。家中有五口人，他和妻子以及三个儿子。大儿子在龙门钢铁上班，二儿子在湖南务工，三儿子大学毕业，在家中待业。陈某家中有7亩耕地，都没有被工业园区占到。但是由于耕地离工业园区较近，污染相对严重，农作物减产明显，从 2005 年到 2010 年，农作物不断减产至基本不产，再加灌溉不便，现在 5 亩耕地抛荒，2 亩耕地灌溉便利用来种植槐树，已种植两年，目前还没有卖出树苗。

陈某在空闲时间跟着村上的建筑队打工，每天可以收入 100 元，但是工作不稳定，每年能收入 1 万多元。妻子在家养羊，同时兼顾种地。现养殖绵羊 20 余只，目前还没有卖羊。卖羊的收入不稳定，收获多少在于市场上羊肉的价格和羊毛的价格。

陈某的三个儿子都是大学学历，在供孩子念书的阶段里他陆续向亲友借款，至今还有 7 万余元的外债。他表示目前的生活压力较大，生活满意度较低，他还表示企业应当向他支付一定的污染赔偿。

（三）驻村企业对村庄社会福利事业的影响

众民营企业驻足阳村，租用阳村的土地，在阳村集体的土地上创造财富，企业在创造利润、发展自身的同时，它们还尽量推动阳村的发展。除了在经济上增加村民收入外，它们加大对阳村的公益事业投资，积极回报社会，回报阳村，提高村民的生活水平，丰富村民的生活。

1. 村庄公共设施建设投资

村庄公共设施建设主要由政府、村委会及村民三方承担，在国家对这方面扶植困难、财力不足的情况下，驻村企业分出一些财力和精力承担起村中公共设施建设的责任。企业给阳村 20 万元建村委会大院，为村委会领导班子办公提供场所。在大院内建有图书阅览室，供各个年龄段的村民阅读报纸、期刊等，让村民闲暇时间可以看书读报，了解国家政策，增长知识。院内还建有老年活动中心、棋牌室供老人打牌聊天，丰富了老年人的娱乐生活。

在企业的资助下，阳村村委会在 2014 年年底建成村中的文化大院，文化大院提供洗浴、健身、棋牌、餐饮、住宿等休闲娱乐一条龙服务，文化大院内还有老年公寓，并且阳村的老年活动室搬迁入院，它集养老、休闲为一体，以为老年人提供优质服务为宗旨，在村中营造尊老爱老的良好风气。企业为支持大院建设给予 20 万元的资助，而且提供建文化大院所需的砖和锅炉等。在村中教育方面，驻村民营企业给村中捐助 20 万元用于阳村幼儿园建设和购买园中设备，这一举动受到村民的赞扬，为家长们提供了便利，为村中的学前儿童提供了早教场所。

2. 村庄文化教育建设投资

经济发展主要依靠科技进步和提高劳动者的素质，而这些主要依靠教育尤其是高等教育，让更多的人接受高等教育，才能为经济社会发展提供强大的支持。阳村在促进高等教育的发展、鼓励更多的人接受高等教育方面，除了政府对教育的关注与学生个人努力外，企业也通过现金奖励的方式鼓励学生考取高校。为鼓励村中职工子女考入大学，帮助困难职工子女完成学业，由企业工会发起，对考入大学的职工子女进行奖励，具体为：子女考入一本院校的职工家庭奖励 2 万元；子女考入二本院校的职工家庭奖励 1 万元；子女考入三本院校的职工家庭奖励 5000 元。此外，村委会对考上一本院校和二本院校的学生进行奖励，对考取一本的学生给予 2000 元现金奖励。学生可凭户口本、录取通知书等相关材料到村委会登记存档，村委会将当年考生录取情况记录核实完毕后召开村内表彰大会，在会上向学生发放奖励。企业与村委会联合，共同奖励学业成绩优异的学生，鼓励更多的村民职工子女接受高等教育，营造以学习优异为荣的村落氛围，积极推动了阳村教育的进步。

3. 村庄老年人的福利补贴

阳村现有 60 岁以上老人 271 人，约为本村人口的 14.3%，因此养老问题对阳村的社会发展有着重要的影响。在阳村，自众民营企业在村建厂以来，企业每年给阳村提供15万元现金，专门用于支持老年人的工作。2004年由村委会组织发起成立阳村老年人协会，协会成员均为本村60岁以上的老人，协会有会长1名、副会长2名、每组1名小组长，由村民选举产生。

协会的日常工作主要有：①统计老年人信息。协会每年都要重新统计和整理村内老年人信息，并为每一位老人照相存档，保证信息的及时、准确，以便相关工作顺利开展。老年活动室内挂有老年人口分布统计表以及各小组的老年人名单，做到了信息全面公开。②维护老年人利益。协会负责监督农村合作医疗保险、养老保险、农村最低生活保障等社会福利的落实情况，为有困难的老人争取权益。老人寿辰，协会会派人出席并送上蛋糕；老人过世，协会会派人出席并送上花圈。③管理老年活动室和棋牌室。老年活动室和棋牌室位于村委会大楼内，两室的建立，满足了老年人的学习、娱乐、社会交往等需求，也使老年人能够就近得到咨询、陪伴、护理等服务，减轻了年轻人的养老负担，也便于协会的日常管理。老年活动室内常备有各类棋牌和娱乐健身用具、图书、点心茶水等，还有空调、暖气开放，协会成员轮值负责两室的卫生、安全等工作。距离村委会较远的小组片区也有单独开设的活动室。④负责企业和村委会慰问金的发放。H企业在每年的重阳节都会给阳村老人15万元的慰问金，发放这一慰问金是老年人协会的重要工作之一。慰问金按以下标准发放：60~70岁的人每人400元；70~80岁的人每人500元；80~90岁的人每人600元；90岁以上的老人每人1000元。每年春节，老年人协会会给每位老人100元的节日补助。⑤组织举办相关文体活动。老年人协会每年举办"五好家庭""五好媳妇"评选，通过活动促进家庭和睦、弘扬尊老爱幼精神。协会创办以来，多次组织老年人重阳节外出旅游。协会还组织一部分老年人形成村道清扫小组，每人每月工资 50 元，满足老年人自我实现的需求。⑥除以上之外，阳村的养老工作有了进一步的发展。如今阳村有在建的老年公寓项目，老年公寓建成后将成为集娱乐、餐饮、医疗、洗浴等全方位服务为一体的现代化活动中心，为老年人生活提供更多的便利。对于村中身体健康、热心公益的老人，协会为老人提供清扫村街道或发放报纸信件等工作，并每月给予工资补贴，老年人生活困难或在家无事可做可以参与劳动，这同时也锻炼了身体。通过老年人协会的成立与发展，阳村很好地解决了老年人的赡养、娱乐等问题，有利于减少家庭矛盾，也有利于阳村社会的稳定与发展。

案例 2 - 4：张某，男性，74 岁，汉族，小学文化程度，阳村 1 组村民，家中三口人，老两口和聋哑智障的儿子，家中没有劳动力。其家中原有 2 亩地，这 2 亩地因是厂子周边的用地被占用，给予其每亩地每年 1000 元的租金。家中收入来源就是租金和政府给予的每月 80 元的高龄补助和每月 50 元的养老金。其家庭入不敷出，生活困难。老年人协会注意到他们家中的情况，考虑老人身体基本健康而且有意愿工作，所以为老人提供一个送信送报纸的工作，协会拿企业的善款给予老人每月 400 元的生活补贴，基本上解决老人一家三口人的生活问题。同时，家中两位 70 岁以上的老人都受益于老年人协会的节日补贴。虽然老年人协会给的钱不是很多，不能从根本上解决老年人的问题，但可以解决老人家中的燃眉之急，给两位老人平淡困难的生活送去温暖。对于这个家庭来说，老年人协会发挥了重要作用，这得益于企业的慈善。

老年人得到的很多优惠待遇都是来自企业每年的固定慈善资金，这不仅解决了老年人的休闲和生活问题，更营造了和谐温暖的乡村氛围，增强了老年人乃至阳村村民的归属感。企业为国家政府分担老年人的工作，真正做到了扶老、助老，营造了和谐的社会氛围。

4. 对村民生活的补助

企业为真正做到惠民，解决村民的基本生活问题，尽其所能为村民生活提供优惠，送去温暖。企业每年给阳村每个村民50元的电费补贴，北方农村需要烧煤取暖，企业按成本价将煤泥卖给村民，每个村民享有500公斤的优惠煤泥，这些煤泥村民可以选择自己使用，也可以以市场价卖出，这是真正的雪中送炭，让每位村民都感受到来自企业的关怀。

驻村民营企业十年来不断做大，职工收入水平也有提高，并带动了村庄致富。但与此同时仍然有一些生活困难的人，困难者多为家中土地没有被占用，或有子女、高龄父母以及亲属患疾病等。针对企业困难职工，企业的工会逢年过节便组织工会成员为其送粮油等生活必需品，同时还有5000元的慰问金，以减轻这些家庭的负担。企业会在优先考虑阳村村民的基础上，为有劳动能力的困难家庭成员提供岗位，通过直接补助和提供岗位，解决困难家庭的生计问题。

案例2-5：张某，男，48岁，3组村民，初中学历，目前在焦化厂工作，月收入3000余元。家中四口人，全部在工业园区的工厂内上班，儿子是H厂皮带工，妻子和媳妇在清洁部门工作。他家的土地原有10亩，被工厂占用4.8亩，现有3亩地栽种树木退耕还林，1亩地种植小麦。他家四口人的工资加上被占土地租金和退耕还林补贴，一年的家庭收入逾10万元。张家住宅已翻盖，有私家车，屋内电器有液晶电视、空调、电脑、冰箱等，由于儿媳待产，家中又新置了许多婴儿用品和滋补食品。

企业规定，职工或职工的直系亲属过世，企业工会会拿出5000元的慰问金并组织人员前去慰问，若有贫困户或是需要帮助的家庭，企业工会会组织专门人员帮助其料理后事。丧葬补贴自建厂以来开始实行，实施了约十年，与之前红白喜事由本村本组的人出力帮忙相比，企业从人力物力方面的帮助更能使村民免除后顾之忧，这也有利于消除企业与村庄的分歧，减少村企矛盾。

（四）驻村企业对村庄习俗的影响

经济的发展带来了物质的丰富，企业进村也改变了村民的生产和生活方式。土地被占用的村民，由原先的农业生产模式转为如今的半工半农或工业生产模式，收入比以前提高，生活方式也有了很大转变，村民的物质需求也在不断扩大。

1. 婚丧习俗变化

红事、白事作为重要的文化仪式，其发展演变能够反映当地的文化观念转变。

由于有较为稳定的收入，阳村居民积蓄渐多，因此婚嫁的成本也随之逐渐提高，现在阳村的平均结婚成本为10万元，约为十年前的2倍。房子是结婚必不可少的，车子因人而异。其中男方一般要给女方5万元彩礼以及"五金"，其余款项用于购置新房电器以及筹备婚礼酒席等，现在越来越多的阳村人选择在酒店举办宴席，并以所选酒店的档次来显示自己的身份，因此婚事在各个方面的花费都要远高于过去。

同其他地方一样，本地丧事一般要经过报丧、入殓、守灵、唱道、吊丧等多项流程，往往历时3~7天。但不变的是，依然是以土葬为主。葬礼的仪式较过去简单许多，但是葬礼花销没有减少，平均花费3万~5万元。"死者为大"，富裕了的阳村人尽力为过世的亲属办风光的葬礼，一方面确实表示对死者尊重，但另一方面在丧葬用品和宴席上也不断追求档次。企业的阳村职工的直系亲属死亡后职工会领到 5000 元的慰问金，同时会有相关负责领导慰问家属、出席葬礼，这些在一定程度上也促使阳村人追求操办较为隆重的丧事。

婚丧习俗是一个地区的人们长期继承和沿用下来的文化风俗，它与传统的伦理道德息息相关，有自身独特的、规范的秩序。经济增长影响了婚丧习俗的形式，却不能改变婚丧习俗的内涵。

通过调查，我们可以发现，企业给村庄提供更多的就业岗位，增加村民的收入，并从节日福利、丧葬补贴、煤电补贴等各个方面给予员工较丰厚的福利，使村民逐渐走向富裕。但村民在收入增加后，并没有完全将其用于积蓄、教育或投入再生产等，而是超出能力进行奢侈消费、攀比消费，造成了消费的内卷化，从而阻碍村庄的进一步发展和村民生活水平的持续提高。

2. 村民异质性增强

过去阳村村民主要从事农业活动，各家土地相连，种植的作物类型相差不大，农忙时节各家可以相互帮忙、集体劳作，联系紧密，部分村民农闲打工，农忙务农，但都有着较强的同质性。土地的流失使得一部分村民失去了相互联系的基础，企业进村使得一部分村民脱离了农民身份，逐渐脱离农业生产，投入精细分工的工厂车间工作，而进入车间工作的村民又有着劳动的差异。在企业的环境中，员工有着不同的性别、年龄、价值观、教育水平、职业技能，企业中分工的精细、薪酬的差距、人员的高度流动、管理的非人格化构成了复杂的异质性。企业的管理方式与传统乡土的血缘宗族秩序相对抗，形成了以业缘关系为纽带的交往模式。

阳村中在企业上班的村民与从事农业生产的村民有很大区别。在企业有固定工作的村民作息规律，按照排班的时间出勤，有固定的休息时间，能够在空闲时间灵活安排个人活动。仍旧从事农业生产的村民则需要依照农作物习性以及天气状况安排农事，农忙时需要及时照料作物，经常连续很多天都不能休息。农闲时却没有收入来源，大部分人选择在周边或外出打零工（多从事建筑业、运输业），可以自由支配的时间很少。因为共事时间减少、从事行业不同、生活方式转变，这两类村民间的共通点减少、个体差异增多，相互间的交往也变得更加淡薄。

生产方式的转变还造成了交往方式的转变。村中老年人的交往基本上没有变化，因为他们有固定的活动场所，有较多的空闲时间。村中年轻一辈的交流就更少了，一是因为电视、电脑的普及，许多青少年更愿意待在家中而不出门与人交流；二是青少年在不同的地区读书，相互间不熟悉，缺乏共同语言。这些为村级管理带来了新的内容与要求。

3. 子女教育变化

不管贫穷还是富有，阳村人对子女教育的态度趋于一致。阳村人对教育十分重视，教育费用在阳村居民的支出中占很大比重，无论高考考取的学校如何，只要孩子有学习的意愿和能力，家长都会继续供孩子上学。但随着企业进村给阳村带来的巨大的经济效益，部分农户收入水平提高，他们开始为下一代寻求更好的教育资源。于是许多有条件的村民选择将孩子送到韩城市区上学，或者在韩城市内购置房产，为将来搬进市区照顾孩子的学习和生活做准备，这使得不同年龄阶段的阳村村民分化明显。

为了说明收入对教育观念的影响，现补充两个案例，一个案例中村民收入较低，另一个案例中村民收入较高。

案例 2-6：杨某，男，59岁，初中学历，在村中经营养殖业，闲时打零工，年收入2万左右。陈某家中两个儿子都是大学生，均已毕业。大儿子在龙钢上班，二儿子家中待业。在两个儿子上学期间，杨某陆续通过银行助学贷款和向亲戚朋友借款筹集学费。尽管负债累累，但他仍然坚持让儿子读完大学。

案例 2 - 7：王某，男，38 岁，高中学历，主要从事煤炭运输和煤矿顶柱木的供应工作。妻子在 108 国道旁的工业园入口处经营招待所，父母在村中经营小卖部。家庭年收入约 10 万元。

王家儿女双全，女儿 11 岁，儿子 5 岁，两个孩子现在都在村中上学。王某已经在韩城市购买了商品房，目前正在装修。其妻子表示，再过两年儿子便达到小学入学年龄，到时就会搬入新家，女儿也会转入市区的初中。她本人有过在村中小学代课的经历，认为村内教育方法不科学，应试教育色彩重，不能激发孩子学习的主动性和创造力。而市区里的学校管理严格，教师素质较高，课外拓展活动多，有利于孩子的长远发展。

通过对比我们发现，收入状况不是决定教育观念的主要因素，关键还是在于家长对教育的态度和认识水平。但收入变化会影响村民获得稀缺教育资源的难易程度。在现在社会竞争激烈的背景下，良好的教育需要投入更多资金。市区学校的学宿费、生活费、教辅参考书和课外书费、特长兴趣班培训费、家教辅导费等等都是不小的开支。村里的高收入群体有支付这些费用的能力，他们就更加愿意将孩子送入市区学习以获得更强的竞争力。相比之下，低收入家庭的孩子在乡镇上学，所获的教育资源少、知识面更窄，在客观条件上就比高收入家庭的孩子差很多。当然，我们不排除学生自身学习能力的主观因素，但总体而言，在教育质量更好的环境下，学生成绩更好、升学的概率更高。

4. 态度分化，内部矛盾显现

在工厂建立之后，村民始终存在两种态度。一是支持建厂，这部分人多是工厂建立的直接受益人，包括土地被占用且补贴较高的村民、在厂工人、为工厂运输材料的司机以及其他一些受益者。这些人认为，工厂的到来使他们受益良多，通过在企业工作，自己生活水平得到了提高，因此将环境污染的影响忽略。这些人主要集中在 1～4 组，由于这 4 个组的土地多在国道以东，企业建厂使用了土地，因此这些农户有企业补偿的土地租金，在招工时享受企业的优惠政策。二是一部分人表示污染对村子造成的影响远大于收益。这些人更多在 5～7 组，他们认为环境污染使他们农作物减产甚至绝收，此外，工厂的污染和用水严重影响了他们的生活用水，并且受环境污染影响，阳村现有土地要退耕还林，这使他们不得不寻找新的收入来源，因此，建厂后的几年经常会出现村民上访的事件。对于前 4 个组的态度，5～7 组有许多村民表示不满，他们认为，在企业到来后逐渐富裕起来的村民参与赌博、生活奢侈，虽然这里存在一些夸张述说，但不可否认的是，原本和谐相处的村民在企业进入后，出现了明显的分化，这种分化可能会随着新建企业扩大招工而减少，也有可能随着过去的惯性继续扩大。

5. 生活变化

在饮水与房屋建造方面，工厂在生产过程中产生的废气与废水的排出在很大程度上影响着村民的生活。由于受空气污染的影响，阳村农作物大范围减产绝收，这使得部分农民不得不放弃土地，由于这些土地没有被占用，因此没有相应的租金，如果这些村民没有其他正式工作，他们往往很容易走向贫困。空气污染还影响着村民的生活，本村一些经济条件好的家庭多将自家的房屋完全封闭起来，即在院门内安道密封性较好的门，并通过装修将院子用玻璃罩起来，以避免空气污染，条件差的则将窗户用塑料薄膜密封，在屋门外安装门帘等避免粉尘进入屋内。此外，工厂用水量大，导致地下水水位下降，影响本地的用水。阳村在工厂建立后，重新开挖饮水用井，现在共有机井 5 口，其中 1～4 组各一口，5 组、6 组合用一口，7 组引山泉水做饮用水。

6. 产业结构不断升级，村民收入多样发展

阳村历来以农业生产为主，在 H 企业进入本村后，村民失去土地，不得已放弃农业生产，此外，其他组村民也逐渐进入企业工作而放弃农业生产，工资收入逐渐成为农户家庭的主要收入。在本地工业发展的基础上，村民围绕企业从事运输、餐饮、住宿、娱乐等行业，阳村规划建设的服务区，也计划主要由本村村民经营。因此，阳村在经历了十年前以农业为主的生产方式向以工业为主的生产方式转变之后，到现在开始由工业向服务业方向发展。而农业生产也会随着本村耕地完全丧失而消失。因此可以大胆预测，由于受企业的影响，阳村用十五年的时间改变了过去千年的生产方式，农业生产最终会在五年之后消失。

7. 阳村村民出现了身份与认同的改变

经济条件好转后，越来越多的村民选择在村外买房，近些年这种趋势更加明显，尤其是家中有未婚男子的家庭，多数希望通过在城市购房，以更加容易地寻找配偶，并希望将来能够在城市生活。对于已经在韩城市买房的村民来说，他们绝大多数已经不再从事农业劳动，而主要依靠工资或其他收入生活，因此，对于他们来讲，虽然仍然是农村户口，但更多的人已经不再认同其农民身份，而更多地认为自己是城市居民。此外，对于有中小学生的家庭来讲，他们也尽可能使自己的子女接受城市教育，并希望将来孩子能够在外工作，而非回家务农。虽然年长者仍然有着较重的乡土观念，但对于在外的年轻人来讲，他们更多地认为自己已不同于阳村的村民了。

第三节　村民对驻村企业的态度

一　村民支持企业在阳村的发展

在"您是否支持企业在阳村发展？"这一问题的回答上，有效

的176份问卷中，选择"支持"的有144人，占81.8%，选择"反对"的只有32人，只占18.2%。八成以上村民选择支持驻村企业在阳村发展。村民对驻村企业的态度，通过卡方检验（见表2-8）来看，检验值为2.06，显著性$p > 0.05$，未达到显著水平，因此A、B两组对于驻村企业的态度没有显著差别。

表2-8　不同组别村民对企业态度的卡方摘要

单位：%

村民态度		A组	B组	总计
支持	频数	100	44	144
	百分比	56.8	25.0	81.8
反对	频数	18	14	32
	百分比	10.2	8.0	18.2

卡方值＝2.06

通过以下案例，我们可以了解村民对于驻村企业的态度。

案例2-8　卜某，女，43岁，高中文化程度，阳村第7组村民，与丈夫在本村务农。卜某对村庄环境并不满意，认为村庄存在严重的空气污染、土壤退化和噪声污染等问题。她并不认为这些环境问题是国道边上的H企业的工业排放所造成。她说："H企业那边的煤烟并不会对我们这里造成太大影响，因为风大多时候向东吹，对下风口的村子才能造成污染。"因此，她并不排斥这些企业在村庄附近发展，只是企业远离第7组，导致他们"沾不上这些驻村企业的光"，她只获得每人每年50元的电费补贴。在企业中上班的大多是1～4组的人，她又已经超过了35岁（H企业女工人招收条件），因此无法从企业中获得半点利益。第7组附近的采石场给卜某的生活带来了极大困扰，"这个采石场炸山放炮，每次都跟地震一样，造成的粉尘导致空气污染使庄稼开花却不结果、减产"。对于采石场的态度，卜女士非常激进，她表示采石场真的是"有害无利"，"早就应该搬走"，但是采石场都是"有后台"的私人企业，村民无法使其搬走。

案例2-9：王某，男，60岁，阳村3组村民。在进入驻村企业工作之前，他一直在村委会负责绿化方面的工作。现在驻村企业中的固定工作能为他带来每个月3600元左右的稳定收入，此外，他还经营着苗木生意，家里的年收入最高能够达到7万多元。他认为驻村企业的生产产生的工业废气是村庄空气污染的主要原因，企业应该加强对环境的保护，向村民支付一定的环境污染方面的补偿。此外，位于村庄西侧的三处采石场更是扬尘四起，堵塞河道，造成粉尘污染和水质污染。政府应该加强对环境的保护工作，提高村庄环境质量，因为干净卫生的环境关系到身体健康，不能单方面盲目地追求经济效益。但是，他认为驻村企业虽然造成污染，在一定程度上给村庄居民造成了各方面的损失，企业带来的利益却要比损害多。在他看来，要不要支持驻村企业在当地发展是一种"权衡利弊"的结果。只要企业发展能够带动当地的经济，提高村民的收入水平，让村里的年轻人不用外出打工而直接在本村谋生，目前这种程度的污染是完全可接受的。"有舍才有得"——以牺牲村庄环境来换取村民一份"稳定"的工作，增加自己的收入，王某正是用这句话来概括了自己对村庄环境与企业发展所持有的态度。

以上两个案例表明，卜某这样从企业未获得任何利益的村民，对企业没有任何排斥态度，因为"风向东吹"，影响不到她这边的空气质量。驻村企业对她来说是"无害无利"，这使她并不反对驻村企业在本村发展。王某这一类村民从驻村企业获得较多的利益，而且其居住的区域受企业污染影响明显，但对他来说"利大于弊"的企业是应该被支持的。"利"和"弊"是决定村民态度的关键。两个典型案例对"有害无利"的采石场的排斥态度更证明了这一点。

对于驻村企业在阳村发展，有81.8%的村民表示支持。从表2-9来看，支持驻村企业发展的村民之中有86.9%的人认为驻村企业能够增加村民的家庭收入，51.9%的村民认为驻村企业增加了当地人的工作机会，使村民能够在本村就业，不用再去外地奔波、打工。正是因为驻村企业能够为村民带来这两种主要的"利益"，大多数村民选择容忍企业生产给村庄带来的污染，表示支持企业在本村发展。村民支持企业，是因为驻村企业为当地村民开辟了一条新的"活路"——企业不仅能够提供工作机会，通过占地补偿能够使部分村民有稳定的收入来源，同时还因为招工而大大增加了村庄周边的流动人口，为村民开展个体经营提供了市场。

表2-9　村民支持企业的动机（多项选择）

单位：%

支持原因	频数	百分比	个案百分比
家庭收入增加	139	51.1	86.9
村庄基础设施有所完善	26	9.6	16.3
村庄文化教育事业发展	17	6.3	10.6
增加工作机会	83	30.5	51.9
其他	7	2.6	4.4

在少量的（18.2%）反对企业在当地发展的村民当中，他们首要的原因是因为企业带来的"害"。如表2-10所示，村民反对企业的首要原因是企业生产"严重污染村庄生态环境"，比重达到了84.8%；其次是"个人健康受到影响"，比重为60.9%；"无法获得利益"这一项比重只有21.7%。可见，在反对者看来，从驻村企业得不到利益不是他们反对的主要原因，从驻村企业受"害"

才是他们反对的原因所在。

表 2 - 10　村民反对企业的原因（多项选择）

单位：%

反对原因	频数	百分比	个案百分比
严重污染村庄生态环境	39	35.1	84.8
个人健康受到影响	28	25.2	60.9
农作物污染减产绝收	14	12.6	30.4
影响个人日常生活	20	18.0	43.5
无法获得利益	10	9.0	21.7

村民对驻村企业的态度取决于利害权衡。有"利"是村民支持驻村企业的充分条件。企业对村民有利，或者利大于弊，他们就支持驻村企业在本村发展。而选择支持的村民并不一定都从企业获得了利益，其中也包括了既不获利也没有受损的群体。国道东侧企业给 1~4 组带来利益，因此环境虽然受污染，这几组村民还是选择支持。其他组村民未受企业带来的利益，因为"风向东吹"，不影响自己，企业对他们来说无害也无利，出于其他原因的考虑其也选择支持。反之，"害"则是村民反对驻村企业的充分必要条件。只要是有害，或者害处多于益处，村民必定反对企业在当地发展。反对企业发展的村民恰恰也都是因为它们给村民带来的"害"——污染。因此，村庄西北部的采石场因有害无利而遭到多数村民的反对。

除此之外，驻村企业的发展提高了村庄整体的生活质量也是村民支持企业的重要原因之一（见表 2 - 11）。

表 2 - 11　村民对驻村企业提高了村庄集体的生活质量的态度分布

单位：%

村民的态度	频数	百分比
非常同意	44	22.0

村民的态度	频数	百分比
同意	92	46.0
一般	43	21.5
不同意	13	6.5
非常不同意	5	2.5
缺失值	3	1.5
总计	200	100

案例 2-10：阳某，男，63 岁，高中文化程度，现居住在阳村 3 组，家庭年收入为 8 万元左右。阳某的儿子和儿媳均在 H 企业上班，至今工作已 8 年有余，阳某自己是一名清洁工，每月有 1200 元的工资。阳某家有 6 亩地，其中 3 亩被 H 企业占用，南面的 2 亩每年补助 4600 元，北面的 1 亩每年补助 1600 元。另有 2 亩地于今年（2014）被政府征来种树，每亩补助 1000 元。也就是说，阳某一家每年都可得到一笔稳定且可观的土地补助费，总共约 12800 元。家中剩余的 1 亩地离家较远，阳某种植了核桃，平时由妻子打理，每年收入 1 万元左右。就支出而言，除了孙子每年上学需要一笔费用外，其他的日常支出不多，每年可以存下相当可观的一笔钱。阳某说自从 H 企业入驻阳村以来，别的不说，自己家的经济状况较之前改善了很多，在村里已经算是小康家庭。首先是儿子和儿媳都有了稳定的工作，每月有固定的收入；其次每年 3 亩土地的补助也很可观，而且阳某自 60 岁之后每年重阳节可以收到 H 企业 400 元的慰问金，随着年龄增长，慰问金的数额也会增加，钱虽然不多，但增加了自己的幸福感和对企业的认同度，所以即使每天工作辛苦，阳某也总是乐呵呵的。他问我们有没有看到阳村的新变化，说今年年初，H 企业筹集资

金和人力集中为村里的每家每户免费粉刷墙壁，白色的墙壁使得整个村庄焕然一新。

二　村民对企业带来的环境问题的态度

众多民营企业的入驻，带动了阳村经济的发展，提高了当地人的生活水平，但也不可避免地造成了一些环境污染问题。多年来，环境污染问题一直是村民对驻村企业最为关注的问题之一。

（一）阳村的环境现状

由于 H 企业的性质，焦化生产以洗精煤为主要原料，经过焦炉高温干馏和相关的化工过程处理后，生产出不同粒度的焦炭、煤气和多种化学产品。煤高温干馏时生成大量的稠环化合物可使人致癌，其中 3，4 - 苯并芘（$C_{20}H_{12}$）是公认的强致癌物质。国际公认的癌症高发地区的癌症发病率为十万分之五，而焦化厂的癌症发病率为十万分之一六七至二二七。其中最严重的是沥青焦炉工人，癌症发病率高达十万分之五六零。在各种癌症中以肺癌最多。中国现已确定焦炉工人肺癌为职业病。H 企业在企业经济利益和企业社会责任的博弈权衡过程中，更偏重于追求经济利益，所以造成近年来阳村村民身体健康状况变差、癌症发病率提高等一系列负面效应，使得村民在享受高经济收益的同时不得不重新审视企业给自己带来的负面影响。出于健康考虑，很多人都选择另谋出路，不再以身体健康为代价换取经济收益。

H 企业在其可观的经济收益背后不可避免地会带来资源的消耗和环境的污染，煤炭资源作为其主要的生产原料，是不可再生的，在以后的发展过程中必定会面临资源减少的问题，企业必须发展一种遵循科学发展观、节约资源、综合利用的循环经济模式，在节约资源的基础上发展经济。作为一个化工企业，从原料到产品，从生产到使用，都有造成环境污染的因素。企业排放出来的废弃物没有"变废为宝",阳村的空气污染、水质污染、噪声污染和固体废弃物污染都很严重,给阳村村民的正常生产生活带来了诸多不便,严重威胁他们的身心健康。虽然近几年来这些企业逐渐意识到自己的发展给当地村民带来了消极影响,采取了一些措施控制污染源,选择合理的生产流程和设备,对废弃物进行妥善处理、回收利用,每年拿出6000万进行水的生化处理。作为阳村的村民,在近些年也感受到了村中的环境有所改善,但是环境依旧比较恶劣。除了H企业带来的污染之外,2012年入驻阳村的三家采石场对阳村的污染影响也很大,这三家采石场属于小采石场,均为私营或个体经营,规模不大,开采方式既有人工开采,也有半机械化开采。采石场的开采过程中,可以看到很多不合理的情况,同一开采面的采石场允许多家开采,少则两家,多则有五六家。由于相当一部分经营者素质不高,所聘用的从业人员中基本上没有工程技术人员或经过专门培训的专业人员,违法违规经营和生产,安全生产和劳动保护措施很差。按照现行的安全生产法律、法规及部门规章的规定,安全生产执法主体为县级以上政府及相关部门,乡镇政府只能从事一般检查工作,无法对采石场和其他乡镇企业进行安全生产执法查处,这造成了采石场安全生产监管上的漏洞。由于其不合理的开采过程,最终将导致植被破坏、土地裸露、水土流失、生态环境恶化、自然景观受到破坏等一系列严重的生态环境问题。具体来说,采石场对阳村的污染主要表现在粉尘污染和噪声污染。首先是粉尘污染,阳村7组在采石场的下风口,每天都不可避免地受到采石场的污染,这几家采石场只在晚上开采,所以每天早上村民的庭院都会落一层厚厚的白灰,即使当天打扫干净,第二天依旧如此,以前大家经常在院子里晒衣服、花椒和特制的馍,但是现在根本不可能,衣服越晒越脏也就算了,花椒和馍晒了根本不能吃,每个人都有苦难言。除此之外,采石场的粉尘污染还严重影响到村里的植被和农作物。以前7

组被一片绿色环绕，是居住的理想场所，现在却是一片"灰蒙蒙"，空气中浮动着灰，树叶上一层灰，路上也是灰，过去青山环绕的景象渐行渐远。

案例 2－11：李某，男，48 岁，初中文化程度，现居住在阳村 7 组，家庭年收入 4 万元左右，其中绝大部分是种植花椒所得的收入，包括种植和销售花椒树苗和花椒。在李某看来，自 2003 年 11 月 H 企业入驻阳村以后，对于村庄而言弊大于利。李某 2008～2013 年曾在 H 企业工作，后因受不了 H 企业恶劣的生产环境，身体健康受到了严重威胁而辞职。李某认为 H 企业的污染问题虽然在今年（2014）年初有所治理，但只是害怕群众闹事的"样子工程"，没有起到实质性的作用，阳村的污染依旧严重。由于李某居住在 7 组，于他而言对自己污染最严重的不是 H 企业，而是那三家采石场。除了粉尘污染和噪声污染外，更重要的是其对土地植被的污染。李某家共有 5 亩地，2 亩地 2014 年被政府征用作"北林工程"，每亩补助 1200 元，用李某的话说是"花钱买生态"。1 亩地种植其他作物，还有 2 亩用来种植花椒，1 亩是花椒苗，一眼望过去整整齐齐，大概有 2 万～3 万株，最高的时候每株可卖到 3 元，最低的时候每株只有 0.2 元；另外 1 亩是已成形的花椒树，用于生产花椒，在采石场入驻之前，每亩产量 200～300 斤，采石场入驻之后产量下降到 150～180 斤，下降幅度在 50～120 斤之间。花椒每斤 20～30 元，今年（2014）最高价达每斤 40 元，按往年来算，李某的经济损失在 1000～4000 元。李某还说，采石场的污染直接影响到花椒的光合作用，不仅使花椒减产，而且使得本村的花椒颜色、质量远不如别村的好，所以价钱也比别村的低 3～5 元，这直接导致李某家的收入比起同样种植花椒的种植户来说更低。除此之外，采石场将废

石、废渣未经有关部门允许直接排到河道，这种做法不仅使
得河床升高，而且污染了水源，堵住了河坝，严重威胁当地居
民的生活安全，所以李某认为应该直接关闭采石场，而不是改
造。李某也曾参与抵制采石场开采的队伍，然而几次都无功而
返，他们甚至曾经打电话至环保部、地方环保局，但都没有什
么实质性的作用，采石场总是在短暂的休工之后继续开采。直
到今年（2014）年初，采石场给部分村民每人150元作为污
染补偿，但李某认为这是"封口费"，所以并未接受，这并不
能抵消污染给自己身心带来的伤害。

（二）村庄环境质量使村民不满

关于村民对于目前的村庄环境质量是否满意，如表2-12所
示，在受访的200名村民中，仅有3人对于村庄的环境质量十分满
意，占样本总量的1.5%，47人对环境质量感到满意，占样本总量
的23.5%。而对于村庄环境质量不满意或者非常不满意的人数为
101人，占样本总量的50.5%，其中18.5%的村民对于村庄环境
质量表示非常不满意。另外，有24.5%的村民认为村庄环境质量
一般。总体来说，村民对于村庄环境质量的满意度不高，约一半
的村民对于村庄的环境质量感到不满意，这远远高于对村庄环境
质量感到满意的村民，村庄的环境污染已经明显影响到了村庄环
境质量，改善生活环境是村民紧迫的利益诉求。

表2-12　村民对村庄环境质量的满意程度分布

单位：%

满意程度	频数	百分比
非常满意	3	1.5
满意	47	23.5
一般	49	24.5
不满意	64	32.0

满意程度	频数	百分比
非常不满意	37	18.5
总计	200	100

对于村民是否认为村庄存在环境污染的问题，结果很明显，如表2-13的数据所示，有177人认为村庄存在环境污染问题，占样本总量的88.5%，仅有15人认为村庄不存在环境污染问题，7人不清楚。也就是说，绝大多数村民认为村庄是存在环境污染问题的，且环境污染问题较为严重。但仍然有少部分村民对这一问题不关心或表示没有污染，这一结果与当前中国农村大量留守老人独居的状况密切相关，部分留守老人因为年纪大而不关心外界事物。受访者认为，当前阳村的环境污染问题主要表现为空气污染、水质污染、噪声污染和土壤退化，其中，空气污染被认为是最为严重的污染问题。如表2-14所示，在受访的200名村民中，有90.0%的人认为村庄存在空气污染问题，51.0%的人认为存在水质污染问题，42.5%的人认为存在噪声污染问题，32.5%的人认为存在土壤退化问题。而选择家禽粪便污染和固体废弃物污染的人仅占21.0%。这是因为，村庄中饲养家禽的村民较少，少量家禽所产生的粪便可完全用于农业肥料。而驻村企业中加工煤炭和钢铁等材料的企业占多数，因此产生的工业废弃物也主要表现为废气、废水和噪声，与之相应的污染问题也较为严重。下面两个案例也可以说明这一问题。

表2-13　村民对村中是否存在环境污染问题的认识

单位：%

村民的认识	频数	百分比
存在	177	88.5
不存在	15	7.5

村民的认识	频数	百分比
不清楚	7	3.5
缺失值	1	0.5
总计	200	100

表 2 - 14　村民认为村庄环境污染问题主要表现的方面

单位：%

污染项目	频数	百分比
空气污染	180	90.0
水质污染	102	51.0
土壤退化	65	32.5
噪声污染	85	42.5
固体废弃物污染	36	18.0
家禽粪便污染	6	3.0
其他	4	2.0

案例 2 - 12：薛某，男，48 岁，初中文化程度，居住于阳村 3 组。他告诉我们，阳村的水质现在很差，越来越多的人已经开始意识到这个问题，买净水器的人越来越多。薛某把净水器卖给客户的时候，会先用 TDS（Total Dissolved Solids）笔测量客户家中饮用水中的 TDS 值，即 1 升水中溶有多少毫克溶解性固体。经过测量，阳村的饮用水的 TDS 值为 480 左右，这与正常值 100 以下相比，足足高出 5 倍左右，不得不让人担心。卖出的净水器，薛某还会定期去用户家中帮忙换净水芯，一个芯用两三个月就会变成黑色，可见水污染之严重。

案例 2 - 13：陈某，男，52 岁，居住于阳村 7 组。他认为采石场虽然仅仅开办了一年，但是对村民生产生活造成的影响是十分巨大的。首先是噪声污染。陈某说，采石场的建立没有征求村民的意见，和村委会商量好了就开始动工了。采石场一般都在夜晚开采、粉碎石料，因为这个时候没人能看见他们到底是怎么工作的，以及粉尘有多大。也正因为如此，村民晚上没法好好休息，时不时就会被噪声吵醒，有的时候采石场下午也工作，于是下午、晚上就一直很吵。除了噪声污染，采石场所产生的粉尘带来的污染也十分严重。陈某说，以前家里的院子扫一次可以保持几天，可是现在如果两天不扫院子就会有厚厚的一层灰。以前村里的人都会晒一些馍，现在根本晒不了，馍还没晒干就会落满灰而没法吃。更让村民苦恼的是，洗过的衣服晾干了也还是一层灰，村民都不敢把衣服晾晒在自家院子里，晚上睡觉也只能紧闭门窗。陈某还带我们去了他家的菜地，并告诉我们，因为植物常年被粉尘覆盖，照射不到阳光，生长的状况大不如前，路边的一些沙枣甚至因为粉尘覆盖而死亡。村民种植的花椒，以前到了成熟季节都是红彤彤的，挂满枝头，而现在不仅减产，成色也偏黑色，价格更是从以前的40元左右一斤下跌到10元左右一斤。很多消费者认为村里种植的花椒被污染了，不健康。

（三）企业的工业排放是最主要的污染源

通过上述分析我们不难看出，总体上，村民对于村庄环境质量是不满意的，他们认为村庄存在环境污染问题，且主要表现为空气污染、水质污染、噪声污染和土壤退化。对于污染产生的原因，几乎所有的村民都认为驻村企业环保意识淡薄，不恰当的工业排放是造成污染的主要原因，如表2-15所示，181人认为企业的工业排放是造成污染的主要原因，其他原因被选的不多。村民表示，驻村企业占用了村民较大一部分土地，剩下的土地大多响应国家号召退耕还林了，村庄中土地仍由村民耕种的只占很小一部分，农药的使用量自然也可忽略不计。而且在政府的支持下，目前村庄中的生活垃圾每天都会有专门的清洁人员进行清理，绿化也做得不错，生活垃圾、植被减少和政府对环保的重视程度都不是村庄环境污染产生的原因。

表2-15　村民认为村庄环境污染产生的主要原因（多项选择）

单位：%

	频数	百分比
企业环保意识淡薄，工业排放	181	90.5
村民环保意识淡薄，生活垃圾	18	9.0
农业生产使用大量化学药品	9	4.5
植被减少，人口膨胀	10	5.0
政府对环境保护不重视	19	9.5
其他	3	1.5

一方面，驻村企业的发展毫无疑问带动了整个村庄的发展，为大量村民提供了就业岗位，但是由于生产技术、污染防治措施不足等原因，企业生产造成的环境污染问题也不可避免。但是从另一方面看，村庄环境是村民赖以生存的基础，环境的恶化不仅会对村民目前的生产生活造成一定的影响，甚至会影响到村庄未来的发展。因此，发展经济与保护环境之间就会产生一定的不平衡。如表2-16所示，50.0%的村民认为保护环境与发展经济都是十分重要的，应该在两者之间找到平衡点，村民需要的是物质生活富裕、环境质量好的生活。40.5%的村民认为保护环境比发展经济更为重要，他们认为阳村目前的环境已经不容乐观，应该立即采取措施改善环境质量，然后再发展经济，一味追求经济的发展将会超过环境的承载限度。仅有8.5%的受访村民认为发展经济、提高生活水平比保护环境更为重要。这一结果表明，阳村经过多年的发展，大部分村民的生活水平都得到了提高，物质生活得到满足的村民开始考虑环境问题，但是仍然存在部分村民生活水平较低，希望发展

经济，提高生活水平，将环境保护放在次要位置。

表 2-16　村民认为村庄经济发展与环境保护哪个更重要

单位：%

	频数	百分比
发展经济，提高生活水平	17	8.5
保护环境，关系身体健康	81	40.5
二者并重，缓慢发展	100	50.0
缺失值	2	1.0
总计	200	100

　　通过对上述数据的分析，我们不难发现，村民对于村庄的环境污染问题已经有了一个较为清晰的认识。村民认为，驻村企业的发展对村庄环境造成了一定的污染，影响村民的生产生活。村民希望能够对村庄的环境进行治理，但是如何治理是一大难题。驻村企业是村民经济收入的主要来源，没有企业大量村民会失业，因此必须找到发展企业和改善环境的平衡点。在治理污染、改善环境的过程中，政府应该发挥主导作用，因为通过政府的监管才能确保企业污染防治工作的效果，而村民的力量有限且需要有主心骨才能团结起来，在这里，政府是合适的选择。当然，意识到问题的严重性还远远不够，如何改善村庄环境质量、保障村民的利益，还有很长的路要走。当代中国，农村地区正在经历由传统农业向现代工业过渡的阶段，工业的发展是城市化进程中十分重要的一环。实践证明，驻村企业在阳村的发展，使得村庄整体的经济发展水平有了很大的提升。但是经历了十多年的发展，环境问题开始变得突出，村民逐渐意识到保护环境的重要性。在很多国家和地区的发展史中，都有牺牲环境发展经济的例子，这些例子都证明，先污染后治理不仅会花费更多的资金，也将需要更长的时间、更多的努力修复环境。所以，在今天，阳村人不得不考虑发展经济与保护环境两

者的平衡，由于污染较为严重，许多村民已经意识到两者同等重要，或者认为当前治理环境才是首要任务，这说明村民的环保意识已经形成，希望能够在发展经济的同时保护环境，从经济发展之初解决好环境问题，为未来的可持续发展奠定基础。

三 村民对企业环境治理责任的看法

（一） 企业责任的界定

企业社会责任，是时下社会比较流行的词，经济学、管理学和社会学都在研究企业社会责任，只是关注的角度不同。不同的学者给企业社会责任下不同的定义。作为企业社会责任概念的创始人，Oliver Sheldon 把公司社会责任与公司经营者满足企业内外各种人类需要的责任联系起来，并把道德因素包含在内。他认为"公司的经营战略对社区提供的服务有利于增进社区利益，社区利益作为一种衡量尺度，远远高于公司的盈利"（Oliver Sheldon，2009：74）。宁向东、吴晓亮（2006）认为，企业社会责任（Corporate Social Responsibility，CSR）是指企业在创造利润、对股东利益负责的同时，还要承担起对企业利益相关者的责任，保护其权益，以获得在经济、社会、环境等多个领域的可持续发展能力。

关于企业社会责任的研究近些年才兴起，学者主要研究跨国企业或者城市企业的社会责任，这些企业为经济发展做出了重大贡献，同时也带来了严重的环境污染、生态破坏、资源浪费、员工利益受侵犯等诸多问题。这些问题开始引起人们对企业社会责任的思考。张典强（2009）通过对济宁市煤炭企业社会责任的研究，实现社会责任前沿理论与煤炭企业的结合，进而督促济宁市煤炭企业在追求经济利益的同时，坚持以人为本，将社会责任融入企业的管理体系和文化体系之中。近年来国家政策指出要统筹城乡发展、工业反哺农业、逐步实现城乡一体化，增强农村发展活力，逐步缩小城乡差距，促进城乡共同繁荣。在此政策下，众多的企业在乡村建厂，企业与乡村的发展存在直接的关系。如何督促企业更好地践行社会责任，推动新农村建设，让企业与乡村实现双赢，引起了学者的关注。汪凤桂、欧晓明（2013）以东进农牧有限公司的企业社会责任实践即村庄建设为例，运用从身份认知到行为模式的分析框架解释了东进农牧村庄的建设行为，作为农业产业化国家重点龙头企业，该企业十多年的发展始终与村庄建设联系在一起，坚持以村庄建设促进企业发展、以企业发展带动村庄转型的发展思路，既为企业发展创造了良好的声誉评价环境，也促进了当地经济社会的发展。在工业化和城市化的背景下，失地农民问题成为社会发展中无法回避的现实问题，刘燕丽、刘冬文、刘佳等（2008）系统调查了日照市开发区发展的情况，分析了失地农民的困难处境，并对存在于失地农民、村级社区、企业和当地政府之间的互动关系进行了研究，最后提出，发挥企业社会责任感是帮助失地社区发展的重要途径。在我国新农村建设中，乡镇企业为乡村建设做出了巨大贡献，乡镇企业社会责任的履行情况也引起人们的关注。余飞（2010）认为，乡镇企业能否完好地履行社会责任，将在一定程度上影响到新农村建设能否顺利进行以及取得怎样的成就，梳理出促使乡镇企业更好地履行社会责任的思路，在新农村建设中发挥自己的作用，完成社会赋予的使命。周祎（2011）对农村社区建设中的企业社会责任进行了个案研究，论述了目前社区建设中企业履行社会责任的过程中所存在的问题，认为企业社会责任的履行有利于促进农村经济的发展、推进农村社区的建设、增加农民收入、促进农村社区成员生活宽裕；有助于建立城镇公共服务体系，较好地恢复和优化农村的自然环境；逐步提高农民认识，培育社会主义新型农民；等等。目前学术界关于民营企业践行社会责任对乡村发展的影响的方面研究还比较少，民营企业作为重要的市场主体之一，有其运行机制，在自身发展的同时，能否履行企业社会责任，如何更好地履行社会责任等，诸如此类问题解决得好坏对新农村建设和民营企业自身的发展具有重大的战略意义。

（二）村民眼中的企业责任

总体而言，阳村村民对企业责任的态度因为自身利益呈现不同的看法。如表 2 – 17 所示，有 92.5% 的村民认为驻村企业应该对村庄环境负责，53.5% 的村民认为驻村企业存在胡乱排放工业废弃物的现象，这说明阳村大多数村民认为本村的环境问题是由企业造成的，而且这些企业理应对村庄环境问题负责。只有 42.5% 的村民认为驻村企业开展过保护环境工作，虽然我们在调查中了解到企业开展过环境保护工作，但是明显多数村民并不认可这些工作，这说明企业的环境保护工作开展得并不彻底，没有发挥实质性的作用，村庄的环境污染问题依然是村民的心头大患，虽然村民的生活质量得到提高，但村民更关心健康问题。

表 2 – 17 村民对驻村企业的态度

单位：%

项目		频数	百分比
驻村企业应该对村庄环境负责吗？	是	185	92.5
	否	1	0.5
驻村企业有胡乱排放工业废弃物的现象吗？	是	107	53.5
	否	36	18.0
驻村企业是否开展过保护环境的工作？	是	85	42.5
	否	61	30.5

之所以出现这种现象，主要是因为企业与村民的利益挂钩，利益分化直接导致村民对企业的态度不一样。利益分化的过程主要是指由于社会结构性的变革而使具有相对独立利益的利益主体之间不断分化、组合，以及各利益主体因利益实现渠道和实现程度不同而引起利益差别的过程（杜胜利，2008）。对驻村企业社会

责任承担情况持肯定态度的一般是 H 企业的员工或者土地被占补偿高的村民，是企业发展的直接或间接受益者，由于赖以为生的耕地被占用，他们不得不依赖于非农收入，比如土地租金、工资性收入等，他们对企业的依赖程度不亚于以前对土地的依赖程度，维持生计方式的转变，使农民对乡镇企业的依赖性增强，其与乡镇企业是一损俱损、一荣俱荣的关系（宋晓丹，2012）。再者，因为他们长期在企业内部工作，所以可能对企业在社会责任承担方面的措施政策更加了解，知道企业在这方面的所作所为。所以在他们的观念中，企业的经济责任承担重于企业社会责任的承担，这是他们不得不做出的选择。而对企业社会责任承担持否定态度的村民一般为没有在占地补偿中受益的村民以及没有在 H 企业有正式工作的村民，他们作为纯粹的受害者，不仅没有受益于企业的发展，还要为企业的污染付出无偿的代价；不仅自身健康受到威胁，自己的庄稼也因为污染受到影响，经济利益受损不说，还与其他村民逐渐拉开收入差距。村民会以周围的村民作为参照群体，在比较中得出自己的生活水平是否较高，如果高的话则满意，反之则产生一种相对剥夺感，即人们通过与参照群体的比较而产生的一种自身利益被其他群体剥夺的内心感受（Ted Gurr，1968）。普遍的非均衡格局则会共生化为一种群体心理状态，并在长期积聚下转化为对社会现实普遍的不满情绪（金太军、张振波，2014）。当然，这其中不乏一些村民是客观公正地来评判企业社会责任的承担情况的，他们肯定 H 企业在企业社会责任承担中的积极有益行为，但是也为村庄的污染问题担心，更多人否定三家采石场，认为它们基本没有承担任何企业社会责任，反而给村庄带来很多问题。

社会期望企业对社会产生有利的而不是有害的影响。具体地说，社会期望企业提供对社会有利的有竞争力的产品和服务，并在提供这种产品和服务的过程中不对社会造成有害的影响，退一步说，这种有害的影响即使有，也必须远远小于有利的影响（周祖城，2005）。阳村村民作为特殊的失地农民，他们不得不依赖于企业的发展，所以他们不希望驻村企业搬迁转移，但同时他们更希望驻村企业更好地承担企业社会责任，尤其在环境保护方面，使得阳村可以在青山绿水下实现经济发展。

面对目前的村庄环境状况，绝大部分村民已经意识到了环境污染问题的严重性，认为村庄环境需要治理。如表 2－18 所示，47.0% 的受访村民认为村庄环境的治理迫在眉睫，环境污染问题已经十分严重地影响了他们的生活。42.5% 的受访村民认为污染已经对其生活造成了一定影响，需要进行治理。认为不需要治理或者不关心这一问题的村民仅占样本总量的 10.0%。绝大多数的村民认为空气污染、水质污染、噪声污染等问题已经对他们的生活造成了一定的影响，这是目前他们可以看到的问题，而这些环境污染问题对于人体健康以及下一代的生存与发展将产生多大的影响目前尚不能确定，但是绝对是不好的影响。村民反映，村庄的空气质量和饮用水质量已经明显下降，部分地区的地下水也受到了污染，村中患病的村民人数不仅增多而且年龄也有所提前，青少年的身体素质下降，这让村民不得不将这些问题与环境污染联系起来，因此治理环境污染问题也就显得更为迫切。

表 2－18　村民对当前村庄环境是否需要治理的认识

单位：%

项目	频数	百分比
非常需要，环境问题严重影响生活	94	47.0
需要，污染对生活造成影响	85	42.5
无所谓，个人不关心	7	3.5
不需要，污染未影响生活	13	6.5
缺失值	1	0.5
总计	200	100

治理村庄的环境污染问题，需要多方的努力，但也需要一个主体起到统筹全局的作用。在村民看来，工业排放虽然是污染产生的主要原因，但是企业的首要目标就是盈利，它永远都会把企业利益放在最前，要求企业主导污染的治理势必存在一定的局限性。而政府应该是人民群众利益的代表，且只有依靠政府权威才能号召更多的人参与治理，将各项措施贯彻落实。如表2－19中数据所示，58.5%的村民认为村庄环境治理工作应该由政府主导，而认为应该由企业主导的村民仅占样本的18.5%，这一比例稍低于三者合力治理。另外，村民认为村庄中的各家各户都有各自的利益，依靠某一个或一些村民的号召力是很有限的，若由村民主导，那么村庄环境治理目标将难以实现，因此认为应该由村民主导的受访者仅占样本的2.5%。

表2－19 村民对村庄环境污染治理主体的选择

单位：%

治理主体	频数	百分比
村民主导	5	2.5
政府主导	117	58.5
企业主导	37	18.5
三者合力治理	39	19.5
缺失值	2	1.0
总计	200	100

对于治理措施这一问题，村民认为只要将污染从源头上控制就可有效减少污染，也就是说如果能让企业在生产中做好污染防治工作，将利润中的一部分用来投资建设工业污水处理站、固体废弃物回收利用等项目，最大可能地利用资源，减少对环境的污染，那么就能从源头上有效控制污染，环境治理的工作量也将大大减少。政府要加大宣传和监管、加强治理力度，严格监督企业

的排污以及环境责任的承担，对于违规排污造成环境污染的企业进行处罚。如表2-20所示，工厂减轻对环境的污染是超过一半受访村民的选择，政府的作用则是其次。在这里，个人的力量被认为是十分有限的，村民认为依靠个人无法解决环境污染问题。

表2-20 村民认为改善村庄环境质量的方法

单位：%

改善方法	频数	百分比
工厂减轻对环境的污染	137	68.5
政府加大宣传和监管、治理力度	47	23.5
个人加强修养，提高环保意识	4	2.0
扩大植被覆盖率	6	3.0
其他	4	2.0
缺失值	2	1.0
总计	200	100

（三）企业履行社会责任的缺失与解决对策

从总体上看，驻村民营企业在阳村的新农村建设中发挥了不可忽视的作用，企业积极承担社会责任的行为让村民乃至整个村庄受益，加快了阳村的新农村建设。但是，企业在承担社会责任的过程中还存在不足之处。

1. 企业承担社会责任时的缺失之处

（1）环境污染问题

发展化工产业，拉动当地经济跨越式发展的同时，必然会造成环境的污染，从原料到产品，从生产到使用，每一环节都有造成环境污染的因素。企业排放出来的废水、废气、废渣，即化工"三废"普遍存在。阳村的村民一边享受他们富裕的生活，一边抱怨环境的污染。环境污染当然还有一个重要的原因就是政府一味地强调发展是硬道理，由此在保护环境和发展经济之间宁可被毒死也不要被饿死成为政府官员们心照不宣的法则（刘清芝，2011）。进村时便可发现村子里漫天的灰尘，夜晚企业会向外排放废气，整个空气中弥漫着一股刺鼻的气味，企业还会向外排放工业废水，这些已经影响到村民正常的生产生活。污染导致距离企业较近的土地土质发生变化，严重影响到花椒的质量和产量，花椒的品质从优良变得较差，市场收购价格降低甚至无人收购，村民的收入也随之减少。更有被严重污染的土地已经不能种植经济作物和粮食作物，农民无奈将土地撂荒，没有了务农收入。此外，村中个别村民患上甲亢，更有甚者出现新生儿死亡的现象。可见污染问题已经相当严重，企业必须采取措施解决。

（2）就业问题

企业在发展中吸纳了众多的劳动力，解决了村中大部分家庭的生计问题，进厂务工的村民多为被占地小组的村民，土地没有被占用的小组村民要想进厂工作还是比较困难的，有时需要靠关系进入企业工作。部分村民反映，企业的录用标准并不像外界想象的那么公平，在很大程度上是靠熟人、拉关系。企业需提供更多的岗位，使福利惠及更多的村民，否则会拉大阳村村民的贫富差距，不利于实现共同富裕，这是企业在承担社会责任中应当注意和改善的。

2. 深化企业社会责任承担的对策

鉴于阳村的现实情况，笔者从企业转变发展观念、培养企业文化、政府鼓励监督企业三个方面提出解决策略。

（1）企业坚持走可持续发展道路

企业承担保护生态环境的社会责任是企业得以生存的基础，企业应当树立科学发展观，坚持可持续发展战略，以"以人为本、服务社会"为企业宗旨，摒弃"发展"即经济增长和只顾眼前利益的错误思想。应当用正确的思想指导自己践行社会责任。关于环境保护问题，多数企业采取的是迁移复制的模式，即这个地方不让生产就换另一个生产地，这样的模式是不能从根本上解决问题的。企业应当转变思维，积极引进环保技术，将环保作为第一要务，控制污染源，选择环保的工艺流程和有效的生产设备，加强企业的管理。对已经产生的污染必须积极治理，让村民可以看到蓝天，使人与自然和谐相处。在思想上认识到企业社会责任的重要性，然后转变发展的思维和经济发展模式，走资源节约型和环境友好型道路，这样企业不但可提高核心竞争力，又践行了社会责任，服务新农村建设，使企业更健康地发展。

（2）企业积极引导村民就业

针对就业问题，帮助村民充分就业以获得足够的经济收入是企业践行社会责任的一项任务。鉴于"提供就业岗位"和"同意征地"成为企业和失地农民的合约，所以应当把重点放在促进就业上，而不是公平上。企业应当积极鼓励扶持村民自主创业，为其提供资源上的支持。聘请专家对其进行创业训练，提供资源，举办创业大赛，支持村民的创业计划，助其自助，为有志的村民搭建孵化的平台。企业可以为村民提供技能培训，使村民拥有一技之长并协助政府与企业达成协议，给有技术的村民和各个企业搭建人才桥梁，为其输送合格的技能型人才，达到企业和村民的双赢。企业拥有丰富的社会资源，可以为当地政府提供意见建议，协助当地政府创办工业园区，引进更多无污染的企业，并提供相关的支持，这样就可以为村民提供更多的就业岗位。

（3）竭力构建企业责任文化

要落实企业社会责任，构建企业责任文化是根本途径，因为外部的规制虽然很重要，如法律法规的约束、相关政策及评价与激励机制的引导，但是，要真正实现由外在约束到自愿担负的转变，关键是要在企业内部构建一种能够充分承载社会责任，并能将这种责任内化为企业人日常行为的文化（刘清芝，2011）。正如马克斯·韦伯提出的命题，在任何一项事业背后必然存在一种无形的精神力量，责任感是资本主义文化的根本基础（韦伯，2002：189）。企业文化是推动企业承担社会责任的重要因素。企业当坚持"以人为本"，注重对决策者和管理者的价值理念的提升，提升企业的凝聚力和向心力，把企业员工和村民团结在一起，积极培育强化每个人的社会责任感，创造良好的企业文化环境。使企业管理人员时刻记住社会责任，并指导其实践活动。培育企业的人文关怀，坚持"进步与您同步"的理念，帮助村民就业，为村民提供后备支援，增强村民的自信心，促进企业、农村、村民三者和谐发展、共同进步。企业认真贯彻科学发展观，就要重视人和文化在企业发展中的作用，企业内部社会责任文化的建设是企业践行社会责任的重要途径和保障。

（4）政府监督企业落实社会责任

政府要鼓励企业积极承担社会责任，参与新农村建设，为我国统筹城乡发展、实现城乡一体化建设出力。企业践行社会责任的外部监督是必不可少的。比如环境问题，首先，国家必须转变经济发展模式，制定相关的法律法规保护农村这片净土，积极帮助、引导企业转型，为企业升级提供相关技术和一定的政策支持，监督其保护环境，履行环保义务；其次，社会应当重视环境保护，监督企业是否践行社会责任，对企业行为做出正确的判断；最后，企业推动了本村的经济发展，村民作为本村经济发展的受益人应当主动协助企业保护环境、治理污染，与企业一起践行社会责任，为本村和企业的健康发展贡献自己的力量。

总之，民营企业若能扮演好自己的社会角色，在追求经济利益的同时积极履行作为重要的市场主体的义务，将有助于推动社会主义新农村建设。

第四节　村民的居住意愿

一　村民对村庄居住环境的满意度

众多重工业企业的入驻，在拉动当地经济跨越式发展的同时，也不可避免地造成了严重的环境污染，部分阳村村民因环境所迫已搬离阳村去韩城市居住。如表 2 – 21 所示，在受访的 200 名村民中，9 名村民表示对于村庄的居住环境感到十分满意，占样本总量的 4.5%；66 名村民表示对于居住环境质量感到满意，占样本总量的 33.0%；对村庄的居住环境感到不满意或者非常不满意的村民人数为 59 人，占样本总量的 29.5%；15.5% 的村民对于村庄环境质量表示非常不满意；另外，有 33.0% 的村民认为村庄环境质量一般。总体来说，村民对于村庄居住环境持满意态度。大多数村民表示，虽然村庄环境质量不太好，环境受到了一定的污染，但是他们对于自己的居住环境仍然比较满意。

表 2 – 21　村民对村庄居住环境的态度

单位：%

满意程度	频数	百分比
非常满意	9	4.5
满意	66	33.0
一般	66	33.0
不满意	28	14.0
非常不满意	31	15.5
总计	200	100

二　村民没有想过搬离此地

如表 2 – 22 所示，基于目前村庄的环境条件，在忽略其他限制的情况下仍有 51 人表示不想搬离村庄，占样本总量的 25.5%。部分村民表示，这里是他们的"根"，是他们世代生长的地方，所以他们绝对不会搬离此地；还有部分村民表示，重工业入驻当地已有 11 年，虽然造成了比较严重的环境污染，但是他们已经习惯了在此地居住，不想搬离此地。此外，76 名村民表示没有想过搬离此地，这些村民占样本总量的 38.0%。这些村民表示，大量化工企业的入驻带动了阳村经济的迅速发展，他们的生活也得到显著提升，他们认为企业的入驻给他们带来了利益，所以根本没有搬离此地的想法。剩下的 73 名村民表示，此地条件恶劣，希望搬离，占样本总量的 36.5%。这些村民对于阳村的环境质量持不满意态度，并表示村庄的环境污染问题已经明显影响到了他们的日常生活和身体健康，他们希望搬离此地。同时他们也表示没有足够的资金在城里购房，所以只能继续留在村里居住。

表 2 - 22　基于目前村庄的环境条件，在忽略其他限制的情况下村民是否想搬离

单位：%

村民态度	频数	百分比
不想搬离	51	25.5
没有想过	76	38.0
条件恶劣，希望搬离	73	36.5
总计	200	100

三　村民选择居住地所考虑的第一因素是生态环境

绝大部分村民已经意识到了环境污染问题的严重性，认为村庄环境急需治理，发展当地经济和保护村庄环境应该同步进行。在受访的 200 名村民中，72 名村民表示他们选择居住地所考虑的第一因素是环境，占样本总量的 36.0%。30 名村民选择居住地所考虑的第一因素是经济因素。可见，相比经济收入，大多数村民比较重视居住地的生态环境。这些村民表示，大量化工企业入驻阳村，造成了严重的环境污染，给村民带来了许多问题，如由于空气污染大多数村民患有肺病；村民患病次数增多，每年所得收入大多数用于看病买药；土地受到严重污染，农作物减产绝收，

只能靠务工和企业给予的补贴维持生活；等等。村民反映，他们
希望阳村环境能够得到及时的治理，经济发展和环境保护并重。

表 2 – 23　村民选择居住地所考虑的第一因素

单位：%

第一因素	频数	百分比
生态环境	72	36.0
就业机会	16	8.0
交通条件	14	7.0
经济发达	30	15.0
其他	31	15.5
缺失值	37	18.5
总计	200	100

第五节　村干部兼业化现象

一　村干部工作积极性比较高

阳村村干部选举采取村民投票的方式，如表 2 – 24 所示，受访
的 200 名村民中 148 名村民以"有管理能力"作为选举村干部的
标准，占样本总量的 74.0%。大多数村民反映，现在在位的村主
任能力突出、工作积极、有威望，符合他们心目中的村干部形象。
对于村干部工作积极性的问题，调查结果很明显，如表 2 – 25 所
示，17 人认为村干部工作非常积极；85 人认为村干部工作比较积
极，占总样本量的 42.5%，村民反映问题都能够得到及时解决；
仅有 15 人认为村干部工作非常怠慢，占样本总量的 7.5%。总体
来说，大多数村民认为村干部工作积极，能够切实为村民解决相
关问题。

表 2 - 24　村民选择村干部的标准

单位：%

标准	频数	百分比
有威望	14	7.0
有财富	2	1.0
有管理能力	148	74.0
大姓家族的压力	6	3.0
个人关系	16	8.0
缺失值	14	7.0
总计	200	100

表 2 - 25　村民认为村干部工作积极性的情况

单位：%

积极程度	频数	百分比
非常积极	17	8.5
比较积极	85	42.5
一般	61	30.5
比较怠慢	19	9.5
非常怠慢	15	7.5
缺失值	3	1.5
总计	200	100

二　存在村干部兼业化现象

我国对村干部一直实行非职业化管理，村干部职位是兼业的，职业化程度较低。所谓兼业化即村干部以村务管理为副业，他们的主业是经营个体商户、务工或务农，发家致富是其主要追求。如表 2 - 26 所示，受访的 200 名村民中，94 人表示村干部以村干部为兼业，占总样本量的 47.0%，这表明村庄存在干部兼业化现象。多数村民表示村干部不在村里居住，大多已迁至韩城市居住。

而村干部兼业化现象之所以存在，原因主要是村干部的工资待遇低，这导致其工作积极性不高，严重影响了基层治理的正常展开。国家对村干部缺乏科学的考核和激励机制也是村干部兼业的重要原因，村干部无法从工作中获得满足感和成就感，因而对工作懈怠。此外，村干部工作内容繁杂，长期工作于乡镇、村组、农户和田间地头，其工作安排有很强的随意性，现行基层工作体制机制很难有效对其实施监督管理，这给个别干部从事兼职工作一定的空间。

表 2 - 26　村民是否认为村干部职位为兼业

单位：%

兼业情况	频数	百分比
是	94	47.0
否	98	49.0
缺失值	8	4.0
总计	200	100

三　兼业化村干部以个体经营为主业

如表 2 - 27 所示，72 名村民反映兼业化村干部以个体经营为主业，占样本总量的 36.0%。这些村民反映村干部大多进行个体经营，并且都做得很成功，在韩城市购置了房产并定居。25 名村民反映兼业化村干部从事其他职业。总的来说，兼业化村干部是以个体经营为主业，由于自身具有一定的影响力和号召力，个体商业都做得很成功。此外，97 名村民表示不清楚兼业化村干部从事的其他工作。

表 2 - 27　村干部其他收入来源的情况

单位：%

收入来源	频数	百分比
务农	4	2.0

续表

收入来源	频数	百分比
务工	2	1.0
个体经营	72	36.0
其他	25	12.5
缺失值	97	48.5
总计	200	100

通过上述数据我们不难发现，村干部兼业化现象很普遍，一些村干部从事个体经营、务工、务农或其他职业，这种做法虽然在一定程度上方便了群众的生产、生活，活跃了农村经济，但因个别村干部不能正确处理本职与兼职的关系，从而引发一系列问题，影响了农村基层组织的管理和建设，并引起村民的不满，容易引发矛盾，有关部门应高度重视，采取有效措施，认真加以解决。相关部门应该完善村干部科学考核制度和激励系统，建立规范的监督机制。其中，建立村干部激励系统是重点。首先，应该提高待遇标准，目前村干部收入水平过低，严重影响了其工作积极性；其次，在提高薪酬的同时，加大对村干部的素质和能力的培养，使其热爱自己的本职工作，并从中获得满足感和成就感，实现自我价值，这样村干部才会全心全意为人民服务。

第六节　村庄与企业的互动关系

一　村民"个体参与"基础上互利共赢的村企互动模式

村企关系可以视为企业与村庄之间以产权为核心，通过讨价还价就生产剩余分配而达成的一种契约。村企关系发生的基础是企业家人力资本和村庄权力资本的交易。企业家人力资本具体表现为企业家对机会识别与把握的能力、组织管理能力、产品开发能力、技术创新能力等；村庄权力资本具体表现为以村庄名义换取的金融担保、税收减免、产权保护，以及村庄所控制的可以作为企业投入的资源，如土地、劳动力等。村办企业对企业家和村庄而言都只是使资本增值的一个要素，企业家人力资本与村庄权力资本只有结合起来才能实现各自的价值。

（一）村企关系概况

如前文所提，阳村东部的工业园区对村落的发展起到了至关重要的推动作用，而在众多的企业中，H企业占阳村耕地面积最大，并且与村落有着多方面的互动。在调查中，笔者着重理清H企业与阳村之间的关系，并总结出阳村与H企业之间互利共赢的互动模式。

阳村与企业的互动前提是企业自主经营，产权完全归属H企业，阳村村委会不参与企业的日常运作，村民以个人身份进入企业工作；企业的土地使用为租用方式，定期交付补偿款。阳村与H企业之间产权清晰，村企分离，二者之间的互动既不是产权经营的联系，也不是关系生产的直接互动，而是建立在村民"个体参与"基础上的一种新型的互利共赢的村企互动模式。村企之间不再是老式的村落与乡镇企业之间"纠缠不清，难以定位"的"四不像"，而是一种以村民在企业中的业缘关系为桥梁、带动村企之间互动的新方式。

（二）村企间互动

阳村和H企业之间的互动是一种新型的互动，关键在于互动的桥梁和纽带是村民个体，这不同于以往的产权或强加的地缘联系。

阳村目前有约400人在H企业供职，主要在焦化厂工作，每月22个工作日。村庄为H企业的日常运转提供了非常重要的人力资源支持，村民转化为厂内职工这一变化使村企之间的关系不再局限于村庄为企业提供土地和水资源、企业对村庄进行补偿的简单关系，而是企业将村庄部分居民"公司化"，在这个过程中村民逐渐由职业农民转变为现代工人或企业职工，形成了一种新型互动关系。

由于企业中的员工多集中在阳村，原本企业对于员工的福利和资助，在一定程度上可以理解为对阳村的福利和资助。在 H 企业中有许多原本是针对员工的资源后来转化为对阳村全体村民的资源。例如企业每年拿出 15 万元，发放给村中 60 岁以上的老人，作为老年节的慰问，村里成立了老年人协会负责管理和使用这笔资金，确保村内老人利益不受损害。除了老年节，每年的妇女节和春节，企业也会向阳村的村民发放一些福利。村中每年考上大学的学生，企业都会予以奖励。这些可以理解为企业社会责任的承担，对村落发展的贡献。但若从互动关系的角度来看，这是对村民在厂内工作付出的人力资源的一种回馈行为，从而加深了村企之间的关系，保证了企业与村民互动的频次和深入程度，为企业的长远发展奠定了基础。

国内有学者将村企关系归纳成四种理论图式："村庄占绝对主导""村庄占相对主导""企业占相对主导""企业占绝对主导"。第一种和第四种模式称为村企分离模式，第二种和第三种模式称为村企合一模式；在村企合一模式中，又将第二种模式称为"村庄型公司"，将第三种模式称为"公司型村庄"（郑风田、阮荣平、程郁，2012）。第一种模式通常对应的是村庄对企业家实行固定工资制，第二种和第三种模式通常对应的是企业家与村庄之间实行分成制，第四种模式通常对应的是企业家对村庄资产实行一次性买断，或者是村庄向企业收取定额租金（蔡昉，1995）。

通过比照发现，阳村和 H 企业之间是一种企业占相对主导的"公司型村庄"互动模式。这种模式使企业和村庄之间是一种相互分离的状态，村民以个人身份参与企业的日常运作，而村庄与企业之间没有直接的产权联系，只是以地缘因素为主的日常交流，为企业提供土地、水资源等。这样可以使二者之间呈现一种清晰的状态，对双方的发展都是有利的。

（三）小结

通过以上分析我们可以发现，从企业效率角度看，"企业占绝对主导"模式可能是最富有效率的。但是在这种互动模式下也存在一些较为突出的不足和问题。其中，村庄村民利益的危机和村委会权威的下降可能将会成为未来阳村和企业互动较为突出的阻碍。

在"公司型村庄"模式下，村庄利益往往因为以下原因而无法得到有效保障。首先，村庄完全或者在很大程度上要依附于企业，所以企业容易形成垄断利润，从而导致村庄利益受到损害；其次，由于"官本位"思想的长期存在以及村庄民主选举制度的不完善，以及在"公司型村庄"模式下村行政系统成为公司的一个下属机构，村委会并不总是能代表村民的利益，可能会做出有损于村民利益的行为。此外，企业日常运作所带来的不可避免的污染和自然资源的破坏，对村民的生产生活会造成消极的影响，使得村民的利益受到损害。而企业的绝对优势地位，再加上村民对于企业的收入上的依赖，可能会使得污染等相关问题更加难以解决。

企业的绝对优势会对村委会的权威产生削弱作用。一方面，村民直接与企业建立起了契约关系，无论是工资收入还是占地补偿都是企业直接交付给农户，村委会在这个过程中无权干涉。企业可能会在一定程度上"取代"村委会的角色，村民和企业互动的增加意味着村民和村委会之间互动的削弱。另一方面，村委会不经营管理企业，却要承担满足村民对经济利益诉求的责任，村民需求无法实现导致村委会权威的丧失。

因此，要使村企之间的互动更加有效地进行下去，企业应当在保障自身收益的前提下适度地增加对村庄的回馈，即使是一些基本的福利性补偿，都会为村企之间关系的优化起到建设性作用。

对企业而言，既降低了和村庄之间的交易成本，又可以提高本村职工工作的积极性和稳定性；对村庄而言，村民的利益可以得到一定程度的维护，有利于村庄的稳定发展。

通过调查，我们还有以下发现。

强企业、弱村庄背景下的村企关系，大多是单向度的。即企业在村企互动中，往往起着主导作用，村民个人在二者关系当中往往做出被动的反应，而无法影响企业，村民利益的维护在很大程度上取决于村委会。企业的兴衰与政策以及村委会的态度和决定直接影响到村民生产生活的方方面面。因此，在强企业、弱村庄背景下，要想真正维护村民的利益，关键在于村委会，只有通过村庄整体与企业互动，才能形成均势，从而最大限度地维护村民利益。

由于企业的介入，村庄逐步由封闭转向开放。过去以农业为主的生产方式使村民与外界联系较少，同时由于受经济条件等因素影响，为了维持生计，村民更多地将时间用于耕作土地。而现在，村民的生产、收入通过企业与外界产生了紧密的联系。如受全国经济的影响，钢铁煤炭行业整体的产能过剩导致企业效益降低，从而对员工、村庄的福利产生了重大影响。此外，村民外出务工、购房、求学也使阳村一步步走向开放。

除此之外，村庄的重要变化也体现在其生产方式的转变，即村庄由农业为全部或主要收入，逐渐变为农业生产为次要收入，再到完全放弃农业生产，形成农业—工业—服务业产业升级。村庄的收入、生活、思想观念，都随着本村产业的升级而不断变化。

虽然企业产权清晰，自负盈亏，但企业的盈亏与村民生活质量有着直接关系。村庄的产业升级、对外开放虽然是在企业介入下展开的，但这个趋势是不可逆的，即使企业黄金期过后逐步衰落，村庄虽然不可避免地在经济等各个方面受到重大的影响，但无论企业去留兴衰如何变化，村庄必然不会回到企业进入前的那种田园牧歌式的生活。

第三章 传统农业型村庄：文村

第一节 引言

一 问题的提出

农业、农村和农民问题关系全面建成小康社会的全局。不断推进农村经济与社会发展，是解决"三农"问题的重中之重，也是理论与政策研究重大而现实的课题。因此，开展农村经济与社会发展专题研究，无疑是有意义的，而对西部贫困地区农村社会发展进行研究，也具有重大意义。陕西省韩城市西庄镇文村是西部贫困地区农村的一个典型，其社会治理和发展既有当今中国农村普遍存在的问题，又有其自身特殊的因素，我们对其农村问题的研究更需要从当地情况出发，坚持理论联系实际，深入揭示问题所隐含的特殊性和一般性。西部贫困地区农村社会发展在近年来发生了很大的变化，随着时代的发展，范围也越来越广泛，包括农村土地制度变革、发展现代农业的模式和做法、农村基层治理机制的改革和完善、农村金融体制的改革以及社会主义新农村建设中基础设施的管护机制等方面，这也要求我们对农村社会发展的研究要密切联系当今社会实际。

当今，全球化、现代化浪潮的势头越来越猛，对中国农村社会的发展提出了尖锐的挑战。构建和谐社会，促进协调发展，首先是一种理论预设的目标，实践中究竟如何将近70%的人口所生活的农村社会纳入现代化发展的轨道上来，并且达到整个社会持续、协调发展，这是一个需要在实践中不断探索的历史性课题。我国西部贫困地区农村社会发展有利于整个中国的社会发展，有利于缩小贫富差距，促进社会持续、和谐地发展。虽然我国西部贫困地区近年来农村社会发展有了长足的进步，但是在现代化农业发展、农民持续增收能力的提高、基础设施建设与公共事业管理及教育事业等方面仍然存在一定的滞后性。这些问题仍然需要寻求合适的办法予以解决。本次调查在对陕西省韩城市西庄镇文村进行实地调研的基础上，对文村发展情况进行了解分析，总结文村的发展经验以及发展的不足之处，为文村的可持续发展提出相应的应对策略。

二 研究方法与研究设计

本次研究主要采用的是实地研究和统计调查的方法，其中涉及的具体研究方法，主要有问卷调查法、深度访谈法和实地观察法，西部贫困地区的农村社会发展问题已经越来越受到学界的关注，尤其是农村土地制度变革、发展现代农业的模式和做法、农村基层治理机制的改革和完善、农村金融体制的改革以及社会主义新农村建设中基础设施的管护机制等方面的问题。我们通过对文村的就业状况、居民消费状况、基础设施建设与管理、教育状况、劳动力思想意识和素质、公共事业建设及周边企业建设影响等情况进行实地调查，旨在反映文村经济社会发展的状况，在对相关调查数据进行统计分析的基础上，指出农村经济社会发展存在的问题，提出了发展农民职业教育、发展农村公共事业以及发展第三产业等方面的建议，这对农村社会发展寻求到新的途径至关重要。

本次选取了陕西省韩城市西庄镇文村作为调查对象，通过问卷调查法、深度访谈法和实地观察法对文村的村民进行了调查。

由于时间等条件的限制，2014 年 8 月采用的是访谈法和观察法，2015 年 7 月则对文村 4 组的村民发放了问卷，共发放问卷 94 份，回收有效问卷 94 份，有效回收率为 100%。

第二节　文村的基本概况

一　西庄镇基本情况简介

文村位于陕西省韩城市东北部，距韩城市 12 公里，隶属于西庄镇。西庄镇位于韩城市以北 10 公里处，是中国历史文化名村党村所在地，总面积 220.5 平方公里，耕地面积 5.9 万亩，林地面积 15.1 万亩。西庄镇共辖 35 个行政村，168 个村民小组，122 个自然村，8384 户，总人口 41300 人。主导产业以花椒种植为主，后续产业以养殖、栽种花卉苗木为主。全镇共有党支部 51 个，其中农村党支部 35 个、机关事业单位党支部 13 个、非公党支部 2 个、老干总支 1 个。全镇共有党员 1210 名，其中农村党员 878 名、机关事业单位党员 195 名、非公党支部及老干总支共有党员 137 名。108 国道、京韩铁路、西禹高速穿镇而过，区域位置优越，经济文化活跃，优质大红袍花椒"南强一号"享誉全国。全镇目前具有规模以上企业 20 家，主要包括焦化、冶金、能源、制造、农副产品加工等行业。2011 年全镇工农业总产值达到 60 亿元（其中工业产值 43 亿元、农业产值 17 亿元），农民人均纯收入达到 6723 元，增长 20%。粮食总产量 1.4 万吨，花椒总产量 300 万公斤，旅游收入 200 万元，年接待游客万余人。镇党委、政府先后荣获渭南市生态环境建设先进单位，韩城市"先进党委"，优化投资环境、招商引资、道路建设先进集体等荣誉称号。镇机关目前共有工作人员 90 人。镇政府在编人员 50 人，计生办 14 人，财政所 6 人，司法所 3 人，劳动保障事务所 5 人，大学生村干部 5 人，工勤人员

（厨师、门卫、保洁员、司机、打字员）7人。西庄镇未来五年经济社会发展的总体目标是：力争到2015年，实现两个翻番——生产总值翻一番，突破100亿元，农民人均纯收入翻一番，突破1万元。人口自然增长率控制在5.8‰以内；新型合作医疗制度覆盖率达到100%；农村人口参合率达到95%以上；90%的村级党组织达到"五好"标准。

二 文村自然环境概况

据村支书介绍，文村辖4个村民小组，主要包括上文、下文、龙嘴、百庙4个小组，土地面积总共1600亩左右，主要包括耕地和林地，其中耕地面积996亩，林地面积600多亩；退耕还林面积150多亩；花椒种植总面积为600多亩，占全村耕地面积的60%左右。村庄有三条主干道，最重要的主干道是108国道。文村坐落在丘陵之间，村中无河流穿过，现已通了自来水，但是因为自来水水源问题，经常停水，现在村民饮水主要依靠泉水。村民使用的燃料主要是煤炭和沼气，全村有沼气设施的农户为44家，无大型沼气工程设备。村庄地形多为山地和丘陵，村庄依地形呈条形分布，村民则主要沿丘陵间的平地居住，每个村民小组之间居住相对分散，几乎没有较宽阔的耕地。由于韩城市地处我国内陆，属于暖温带半干旱大陆性季风气候，四季分明。春季温暖干燥，夏季热而多雨，秋季凉爽湿润，冬季寒冷干燥。优越的气候条件，特别是丰富的光热资源，加上昼夜温差较大，非常有利于花椒的种植和生长。而文村地处丘陵山区一带，农业生产条件良好，且有河流经过，地下水资源丰富，拥有极其优越的天然花椒种植条件。当地村民因地制宜，根据热量分布特点，在浅山丘陵区开发了长达百余里的花椒优生区。但是村庄农业现代化水平较低，对自然灾害的预防和抵御能力较弱，农业生产主要受到干旱和地质灾害的威胁。

三 文村社会经济发展状况

（一）人口概况

村支书介绍，文村下辖 4 个村民小组，一、二、三组户数均为 40 多户，四组人口较少，仅有 8 户，共计 160 户，总人口为 640 人，其中，60 岁以上老年人 150 多人，60 岁以上老年人口数量占到总人口的 23.4%。根据联合国对人口老龄化的界定，当一个国家或地区 60 岁以上人口占人口总数的 10%，即意味着这个国家或地区的人口处于老龄化，而文村老年人口所占总人口的百分比已经翻了一番。在我们的调查中，就有一部分受访者为老人，且很大一部分是留守老人。村中年轻人很少，如表 3 - 1 显示，受访者中 30 岁以下的人仅有 11.7%。

表 3 - 1　受访者年龄

单位：%

年龄	频数	百分比
20 岁以下	7	7.4
20 ~ 30 岁	4	4.3
31 ~ 40 岁	12	12.8
41 ~ 50 岁	23	24.5
51 ~ 60 岁	23	24.5
60 岁以上	25	26.6
总计	94	100

（二）经济发展概况

1. 文村经济发展概况总述

从整体来看，文村依然属于传统的农业型村庄，尤其以当地的花椒种植最为典型。由于当地的地形、土壤以及气候等农业生产条件比较适合花椒的生长，加上又有六七百年的花椒种植历史，所以当地主要的农作物就是花椒，绝大部分村民已经不再种植小麦和玉米，而是专注于管理自己的花椒地。并且花椒的收入也已占到村民家庭收入的一大部分。另外，除了发展传统的花椒种植以外，也存在一小部分村民在自家的土地上种植苹果、山楂等其他经济作物的现象。除此之外，养殖业也是村民可供选择的一项收入来源方式，村上大大小小的养殖户有十几家。文村现在的经济发展，已经不完全是以前单一的花椒种植，而更像是一种混合式的经济发展模式，只是各种经济成分在其中所占的比重有所差异而已。文村的经济发展，除了当地的农业经济发展外，在很大程度上也依托当地工业的不断发展。尽管这个村子并不属于当地工业发展的典型村落，也不像阳村等其他村庄那样拥有众多的大型企业和私人工厂，但当地依旧有不少人选择就近在周边的工厂或企业上班。当地工业的发展对部分村民的收入影响是非常显著的，有的家庭通过外出务工得来的收入甚至可以占到其家庭总收入的70% ~ 80%，所以为更加真实地了解文村的经济发展状况，有必要对当地除了花椒种植以外的其他收入来源也进行一定程度的说明。

（1）工业发展状况

从地质构造上看，韩城市地处祁吕贺山字形构造的前弧东翼与新华夏构造体系第三沉降带的复合部位。由于长期的地质构造作用，这里沉积了非常丰富的矿产资源，主要有煤、铁、石灰石、白云岩以及铝土等。其中煤炭储量高达103亿吨，已探明的有27.74亿吨，占渭北煤田的35.5%。铁矿保有储量为3014万吨，铝土矿保有储量为19.58万吨，石灰石更是遍布全市沿山地区。由于拥有极其丰富的矿产资源，当地的相关工业也是相当发达。据我们了解，当地工业起步早、发展快，并且已经形成了煤炭、电力、焦化、冶金、建材等为支撑的工业生产体系，这里的煤窑、焦化厂、化工厂等随处可见。有关数据显示，韩城市的原煤年产量550万吨，发电量 27 亿千瓦时，焦炭 400 万吨，水泥 50 万吨，钢铁 100 万吨。像年产原煤 400 万吨的韩城矿务局、总装机容量 38 万千瓦的韩城发电厂等大中型企业，以及中国 500 强企业、陕西第一、生产能力 300 万吨的龙门钢铁集团等，都是当地非常著名的企业和公司，当地人也常以在这些企业上班为荣。而这些企业的建立，不仅成为当地工业发展的支柱型产业和经济发展的主要驱动力，也为当地居民提供了众多的就业岗位，吸纳了当地相当一部分剩余劳动力，解决了当地农民的就业问题，并且显著地提高了他们的收入水平和生活质量。一般情况下，在这些企业上班的普通工人，平均每个月工资为三四千元，而技术人员的工资则更高，年薪可达一二十万元。除了这些在当地影响较大的大中型企业之外，当地民营经济的发展也异常迅猛，形成了黄河矿业开发公司、海燕焦化公司等一大批民营企业，其也为当地的经济发展做出了不少贡献。文村村民的生活水平和质量因此得到了很大的改善。

另外，随着对外开放进一步加大，招商引资取得了突破性进展，中鲁果汁、黑猫焦化等项目的顺利投产，加快推进了农业工业化、工业现代化的进程，黑猫焦化的年生产能力可达到 7.5 万吨，是西北第一、全省最大的焦炭企业，其 120 万吨焦炭项目已开工建设，必将为当地的发展注入新的活力。目前，整个韩城市已基本形成了"煤—电""煤—焦炭—铁—钢""煤—煤焦油—炭黑"等三条主要的产业链，2004 年，全市工业总产值达 80 亿元，同比增长 35%。对周边其他村庄的进一步发展起到辐射带动作用。

（2）花椒种植业发展概况

由于文村的地形、土壤以及气候等条件比较适合花椒的生长，加上其又有六七百年的花椒种植历史，当地主要的农作物就是花椒，现在大部分村民已经不再种植小麦和玉米，而是专注于管理自己的花椒地。文村现在的农业经济就是以花椒种植为主，兼有苹果、山楂等产业，还有养殖业和花卉树苗等产业。迄今为止，没有数据表明文村具有一些矿产资源，工业发展缓慢，但是周边地区工业的发展也带动了文村的经济发展。

花椒在当地的栽培历史悠久，因为它具有生长快、结果早、收益大、用途广、栽培管理简便、适应性强、根系发达、能保持水土等特点，深受当地群众欢迎，日常生活中，花椒不仅是一种重要的食品调味原料，其种子也可用来榨油。据了解，花椒种子的含油量一般在25%～30%，果皮、种子也可作为药材入药，所以花椒具有非常广泛的市场前景。当地村民自觉地将花椒种植作为自己的主打产业来发展，这使文村成为享誉海外的花椒名品"大红袍"的主要产地之一。

当地花椒的种植，最早可以追溯到六七百年前，从那时起，当地就已经开始栽植花椒，只不过那时候的种植比较零散，不成规模，也不专业。据说当时花椒除了被作为一种香料或者调味品外，还曾被做成麻药来为患者缓解疼痛。改革开放以后，花椒逐渐作为当地的一种主要经济作物开始大范围发展和种植。1985年，市委、市领导决定，抓住这一产品优势，充分利用山区和梯田地硬的特点，因地制宜，见缝插椒，建设"百里双千方株花椒基地"。在村民收入不断提高以及相关政策的激励下，村民的积极性开始大大提高，花椒也作为当地的一大特色农产品迅速发展起来，而与之相应，大面积栽植花椒也给村民带来了巨大的经济收入，不断改变着当地人的生活和生产方式。同时，经过多年的农业产业结构调整，在当地椒、果、菜、畜四大农业主导产业的影响下，当地的农业产业结构日益趋于合理化，文村也在这产业结构调整的大潮中，不断向前发展。

文村地处山区丘陵地带，土地主要为耕地和林地，花椒种植总面积为600多亩，占到全村耕地面积的60%左右。由于当地悠久的花椒种植历史，以及花椒带来的较为可观的收益，村中几乎不存在土地流转现象。考虑到生产效率和公平，经过协商，村里的土地主要是按高低产田划分，高产田，也就是所谓的水浇地，人均1亩左右，而低产的部分，人均2~3亩。平均下来，每人大概1.5亩地左右。一般产量较低的土坡地，大概每年可以产椒100斤左右，而产量相对较高的水浇地，则可达每亩300斤以上。由于土地数量有限，小规模种植花椒的家庭在文村比较普遍，一般情况下，每家种植面积在6~10亩，我们暂且将这种规模的农户称为普通农户。而文村的特殊地形，使其多山区荒地。有村民为了提高收益，除了种植村里分配的这部分土地外，还上山开垦荒地，选择那些生长条件相对较好的荒坡种植花椒，这样就大大地扩大了自家的花椒种植面积，也提了高了收益。我们称种植规模超过30亩的农户为种植大户。在文村2组，这样的种植大户大概有两三家。而在我们上面提到的百庙，这种种植规模是非常普遍的。百庙属于文村4组，由于地势原因，村民较少，而土地资源却比较丰富，这样村民分到的土地就多，再加上部分村民收入不断提高，迁居到市区，4组就出现大面积土地被搁置的现象，剩下的村民将被搁置的土地集中起来种植花椒，形成种植大户，每户一年种植花椒的收入在10万左右。对于普通农户来说，这样的收入相当可观。

案例3-1：王某，男，52岁，家里总共4口人，王某和妻子主要在家务农，种植花椒等，两个儿子目前均在附近的企业上班。王某家里总共有7亩土地，3亩是水浇地，其余4亩是坡地。家里的水浇地1亩大概能产300斤鲜椒，晒干去籽后是70多斤，1亩地收入在1000元左右。而坡地一般产100多斤鲜椒，品质一般，有时候1亩坡地的收入可能还不到500元。花椒收入一年为5000元左右。王某在闲暇时会去附近的工厂打零工以增加收入。

王某说一般4~9月比较忙，要给花椒地除草、防虫，然后大量地采椒、修剪枝条。由于是凭经验来管理自家椒园，收成的好坏难以控制。他最担心天气持续高温和严重干旱，因为自己那 4 亩坡地没办法进行人工灌溉，而花椒也不是很耐旱。花椒成熟的时候，若温度太高花椒容易裂开，这样的话，花椒不仅分量轻，而且色泽差，自然也就卖不了好价；若遇雨天，花椒则易发霉。虽然如此，王某还是认为种植花椒相对省事，而且使得自己的收入有所提高，如果当地政府能多给农民一些支持，多派一些技术人员下来指导农民进行农业生产，效益一定会更好。

目前村庄花椒的主要品种有大红袍、狮子头、葡萄椒等。其中以"大红袍"最为有名，种植面积可占到花椒种植总面积的 60%～70%。早在 2004 年 8 月 31 日，韩城市大红袍花椒就通过了国家质检总局"花椒原产地域产品保护"的申请。而优质大红袍花椒"南强一号"生产基地更是享誉全国。大红袍花椒穗大粒多、皮厚肉丰、色泽鲜艳、味浓香辣、回味无穷、杂质少、纯度高、颜色红、麻味足、无污染，既有祛风、除湿、驱虫之药效，又是去腥、提香、美味之调料。花椒一直被当地人视为土地上的"金豆豆"。据我们了解，大红袍花椒 1 斤的市价大概在 25 元左右，按照水浇地亩产 300 多斤新鲜花椒，晒干后的干花椒就是 80 斤左右，这样的话，正常情况下 1 亩水浇地的收入约在 2000 元。根据村民手里拥有土地的情况，结合高低产田的不同产量，一般普通椒农在除去农药、化肥以及除草、松土等其他日常管理方面的开支以外，平均每年种植花椒的净收入在 5000～8000 元，基本可以占到当地农民收入的 40% 左右。因为椒农一般直接将没有经过加工和处理的原生花椒出售给花椒收购商，而经过花椒收购商的加工处理之后，售出花椒就可以获得较高的利润，中间的差价较大，椒农在这个产业链中获得的利润较少，附加利润值低。

调查数据显示，文村 95.7% 的村民种植花椒，平均每户种植的花椒面积为 6.28 亩，平均年收入为 1.1 万左右，花椒收入已占到村民家庭收入的一大部分。但是花椒园普遍存在老化问题。文村大部分花椒栽植于 1978 年前后，距今已经有 30 多年，而花椒的生长周期也基本为 30 年左右，所以目前文村的花椒树进入老化期，花椒年产量和花椒品质呈现下降趋势，影响农民的收入。虽然每户都种植花椒，但是因为农业"靠天吃饭"，花椒产量很不稳定，因此，农民收入也不稳定。同时，因为采摘花椒需要耗费巨大的人力物力，村里的种植大户经常需要雇人采摘，若因为人力不足，错过采摘期，就会造成花椒减产。

采摘工作一般是在立秋之后开始，根据各年降雨情况时间会有所调整，比如 2014 年就较为特殊，因为天气严重干旱以及持续高温影响，花椒出现严重缺水并且裂开的现象，所以需要提前采摘。由于花椒采摘几乎完全依靠人力，一般土地少的农户是自己采摘，而土地多、产椒量大的农户就需要雇用采摘工完成采摘。采摘工大多来自商洛和铜川等地，或之前采摘过，而后每年主动联系雇主；有的则是经由中介介绍。文村花椒的采摘价格一般是一斤 2 元，按斤计算。他们一般住在雇主的家里，一日三餐也由雇主提供。所以，种植大户每年采摘花椒的人工费是一笔很大的开支。这里所说的人工费，不仅包括采摘费，还有路费、餐宿费、人头费。由于持续高温，干旱严重，部分花椒已经裂开，这导致花椒分量变轻，难以采摘，同时色泽也受影响，因而卖不了好价钱。对于椒农来说，2014 年花椒的采摘时间更为紧迫，所以椒农雇用采摘工的现象更为普遍，并且在雇用人数上也比以往有所上升。

案例 3 - 2：李某，女，40 岁，陕西丹凤人。今年（2014）是第一次来文村采摘花椒，与她同行的大多为同村人。李某与同行村民由丹凤经潼关历经 5 个小时到达韩城市，车费需要 200 元，到达韩城市车站后由中介介绍给雇主。由于是第一次采摘，李某技术还不熟练，每天只能摘20~30斤，一天可赚50元左右。她早上4点多由雇主领去花椒地，中午不休息，由雇主家人送饭到地里，晚上7点左右把花椒拿回家，晚饭后便洗漱休息。采摘工按照性别分别住在两个房间，一日三餐由雇主负责，早餐与晚餐吃馒头，午饭一般吃面条。采摘花椒时容易出现双手大片红肿、又红又痒的过敏现象，李某的过敏现象较为严重。她说如果红肿一直不消，影响采摘的话，自己可能就得提前回家了。

案例3-3：王某，女，67岁，陕西商洛人。王某家中以种植粮食为生，今年（2014）遇到干旱，粮食减产，只好外出务工以增加收入。她已是第三年来到文村采摘花椒，同乡共有15人来采摘花椒，均为普通农民，其中包括她的儿媳妇和15岁的孙女。王某说："这家人对我们外来人特别好，待遇也不错，所以我每年都会主动联系过来帮忙，而且劲头很足。"王某和村里人是乘坐了两天的火车才来到这里，不过雇主会把车费报销，所以并不需要花多少钱。15个人分四个房间居住，每天凌晨4点出发，6点才能到达花椒地，中午在阴凉处休息，雇主会送来绿豆汤以防中暑，晚上7点回家休息。王某说去年（2013）自己每天可以采50~60斤，今年花椒受干旱影响，皮子薄，不容易采摘，一天只能采20斤。孙女一天可以采10斤，但是手脚都已轻度过敏，需要10天左右红肿才能消退。王某说，预计8月25左右花椒就可以采完了，她们要赶在孙女开学前回家，第二年再来。

按照2014年的花椒采摘价格，每采一斤花椒，就要付给采摘者2元左右的采摘费用，按每人一天20斤左右计算，椒农每天付给一个采摘工的工资为40元左右，而雇用采椒工的具体人数则是根据农户的花椒种植面积以及当年花椒的产量而定的。有时候人工费甚至能占到椒农花椒总收入的1/2。

现在文村村民基本都可以熟练进行花椒修剪、除草、保墒等日常管理工作，并且能够做好有关蚜虫、花椒天牛等主要病虫害的防治，村里也曾引进过新的花椒品种，以达至花椒优质高产的目标。至于在现代农用工具的使用方面，村民一般用自家的三轮车给花椒地打药，不再靠人力打药，既省时又省力。而且现在几乎家家户户都有自己的小型旋耕机，用起来非常方便，耕作效率也比较高。

在当地农田水利、道路建设以及政府的具体支持方面，政府曾投资并组织修路，村里也开凿并修建了自己的水渠，不仅可供日常生活用水，而且可以实现引水灌溉，不过遇到干旱季节，会出现水量不足现象。就村庄整体来说，可以实现灌溉的土地面积也不是很大，有一部分土坡地依然没办法进行灌溉。所以当地的农田水利方面还有待加强。除此之外，政府的具体支持还表现在其他两个方面，一方面是农业无息贷款以及提供有息贷款的"三人联保""五人联保"政策制度支持，为村民解决农业生产的资金不足问题；另一方面是通过评比，选出当地花椒种植效益较好的农户，通过奖励他们一些农用机械以及资金等手段，激发椒农们的积极性。同时，当地政府还会经常做一些有关花椒的日常宣传工作，使当地的花椒尽快"走出去"，形成自己的品牌。

总而言之，花椒种植业对当地村民及村庄产生了巨大影响，其最突出地体现在村民收入的提高以及生活质量的改善上，而这种生活上的改善表现在村民日常生活及消费的方方面面。当地农民称花椒为"金豆豆"，村庄也流传着"家有百株椒，年进千元富"的谚语。

首先，花椒种植影响着村民的生产方式。由于花椒种植不像其他作物那样费时费力，在很大程度上节省了劳力，并且农忙季基本集中在4~9月，其他时间村民可以去附近的企业上班或者打零工，补贴家用。很多村民都是一边就近打工，一边管理自己的椒园，椒农灵活运用自己的时间和精力，实现务农和务工两不误，以提高自己的收入。

其次，对于村庄甚至整个地区的生态环境来说，由于花椒大多种植在田埂上，实现了椒粮双层生产，土地利用率提高了30%～40%，使昔日荒芜的田埂寸土生金。同时，花椒树也有效地改善了生态条件和农田小气候。有关部门对韩城市椒区的调查发现，花椒根系有效控制了田埂滑塌，减少了水土流失。花椒栽植区与无椒区比较，生长季节平均降低风速30.25%，空气相对湿度增加4%，蒸发量降低25.7%。2015年花椒树土壤中氮、磷、钾等养分含量，较无椒区高出3%、87%和127.9%。可以看出，当地花椒的种植，对于生态环境的保护非常有效。

（3）文村其他种植业发展状况

除了发展传统的花椒种植以外，也有小部分村民在自家的土地上种植苹果、山楂等其他经济作物。由于缺少技术支持和科学技术的指导，苹果和山楂产量并不稳定。村民说，有时候苹果产量比较好，但是无人问津，没有销路。例如，案例中的孙某除了种植花椒之外，自己家还有3亩地种植了红富士苹果，2013年产量为1万斤，被南方人以每斤2元的价格收购。

案例3-4：孙某，60多岁，原下文村的支书。家里种植着五六亩苹果树，与养殖业相比，他认为种苹果树的收益能更高一些。"改革开放后人的活路更多了"，老支书一直强调着这句话，"家里的年轻人可以去外面打工，老年人出不去的或是要看孩子的就在家里种花椒树和苹果树"。老支书说家里的花椒现在效益不高，村里的花椒树已经过了最佳的收益年份了，之后产量只会越来越少，但是要换一批花椒树很难，花椒树从种下到长成需要10年的时间，现换一批树那就会失去近 10 年的收入。所以他现在种植了五六亩苹果树来保证家里收入，苹果树从种植树苗到能结果最多需要 5 年，比花椒树节约时间。老支书说，平时都是用山里的自流水去灌溉苹果树，今年（2014）天气干旱需要引水渠里的水，水渠虽然给每个村规定了供水时间，但还是会出现一些村民抢水的现象。文村的水渠由山上引下贯穿整个村子，村民平日里淘菜、洗衣服都是用水渠的水，山上引水浇田时，下面的水就会变小甚至断流，一遇到下雨水渠里的水就会变得浑浊不堪。老支书说现在种植苹果最大的问题就是他们根本不了解苹果市场的情况，不知道会盈利还是亏本，这也是政府每年急需向村民提供的信息。

韩城市属于暖温带半干旱大陆性季风气候，气候类型有利于发展林果业，尤其是有利苹果的栽种。随着种植业结构的调整和经济等因素的影响，韩城市的果业发展经历了 1984～1995 年的逐年增长期，1996～2000 年的波动期，2001 年至今的稳步发展期。文村以种植花椒为主，近年来林果业也逐渐成为文村村民的支柱产业，也是村民的主要收入来源。文村林果业占地面积大概是 150 亩，种植较多的是苹果树，也有少量山楂树。

苹果树的种植在文村占很大的比重。根据以往经验，平地一亩苹果产量是 400 斤，荒地或沟地一亩苹果产量为 50～60 斤，产量差别较大。文村农户种植的苹果以红富士居多，长成的苹果市场价为 2～3 元一斤。一个农户家里大约有五六亩土地种植苹果树，一年下来的收入是 5000 元左右。文村的苹果栽种以小规模种植为主，没有大规模的集中产业。成熟后的苹果大多被收购或由农户自己销售，村中目前没有合作社或是统一机构对其进行管理。

现在文村种植苹果经常遇到的病虫害的动态变化为：主要病虫害由以苹果腐烂病为主逐步演变为以苹果黑红点病和早期落叶

病为主；主要虫害由以桃小食心虫为主逐步演变为以叶螨和球坚蚧为主，也就是农户常说的蚜虫、潜叶蛾、卷叶虫等。农户一年需要打 8 次药才能保证苹果不受病虫害干扰，杀虫药需要按照比例调配才能保证药效。多数文村农户不懂得配置农药的比例，会请专门的技术人员进行打药，价格为一桶 80 元，一年打 8 次药共花费 640 元。

苹果的收益比较高但是需要耗费大量的时间和精力去经营。苹果在山地种植较多，大型的机械设备上不来，所以农户只能靠自己的三轮车和手工进行培育。为保护苹果，农户需要给苹果一个一个地套塑料袋，而且一年打 8 次药，苹果的生长时间是 4 ~ 9 月，这段时间刚好是花椒采摘的时间，所以文村农户需要起早贪黑地照顾自己的作物。

除苹果树外，少部分农户还种植山楂树，文村总共有 20 多亩山楂树。文村的山楂种植多采取自产自销的方式，现在山楂的市场价格为两三元一斤，山楂树采用嫁接的方式种植，移栽后的山楂树两三年就可结果，但要到四五年后才能到盛果期。

总体上来说，文村没有大规模的林地，都是以小规模的、自产自销的方式发展。这种发展模式缺乏信息交流，对市场最新的动态不能准确捕捉，会造成不必要的经济损失。因此政府要承担起责任，定时向村民提供最新的市场信息和进行专业的指导，确保村民的劳动成果得到最大的收益。另外政府应提供政策和农药技术上的支持，保证作物的产量和质量。未来文村的种植业应该向大规模种植方面发展，这样有利于统一管理和技术支持。要延长作物的产业链，把原林业品变成深加工产品，这样不仅可以增加收入，还可以增强农户抵御风险的能力。

（4）文村养殖业发展状况

养殖业在文村也是一项重要的产业，它作为花椒种植的一项辅助产业，丰富着农户的收入来源。文村总共有 16 个养殖场，最近的离村中心0.5公里，村中最大规模的养殖场是生猪养殖场，规模为400头，大多农户以小规模养殖为主。村里的养殖分两大类，主要是养殖猪和羊。但是村中没有完全放弃花椒种植而只从事养殖业的农户，因此文村的养殖业是村民谋生的辅助手段。

随着村民观念的转变，养殖业成为村民可选择的创收致富一项收入来源，现在村里大大小小的养殖户有十几家。文村猪的养殖在整个养殖业中占较大的比重。猪的种类较多，大多是良种杂交苗猪，主要品种有：新大长、长大、长白、杜洛克、大约克、杜长大瘦肉型三元苗猪。其中，大约克猪繁殖能力强，窝产崽数量多、存活率高、泌乳力强、生长速度快，正常情况下5个月可长至220斤以上，瘦肉率高、耐热能力强，适合文村的气候环境，成活率有保障。饲料是养猪的基础，饲料成本占养猪总成本的70%～80%，饲料中主要含五大营养，只有科学配置才能保证猪健康地发育和快速地成长。据村民估计，养1头猪的成本为1000元，小规模养殖的农户养猪一般需要的成本大概是6万元，大规模的农户则需要成本40万元，2014年猪肉的市场价为6.5～6.6元一斤，一头猪长到220斤才可以被收购，否则没有价值，小规模农户一头猪的理想收购价为85800元，减去成本一年收入2万元；大规模农户一头猪的理想收购价为57200元，减去成本一年收入10万元。然而这只是把饲料计入了成本，没有计算猪的疫苗费和其他费用。因此，文村的养猪农户认为只有猪的成活率在95%以上才可以赚到钱，如果成活率低于80%，肯定亏本。饲料决定着猪的成长，但是文村村民并不清楚应该选用哪种饲料，应该怎么调配饲料才能达到最好的效果，只是凭经验来养殖，村民表示迫切需要政府请专业人员为其讲解如何科学养殖，提高经济效益，保证利益最大化。

生猪集中养殖所产生的粪便人们一般把它变成堆肥和沼气。堆肥是一种有机肥料，所含营养物质比较丰富，且肥效长而稳定，有利于促进土壤固粒结构的形成，能增强土壤保水、保温、透气、保肥的能力，而且其与化肥混合使用还可弥补化肥所含养分单一，长期单一使用易使土壤板结，保水、保肥性能减退的缺陷。堆肥是利用各种植物残体（作物秸秆、杂草、树叶、泥炭、垃圾以及其他废弃物等）为主要原料，混合人畜粪尿经堆制腐解而成的有机肥料。由于它的堆制材料、堆制原理与肥分的组成及性质和厩肥相类似，所以又称人工厩肥。把粪便变成堆肥和沼气不仅让农户拥有了天然肥料和燃料，而且减少了资源浪费，也保护了环境，这是文村全村都在使用的方法。

文村的生猪长成后联系屠宰场进行集体收购，由于村民需要种植花椒和外出打工，因此，养殖猪是一批一批进行的，同时购进一批幼崽，5个月后达到标准后一起卖掉。这样不仅有利于统一管理和销售，也利于村民在养猪的同时谋求别的生计。

羊的养殖要比猪的养殖经济效益高一些，但是由于人工投入大，在文村养羊的农户没有养猪的多。养羊的经济效益高是因为羊的养殖周期短而且收购没有大小要求，小羊可以卖羊羔肉，大羊也可以卖出去，养猪则猪必须达到220斤才能被收购。养羊可以将天然草当作饲料，节约一大笔饲料费。文村养的都是繁殖羊，产奶率比较低，羊群中以母羊为多，有两三头公羊负责与母羊交配，繁殖羊的产子率较高，两年能产三窝幼崽，但是村民为了保证存活率一般都是购买羊羔，养三个月令其长大。羊每年需要注射六次疫苗：2月中旬注射口蹄疫疫苗，2月下旬山羊注射传染性胸膜肺炎疫苗，3月上旬注射羊痘疫苗，3月中旬注射三联四防疫苗，8月中旬注射口蹄疫疫苗，9月中旬注射三联四防疫苗。

同养殖猪一样，养羊的农户会联系卖家收购羊。羊羔一只能买到五六百元，羊肉10～30元一斤。春夏季羊以放养为主，以山坡的草为食；到了秋冬季节，农户会用储存的干草或饲料喂羊。养羊产生的粪便村民则将其作为堆肥和沼气的原料再利用起来。

案例 3 - 5：孙某，男，60 岁，家中以养羊和种植花椒维持生计。采摘花椒的季节，由于子女外出打工不能回家帮忙，15 亩的花椒地只能雇人采摘，孙某自己则负责放羊。花椒地年收入为 3.5 万元，加上养羊，其年净收入为 4 万元。孙某养了 60 只羊，每天放羊两次，上下午各一次，一次 3 小时。孙某说放羊的时候不能有任何马虎，羊不能离开人的视线，否则羊就会到村民的庄稼地里吃庄稼，造成不必要的经济损失。放羊的地点一般在山坡的草地上或是荒废的平地上。到了秋冬季节，羊群只能以夏季时储存的干草为食或者是直接购买饲料，不过这是一大笔开销，60 只羊一年的饲料费是 6000~7000 元。孙某养的都是繁殖羊，产奶率比较低，60 只羊中有 2 只公羊，其余都是母羊。小羊羔一般长到 3 个月大就可以卖到 500~600元。每年立秋是孙某最忙的时候，既要想着花椒地里的收成又要放羊。养殖羊的收益取决于成活率和羊肉的市场价格，成活率的提高依靠技术，孙某现在养殖羊完全依靠以往的经验，没有什么养殖技术。这是整个文村养殖业的普遍问题。

不管是生猪养殖还是羊的养殖，村民都是采取最原始的养殖方式，简单出售肉类，没有进行深加工，这样农户获得的只是经营链上最微不足道的一部分利润，有时甚至亏本。所以文村可以引进肉类加工企业，将农户辛辛苦苦养出来的猪羊进行深加工，形成品牌产品，获取更多收益。这样也有利于农户增加谋生途径。

（5）务工收入状况

文村种植业和养殖业的经营多由年龄较大的人进行，村里的青壮年多选择外出务工。据统计，文村劳动人口为 200 人，外出打工的为 100 人，占了总劳动人口的 1/2。其中女性打工人口为五六十人，占到打工人数的一半以上。而且外出打工的村民年龄都在 25~45 岁。这说明外出打工也是文村人经济收入的一个重要来源，是村民尤其是年轻人的重要谋生途径。

　　文村外出打工的村民大多数会选择去韩城市内的企业，少部分人选择去西安或其他省份发展，尤其是女性多数在村子附近的工厂上班。这是因为：首先，韩城市内的企业在招收员工的时候会优先考虑本市各村的村民，拥有大专以上学历的大学生毕业后会被优先录用。这种政策上的优惠是村民不愿意去远方打工的一个重要原因。其次，文村是一个传统农业型村庄，家家户户都要种植花椒，农忙时仅靠家里的老人不行，所以年轻人一般选择在附近打工，白天上班，晚上回家帮忙。女性如果有孩子，白天上班时孩子由老人照顾，晚上回家后照顾孩子。最后，村民安土重迁的思想是村民们不愿意去远方打工的一个重要原因。

　　农业靠天吃饭，对自然环境的依赖太大，存在一定的风险，而且随着花椒效益的下降，单靠农业的收入已经不能维持一家人的生活。中青年既要照顾老人又要养育上学的孩子，他们的压力不断增加，不再愿意留在村子里被动地受制于自然环境，他们更多是走出村子去寻求一份稳定的收入。

　　除了上述所说的收入来源外，文村还有少数人依靠别的方式增加收入。比如文村总共有三家小商店，商店设在农户家中，卖一些生活用品。商店老板家还是以花椒种植或者养殖为主要收入来源，开商店只是作为副业。由于私家车的普及，文村村民一般会去山下的西庄镇采购生活用品和粮食蔬菜，这让小商店的收入逐渐减少。当然村中还有一些村民通过做生意或是别的途径来增添收入，这只是少部分人，在此我们不一一列举。

　　虽然文村不是当地工业发展的典型村落，不像阳村等周边其他村庄那样拥有众多的大型企业和私人工厂，但文村有不少人就近在周边的工厂或企业上班或者打零工，尤其是年轻人。表3－2显示，除去35户缺失值，59户受访者家庭均有人外出务工，占到了调查总户数的62.8%，而且村民倾向于选择在离家较近的西庄镇或者韩城市务工。外出务工的村民由于技术、年龄和性别的差异，干着不同的工作、领着不同的工资。老人和一些没有技术的人一般干一些体力活，如搬砖头、砌墙等；妇女一般做一些小工；拥有大专以上学历的大学生可以进入管理层。"八五计划"时韩城市的标语是"奋战八五过十亿"，那时候韩城市建造了很多化工厂和冶炼厂。文村很多村民都在这些化工厂和冶炼厂打工，一个月的收入为 2000~3000 元，一年可以收入 2 万~3 万元，比起务农，这个收入对年轻人来说虽然不多但是比较稳定。不过这些重工业产生的工业废气和粉尘对工人的身体健康状况造成了严重的威胁。

表 3-2 受访者外出务工地点和家里务工人数交叉统计

单位：人

务工地点	家里务工人数					总计
	1	2	3	4	5	
西庄镇	6	6	1	0	0	13
韩城市	12	17	1	3	1	34
渭南市	1	0	0	1	0	2
西安市	5	1	0	0	0	6
省外	2	0	0	0	0	2
缺失值						37
总计	26	24	2	4	1	94

（三）公共基础设施和公共卫生状况

环境状况 从 2014 年开始，韩城市政府给每个乡镇下辖村庄配备了垃圾桶，统一定点收集垃圾，现在村里也有专人清扫巷道，但是村民长期养成了习惯，仍然有人在家附近的山坡或土坑内扔垃圾。但是，总体而言，村子内环境卫生较先前有所好转，而且大部分村民也很赞成垃圾收集。

医疗状况 村卫生所坐落在一组，村民对其评价是名存实亡。

据村民孙某介绍，卫生所之前有一位医生，随着医生年龄渐长，身体不便，现已不再出诊，因此村卫生所形同虚设，现在村卫生所唯一的作用就是给村里的养殖户发放疫苗。现在村民看病就医要去西庄镇卫生院或者韩城市的医院，由于文村还没有通公交车，村民出行仅仅依靠私家车，这给部分家庭经济较困难的农户出行带来了非常大的不便，并且加重了村民的负担。

交通状况 由于文村地处山腰，交通很不便利，目前整个村庄有 1 条主干道和 3 条辅路。通往西庄镇的道路非常狭窄，仅能供一辆车通行，会车相当困难。村子内的 3 条辅路是几年前修建的用砖铺成的小路，下雨后会有积水，给村民出行带来了很大的不便。

农田水利状况 文村的耕地主要有水地和旱地，水地能够进行人工灌溉，旱地则无法进行人工灌溉，只能依靠雨水灌溉。因为文村丘陵山地众多，灌溉难度大，即使是对水地进行灌溉也比较困难，而且村里能够进行灌溉的水资源仅是一条流经村边的小溪，水流不大，利用起来不方便。村民要想灌溉只能排队对小溪进行截流取水，但是这种灌溉方式，对仅有的水资源浪费较大且综合利用率较低，因此椒农基本上只能靠天吃饭，抵御自然灾害的能力较弱，同时也对村民的生活也造成了一定程度的困扰。

（四）教育文化发展概况

通过和村民交流，我们了解到，文村目前没有可供村民集体活动的广场或者活动中心。文化基础设施建设非常不到位，平时村中举办的文化娱乐活动较少，只有在"三八妇女节"的时候村委会组织全村妇女举办文艺表演。村中没有特色鲜明的传统文化传承下来，村民的精神文化生活很匮乏，生活缺乏趣味。

1. 教育文化发展概况

近年来文村撤并小学两所，文村无幼儿园和小学，也无初中和高中，现在村中的小学生需要去邻村小学就读。2013 年年末文村共有 160 户人家，总人口 620 人，常住人口有 600 人，新出生人数为 4 人，常住人口中 0 ~ 15 岁的人口有 35 人，适龄小学生（6 ~ 12 岁）15 人，适龄初中生（13 ~ 15 岁）8 人，小学生生源较少导致村中的小学被撤销，初中生生源也较少，目前本村大学本科以上学历的人数为 8 人，村中 18 岁以上的居民中，没有文盲。村中居民由于多在韩城市内打工，离家较近，平时可以照顾孩子，故文村没有留守儿童。2013 年文村共组织了一次文化娱乐活动，即"三八妇女节"庆祝大会，村中的妇女一起扭秧歌、打鼓等，共计花费了 4000 余元，农闲时各村民小组或者村委会给村民放电影，村庄每年春节时会闹社火或者打腰鼓，除此之外，村中没有其他的文化娱乐活动。总体来看，文村的文化娱乐活动和文化娱乐设施相对较少，不过近年来在村庄中形成了一种重视教育的氛围，子女入学和接受高等教育受到村民的普遍重视。

农村文化系统是一种以乡土为核心的文化系统，社会主义新农村建设要保存、尊重和发展农村文化。新农村教育应为农村文化建设服务，将农村文化纳入学校教育的知识体系，培养具有民主意识和创新精神的新型农民，使之成为农村文化的承载者。而这些目标的实现，则要通过农村教育整体改革。学校是乡村的文化中心，是一个村庄的未来之所在。留住了乡村学校，就留住了农村教育的根，就留住了农村现代化的希望，就留住了乡村文化的灵魂。而对于文村来说，作为乡村文化传播载体和乡村文化中心的学校已经不存在，村中唯一的一所小学已经在十年前被撤销，现在村中也无其他文化场所，文化娱乐设施也比较匮乏，这造成了文村文化的缺失。

2. 经济发展与教育

教育作为一种社会现象，它从产生之初就不可避免地与人类的物质生产生活紧密联系在一起，与人们的经济活动密不可分，教育在经济增长中起到了非常重要的作用。当今社会竞争非常激烈，国与国之间的竞争，实质上是人才的竞争，归根结底是教育的竞争。同时，经济的发展也会促进教育的发展与完善，促进教育更好更快地发展。经济基础决定上层建筑，教育文化作为上层建筑的一部分，在村庄经济得到发展的同时，也必然要伴随经济的发展而得到重视和发展。近年来，文村村民通过辛勤劳动，大力发展花椒种植业和养殖业，同时通过外出务工、做小生意等各种方式，努力提高了经济收入。随着经济收入的不断提高，文村村民也逐渐提高了对教育的认识，他们不断加大对子女教育的投入，并逐渐在村中形成了尊重知识和重视教育的氛围。

案例 3-6：王某，女，1991 年出生，现就读于咸阳师范学院思想政治教育专业，专升本五年制，前三年接受专科教育，后两年接受本科教育，读专科期间学费为每学年 6500 元，本科期间学费为每学年 3500 元，每个月的生活花费 700～800元，每年花费 1.5 万元左右，家中还有一个哥哥，原来就读于吉林大学临床医院专业（国防生），现已毕业被分配到新疆工作。据了解，王某在读小学二年级时，村中唯一的一所小学被撤销，学生被分流到邻村，每天要走好几里的山路前往邻村上学，条件比较艰苦。她初中和高中在西庄镇西庄中学就读期间都住校，只有周末有时间回家，这锻炼了她独立的生活能力。王某说近几年村中形成了这样一种惯例，每年会筹集一笔资金，奖励那些考上本科院校的学生，考上一本院校的学生奖励额度最大，每人奖励 6000 元，考上二本和三本院校的学生也会得到适当的奖励。村中现在基本上没有游手好闲的青年人，也没有初中以下的辍学人员，基本上都能上完高中，争取考上大学或选择职业技术学院继续深造，这无疑给村庄营造了一种重视教育、尊重知识和尊重人才的氛围。

据王某回忆，小时候村中都没有几个高中生，更别提大学生和研究生了，而如今村中不仅有了大学生，而且几乎每户家中都有上大学的子女。近年来，村委会也在不断营造重视教育文化的氛围，具体措施是村委会每年会筹集一部分资金奖励考上本科院校的学生和家庭，并号召全村其他人向这些考上大学的孩子和家庭学习。

案例3-7：孙某，1994年出生，陕西工学院会计专业学生，高中就读于韩城市西庄镇西庄中学，2013年秋季上大学，第一学年学费为7000元，第二学年以后每学年6500元，在学校每个月花费800元左右，第一学年依靠生源地助学贷款资助交上学费，第二学年未申请助学贷款，依靠父母种植花椒和外出打工的收入缴纳学费。孙某家中还有一个哥哥，高中学历，现在在外打工，孙某觉得正是因为以前村民不太重视孩子的教育，才导致哥哥早早离开学校，走上社会，外出打工。而现在村里人比较重视孩子的教育，这使自己在读完高中之后，进入陕西工学院继续求学。对此，她非常感谢父母和哥哥的支持，将来大学毕业之后她想回来找工作，在韩城市发展，工作地点离家近点，可以随时回来照顾父母。

案例3-8：孙某，1993年出生，曾就读于韩城师专，现在已经毕业，在邻村黑猫焦化厂做化验工作，每个月收入2000元左右，家中还有一个妹妹，现在就读于西庄镇西庄中学，今年（2014）秋季入学进入高中阶段的学习，其父亲是文村党支部书记，早年在外开货车搞运输和倒卖煤炭，经济意识较强，头脑灵活，见识广，人生阅历丰富，思想开放，接受新事物能力较强，对子女的教育非常重视，经常鼓励两个女儿好好学习，将来找一份好工作。孙某觉得近几年村民对子女教育的重视与村民收入有所提高是有一定关系的。以前村民比较贫穷，解决温饱都有困难，更别提支持子女读书了。近些年来由于村子里每家每户都种植花椒，经济收入较之前有所提高，再加上在外打工的收入，村民生活水平整体较之前有所提高，经济基础决定上层建筑，在经济收入提高之后，其就慢慢地开始关注和重视子女的教育了。

从以上案例中可以看出，随着文村村民经济收入的不断提高，其思想认识也随之提高，文村村民对农村教育发展越来越重视，村中辍学的人数较少，几乎没有初高中辍学在家的孩子。从中可以看出，经济发展促进了农村教育的发展，教育发展的同时也在一定程度促进了经济的发展。

3. 文化活动场所状况

在调查村民对于村委会组织集体活动的意愿时，村民积极性很高，97.9%（92 人）的村民认为村委会应该多举办集体活动，并且在这 92 个人里，94.7% 的人表示自己愿意参加集体活动。但是村委会一年四季大门紧锁，里面杂草丛生。大部分村民待在自己家里，生活单调，这不仅减少了村民之间的互动，长此以往，会在一定程度上不利于村民建立互助和谐的邻里关系，削弱村庄传统文化的传承和发扬。表 3-3 数据显示，上了年纪的老人更愿意参加文化娱乐活动，中年人则更愿意参加农业技术培训活动，有一部分村民希望参加创新创业的讲座培训，也有村民选择了其他。村中老年人对拥有一个集体活动场所极其渴望，相比城市里的老人可以享受丰富多彩的晚年生活，而自己所在的村庄却没有一个健全的文化娱乐场所，他们的内心倍感孤单。

表 3-3　年龄与希望参加的活动类型的交叉统计

单位：人

年龄	愿意参加的活动类型				
	文化娱乐活动	农技培训活动	创新创业讲座	其他	总计
20 岁以下	3	2	1	1	7
20~30 岁	0	1	3	0	4

年龄	愿意参加的活动类型				
	文化娱乐活动	农技培训活动	创新创业讲座	其他	总计
31~40 岁	3	6	2	1	12
41~50 岁	9	10	4	0	23
51~60 岁	12	7	1	3	23
60 岁以上	16	6	2	1	25
总计	43	32	13	6	94

第三节 文村发展动力机制研究

一 文村内部发展动力机制分析

(一) 人口结构与村庄的发展

1. 村庄劳动力偏少及其原因

如表3－4所示，在所调查的94个个案中，家庭人口数集中在3~5人的，有42户，占了总体的44.7%；家庭人口数在3人以下的有21户，占总体的22.3%；家庭人口数在5人以上的有31户，占了总体的33%。总体而言，文村家庭人口数较为适中，有77.7%的农户家中人口在3人及以上。但是从表3－5来看，可以发现，文村的劳动力整体偏少。被调查者中，有6人家中是没有劳动力的，占了总体的6.4%；家中有1~2个劳动力的，有65人，占了样本的69.1%；此外，有21人家中劳动力为3~4人，占了总体的22.3%；仅有2人家中劳动力为5~6人，只占总体的2.1%。可见，总体上来看，文村农户家中的劳动力偏少，有75.5%的被调查者家中的劳动力在2人及以下。在农村，最为重要的就是农业生产活动。从表3－6可见，被调查者中，大部分人家中都有人在务农，家中有1人务农的有14人，占了总体的14.9%；家中有2人务农的有 49 人，占了总体的 52.9%；家中有 3 人务农的有 8 人，占了总体的 8.5%；家中有 4 人务农的有 7 人，占了总体的 7.4%；而家中有 5 人务农的仅有 1 人，占了总体的 1.1%。也就是说，被调查样本中，有 79 人家中有人务农，占了总体的 84%，而家中无人务农的只有 6 人，只占了总体的 6.4%。从中可见，在文村，最主要的活动还是农业生产活动，但是上文提到该村的劳动力偏少，这必然会对农业生产活动产生一定的影响，影响农业生产活动的效率与质量。

表 3 - 4　村庄家庭人口数

单位：人，%

家庭人口数	人数	百分比
3 人以下	21	22.3
3~5 人	42	44.7
5 人以上	31	33.0
总计	94	100

表 3 - 5　家庭劳动力

单位：人，%

家庭劳动力	人数	百分比
无	6	6.4
1~2 人	65	69.1
3~4 人	21	22.3
5~6 人	2	2.1
总计	94	100

表 3 - 6　家中务农人数

单位：人，%

家中务农人数	人数	百分比
0	6	6.4

续表

家中务农人数	人数	百分比
1	14	14.9
2	49	52.1
3	8	8.5
4	7	7.4
5	1	1.1
缺失值	9	9.6
总计	94	100

2. 村民外出务工和老人、儿童居多是村庄内部劳力偏少的主因

上文提到，文村的劳动力偏少，其中的一个问题就是，村庄的部分劳动力向外流动，外出务工。从表 3-7 可以看出，被调查的样本中，只有 12 户家中无人外出务工，占了总体的 12.8%；家中有人外出务工的有 28 人，占了总体的 29.8%；有 2 人外出务工的有 24 人，占了总体的 25.5%；有 3 人外出务工的仅有 2 人，占了总体的 2.1%；有 4 人外出务工的有 4 人，占了总体的 4.3%；而有 5 人在外务工的只有 1 人，仅占总体的 1.1%。总体而言，被调查样本中，有 59 人家中有人在外务工，占了样本的 62.8%。村庄中部分人员外出务工是村庄劳动力偏少的原因之一。但是需要指出的一点是，村庄内部外出务工的人员务工地点主要集中于韩城本地，跨市、跨省的现象不普遍。从表 3-8 中可以发现这一点，被调查者中，家中有人在西庄镇务工的人有 14 个，占了总体的 14.9%；而家中有人在韩城市务工的有 38 人，占了总体的 40.4%。也就是说，家中有人在韩城本地务工的人有 52 人，占了总体的 53.3%。而家中有人在渭南市、西安市和省外务工的人数分别只有 2 人、7 人和 3 人，分别只占总体的 2.1%、7.5% 和 3.2%。

表3-7　家中务工人数

单位：人，%

家中务工人数	人数	百分比
0	12	12.8
1	28	29.8
2	24	25.5
3	2	2.1
4	4	4.3
5	1	1.1
缺失值	23	24.4
总计	94	100

表3-8　村民外出务工地点

单位：%

务工地点	频数	百分比
西庄镇	14	14.9
韩城市	38	40.4
渭南市	2	2.1
西安市	7	7.5
省外	3	3.2
缺失值	30	31.9
总计	94	100

此外，村庄劳动力偏少的另一原因是村庄中有一定数量的老人与儿童，老人与儿童一般不是主要的农业生产劳动力。从表3-9可见，被调查者中，仅有6人家中没有老人，占了总体的6.4%；而家中有1个老人的有45人，占了总体的47.9%；家中有2个老人的有30人，占了总体的31.9%；家中有4个老人的只有1人，占了总体的1.1%。被调查者大部分人家中有老人，有76人家中有老人，占了总体的80.9%。

从表 3 - 10 中可看出，有 16 人家中没有儿童，占了总体的 17.0%；家中有 1 个儿童的有 32 人，占了总体的 34.0%；家中有 2 个儿童的有 19 人，占了总体的 20.2%；家中有 3 个儿童的只有 1 人，占了总体的 1.1%；家中有 4 个儿童的只有 2 人，占了总体的 2.2%。被调查者中，有 54 人家中有儿童，占了总体的 57.4%。

表 3 - 9　家中老人数量

单位：人，%

家中老人数量	人数	百分比
0	6	6.4
1	45	47.9
2	30	31.9
4	1	1.1
缺失值	12	12.7
总计	94	100

表 3 - 10　家中儿童数量

单位：人，%

家中儿童数量	人数	百分比
0	16	17.0
1	32	34.0
2	19	20.2
3	1	1.1
4	2	2.2
缺失值	24	25.5
总计	94	100

3. 村民文化素质较低，收入来源单一

除了上文已经提到的村庄内部劳动力偏少的问题外，同中国广大农村一样，文村村民的文化素质也较低。如表 3 - 11 所示，被

调查者中，村民受教育程度多集中在小学和初中这两个层次，分别有 24 人和 42 人，占了总体的 25.5% 和 44.7%；从未上过学的有 7 人，占了总体的 7.4%；上过高中或中专的人数有 14 人，占了总体的 14.9%；上过大专的有 5 人，占了总体的 5.3%；上过本科及以上的只有 2 人，占了总体的 2.1%。从对样本的分析中，可以大概看出文村村民的文化程度较低，大部分人所受的教育程度集中在小学和初中这两个阶段。

表 3 – 11　被调查样本受教育程度

单位：%

文化程度	频数	百分比
未上过学	7	7. 4
小学	24	25. 5
初中	42	44. 7
高中或中专	14	14. 9
大专	5	5. 3
本科及以上	2	2. 1
总计	94	100

　　村民文化素质较低导致的结果就是村民职业结构以及收入来源的单一。从表 3 – 12 可见，被调查者中，村民的职业结构比较单一，有 81 人是农民，占了总体的 86.2%；只有 6 人是工人，占了总体的 6.4%；只有 2 人是个体经营者，占了总体的 2.1%；还有 5 人是其他职业者，占了总体的 5.3%。值得注意的是，村民职业结构单一，一方面在于村民文化素质较低，另一方面也是由于从事其他职业的人员一般都向外流动而不居住在村中了。但是留守在村中的人员职业结构的单一所导致的另一个结果就是村民收入来源的单一。从表 3 – 13 来看，村民的收入来源较为单一，主要是务农和务工。有 76 人表示收入来源于务农，占样本量的 80.8%；有

44人表示收入来源于务工，占总体的46.8%；而分别只有1人、2人、3人和2人表示收入来源于个体经营、经济林、政府补贴或是其他，分别占总体的1.1%、2.1%、3.1%和2.1%；没有人表示收入来源于土地租金。可见，文村村民收入来源比较单一，主要来源于务农和务工，而且主要还是靠务农，务工是辅助。

表3-12　村民职业结构

单位：%

职业	频数	百分比
农民	81	86.2
工人	6	6.4
个体经营	2	2.1
其他	5	5.3
总计	94	100

表3-13　收入来源结构（多项选择）

单位：%

家庭主要收入来源	频数	百分比
务农	76	80.8
务工	44	46.8
个体经营	1	1.1
经济林	2	2.1
政府补贴	3	3.1
土地租金	0	0
其他	2	2.1

4. 人口结构与村庄可持续发展

第一，村庄经济结构单一，青壮年劳动力流失严重，村庄可持续发展面临困境。文村是一个依靠花椒种植收入的村庄，主要农作物是花椒。而花椒产业发展面临的问题日益凸显，制约着文村的可持续发展。首先，村内的花椒树大多数已经栽植超过 30 年，过了最佳生长期，现在正处于产量下降阶段。而重新种植花椒树，则需要两三年才能结果，5 年左右才能初见收益，在这期间农户的经济收益必将受到影响，农户的生计面临问题。其次，村内大量青壮年劳动力流失，农业劳动力不足。文村花椒种植已有很长历史，但伴随着城镇化和工业化进程的不断发展，越来越多的青壮年劳动力涌入城市，进入城市务工，这导致文村缺乏青壮年劳动力，农业生产缺乏劳动力且老龄化程度加剧。村中从事农业生产的多为老年人，伴随着这些人群年龄的不断增长，未来文村的劳动力将面临严重匮乏的情况。

第二，青壮年劳动力外流，村庄人口下降，村庄"空心化"程度进一步加剧。随着城镇化和工业化进程的不断加快，越来越多的青壮年涌入城市，进入城市打工，儿童也随父母进入城市就近入学，村庄人口流失严重，人口老龄化趋势进一步加重。为应对村庄"空心化"问题，文村应该转变经济增长模式，改变单纯依靠花椒种植发展的农村经济，大力发展煤矿产业，采用依托资源带动就业、促进村庄可持续发展的经济模式。

（二）村庄基层组织涣散，活力不足

通过对文村的调查，我们可以发现，在中国广大农村中存在的一个问题就是村庄基层组织的涣散。对于文村来说，没有农业合作社、老年人协会等组织，只有最基本的村庄管理组织，即村委会。然而作为文村最基本，也可以说是唯一的村庄基层组织，村委会并没有发挥出其应有的活力与作用。作为村委会，其最基本的职责就是要管理好村庄的社会秩序，之后便是带领村民发展，与此同时，注重村民文化素质与文化生活质量的提高。然而，调查中，我们发现，文村村委会在一定意义上，只是起传达政令的作用，没有发挥带领村庄发展的作用。由于文村人口较少，民风也较为淳朴，因此村庄内部没有什么严重的村民矛盾与村民纠纷，

村庄内部也不存在黑恶势力，社会秩序良好。村委会大多时候只是通知村民一些上级政府传达下来的重要政策或指令，没有聚焦村庄发展，也没有举办相关的村庄集体活动。如表 3 - 14 所示，虽然在调查中，有 59 人表示村委会经常组织村庄集体活动，占了总体的62.8%；只有 34 人表示村委会没有经常组织集体活动，占总体的37.2%。但是，多数村民反映，文村一年中唯一的集体活动就是"三八妇女节"活动，而且这一活动在很大程度上带有村民自发的成分。

表 3 - 14　村庄是否经常组织集体活动

单位：%

村庄组织集体活动	频数	百分比
有	59	62.8
没有	35	37.2
总计	94	100

当然，对于文村这样较为贫困的西部村庄来说，村委会保证村庄社会秩序良好运行，并传达好上级政令已属不易，让其更进一步，领导村庄发展，也面临一些客观的困难。首先，村委会及其内部的各组，没有集体资产和举办相关的集体活动需要的经费，这就意味着各组组长要自费，这是很多村干部难以承受的。而关于村集体为何会缺乏活动经费，原因之一是前任干部将集体资产以某种形式消耗掉，到现任干部时，就基本上没有集体资产了。其次，在文村这样的贫困村庄，村干部更多时候首先考虑的是自己家庭的发展，村委会的事务不仅会消耗干部的时间，也会消耗其精力，甚至有时候还会使其花费一定的钱财，因此，村干部多不重视村委会的事务，村干部只是一种兼职。总体来说，一方面村组织缺乏经济基础，另一方面又缺乏组织领导者，因此，组织必然涣散，也必然不能带领村庄更好地发展。当然，对村民来说，还是希望有强有力的村庄组织来领导村庄与村民的发展。调查中，有

13.8%的被访者表示对于村庄的发展来说，最重要的是要更好地发挥村委会和村干部的领导作用。而且多数村民希望村委会能多举办集体活动。如表3-15所示，被调查者中，有92人表示村委会应多组织村民参加一些集体活动，占了总体的97.9%；只有2人表示不应该，占了总体的2.1%。而且，有89人表示如果村委会组织相关活动的话，自己会积极参加，占了总体的94.7%；只有5人表示不愿参加，只占总体的5.3%。对于希望村委会组织何种活动，占主体的群众希望村委会多组织文化娱乐活动。如表3-17所示，有43人表示希望村委会组织文化娱乐活动，占了总体的45.7%；有32人表示希望组织农业技术培训活动，占了总体的34.0%；有13人表示希望组织创新创业讲座，占了总体的13.8%；有6人表示希望组织其他类型的活动，占了总体的6.4%。可见，多数村民希望村委会能更好地发挥领导村民的作用，同时也可以发现，像文村这样的西部贫困村庄中的村民文化生活的缺乏以及对于学习农业技术的渴望。因此，探讨如何发挥村委会的作用以及如何建设适合于村庄需要的基础组织是探究西部村庄发展中需要加以考虑的重要问题。

表3-15　村民认为村委会是否应该多组织村民
参加一些集体活动

单位：%

村民态度	频数	百分比
是	92	97.9
否	2	2.1
总计	94	100

表3 16　如果村委会组织活动，村民是否愿意参加

单位：%

村民态度	频数	百分比
是	89	94.7

村民态度	频数	百分比
否	5	5.3
总计	94	100

表 3 – 17　村民希望参加何种活动

单位：%

活动类型	频数	百分比
文化娱乐活动	43	45.7
农技培训活动	32	34.0
创新创业讲座	13	13.8
其他	6	6.4
总计	94	100

（三）村庄内部产业结构单一

对于文村来说，还存在的一个问题是产业结构较为单一。上文已经指出，该村的收入主要是靠务农，村民通过农业生产活动获取收入，但是对文村的调查显示，该村产业结构单一。全村大部分农户种植花椒，同时家庭收入来源也主要是花椒收入。如3 – 18所示，被调查者中，有90人表示家中种植花椒，占了总体的95.7%，只有4人表示家中没有种植花椒，占总体的4.3%。表3 – 19中，只有5人家中种植花椒的面积在1亩以下，占总体的5.3%；而分别有22人、20人、22人家中种植花椒面积在1.1~3亩、3.1~6亩和6.1~9亩，分别占总体的23.4%、21.3%和23.4%；只有14人家中种植花椒面积在9.1亩以上，占总体的14.9%。从中可见，文村大部分农户都种植花椒，但是种植的面积较小，形不成规模，有68.1%的农户种植面积在1.1~9亩之间。这使得文村村民通过花椒种植所获得的收入呈现两极分化，分别有26人和29人通过花椒种植所获得的收入在5000元以下和5001~10000元，分别占了总体的27.7%和

30.9%；此外分别有10人和20人通过花椒种植收入在15001~20000元和20000元以上，占了总体的10.6%和21.3%，只有1人花椒种植的收入在10001~15000元，占1.1%。也就是说，58.6%的人的收入在10000元及以下，而21.3%的人的花椒种植收入在20000元以上。可见，村民通过花椒种植所获得的收入呈现两极分化的现象，且收入在10000元及以下的农户占主体（见图3-1）。

表3-18　家中是否种植花椒

单位：%

	频数	百分比
是	90	95.7
否	4	4.3
总计	94	100

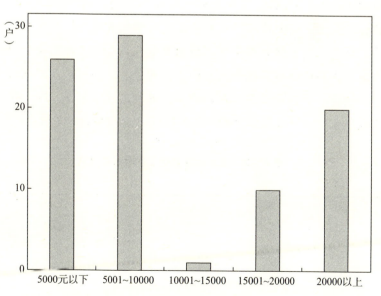

图3-1　村民种植花椒获得的收入

表 3 – 19　家中种植花椒的亩数

单位：%

种植面积	频数	百分比
1 亩以下	5	5.3
1.1 ~ 3 亩	22	23.4
3.1 ~ 6 亩	20	21.3
6.1 ~ 9 亩	22	23.4
9.1 亩以上	14	14.9
缺失值	11	11.7
总计	94	100

该村产业结构较为单一还表现在，农户除了种植花椒外，较少种植其他类型的农作物。如表 3 – 20 所示，有 19 人表示家中种植其他农作物的土地面积在 1 亩以下；有 23 人表示其他作物的种植面积在 1.1 ~ 3 亩；有 5 人表示其他作物的种植面积在 3.1 ~ 6 亩；无人表示家中种植了 6.1 亩以上的其他农作物；而在缺失值中，其实包含了部分家中并不种植其他作物的农户。可见，该村农户较少种植其他的农作物，产业结构单一。该村产业结构较为单一的另一个表现就是，农户较少饲养牲畜。如表 3 – 21，有 32 人表示家中并没有饲养牲畜，只有 23 人表示家中饲养了牲畜。

表 3 – 20　家中种植其他农作物的面积

单位：%

种植面积	频数	百分比
1 亩以下	19	20.2
1.1 ~ 3 亩	23	24.5
3.1 ~ 6 亩	5	5.3
6.1 亩以上	0	0
缺失值	47	50.0
总计	94	100

表 3 – 21　家中饲养牲畜的数量

单位：%

牲畜的数量	频数	百分比
没有	32	34.0
1 ~ 5	4	4.3
6 ~ 10	6	6.4
10 以上	13	13.8
缺失值	39	41.5
总计	94	100

　　村庄产业结构单一所造成的最为直接的后果就是农户的收入较低。如表 3 – 22，被调查者中，有 30 人表示 2014 年收入在 5000 元以下，占了总体的 31.9%；有 28 人收入在 5001 ~ 10000 元，占总体的 29.8%；另有 17 人家庭收入在 10001 ~ 20000 元；只有 18 人收入在 20000 元以上。可见，村民整体的收入较少，造成村庄的发展缺乏经济基础，村庄要实现较为长远和持续的发展是不可能的。如何实现产业结构的调整与升级对于西部贫困村庄来说是应该考虑的根本问题。

表 3 – 22　村庄 2014 年农户收入统计

单位：%

2014 年家庭年收入	频数	百分比
5000 元以下	30	31.9
5001 ~ 10000 元	28	29.8
10001 ~ 15000 元	11	11.7
15001 ~ 20000 元	6	6.4
20000 元以上	18	19.1
缺失值	1	1.1
总计	94	100

二 文村外部发展动力机制分析

(一) 政府产业扶持政策与村庄发展

在实地调研过程中我们发现，文村不仅内部发展资源匮乏、发展动力不足，且外部支持不够、发展动力也不足。内外动力不足导致文村的发展面临困境，大量青壮年劳动力外流，进而造成村庄治理主体、发展主体和文化传承主体缺失，村落共同体面临被解构的危险。从实地调查来看，有80.9%的村民认为政府支持和鼓励村民种植花椒；有17.0%的村民表示不清楚政府对村民种植花椒的态度；仅有2.1%的村民对政府支不支持村民种植花椒持无所谓的态度（见表3-23）。由此可见，政府对村民种植花椒发展村庄经济、提高收入的做法是支持和鼓励的。

表 3-23 政府对村民种植花椒的态度分布

单位：%

态度	频数	百分比
鼓励	76	80.9
无所谓	2	2.1
不清楚	16	17.0
总计	94	100

但是，在实地调查的过程中我们发现另一个问题，就是政府只是形式上持鼓励态度，在产业扶助政策和花椒补贴政策上却没有采取相应的举措，没有切实有效地促进花椒产业的发展。调查发现，有41.5%的村民认为政府对村民种植花椒没有相关的产业扶助政策，有25.5%的村民表示政府有一些产业扶助政策，还有29.8%村民对政府是否有产业扶助政策不清楚（见表3-24）。由此可见，政府对花椒产业发展的政策支持不足，只停留在形式支持上。

表 3 - 24　村民是否认为政府对花椒产业有扶助政策统计

单位：%

扶助政策	频数	百分比
有	24	25.5
没有	39	41.5
不清楚	28	29.8
缺失值	3	3.2
总计	94	100

从以上的分析可以看出，政府对花椒产业的发展整体上是持鼓励态度的，但是相关的产业扶助政策严重滞后，这是导致文村发展缓慢、外部动力不足的重要原因之一。产业扶助政策严重滞后，导致整个村庄的花椒产业发展缓慢、经营和管理分散、经济效益低下。在城镇化和工业化背景下，在经济理性的驱动下，村庄大量青壮年劳动力流失，村庄发展主体、治理主体缺失，这都导致村庄发展面临困境。

（二）政府的技术支持与村庄花椒产业发展

技术问题是文村花椒产业发展过程中面临的一大难题。在实地调查中，很多村民反映，在种植花椒过程中缺乏技术指导，没有掌握正确栽种和应对病虫害的方法，他们只能靠天吃饭，无法人为控制病虫害。

而村民手中缺少相应的资源，掌握的仅仅只是一些通过实践经验总结出来的"土办法"，不懂科学的栽种和病虫害防治技术。由此导致花椒产量较低。在调查过程中发现，有43.6%的农户认为政府没有相关的技术支持，有34.0%的农户认为政府曾经有过技术指导，但只是示范形式的指导，没有学到真正的技术，还有19.1%的农户表示对于政府是否有过技术指导和支持不清楚（见表3-25）。由此可见，政府的技术指导缺乏，虽然有过相应的技术下乡，但没有达到预期的效果，很多都是形式上的指导，农户没有从中受益，支持并不能满足农户的技术需求。

表 3 - 25　村民是否认为政府有技术支持的情况

单位：%

技术支持	频数	百分比
有	32	34.0
没有	41	43.6
不清楚	18	19.1
缺失值	3	3.2
总计	94	100

村庄花椒产业的发展不仅需要村民的努力经营，还需要政府宏观政策的支持和技术的支持，一项好的产业扶助政策和良好的技术保障，是促进花椒产业发展的重要外部保障。而文村现在花椒产业的发展面临政策支持严重滞后、技术支持严重不足的问题，这使文村花椒产业发展长期坚持"一家一户"的分散经营模式，难以形成规模，品牌效应低下，严重阻碍了文村花椒产业的进一步发展。而村庄的经济支柱便是花椒产业，花椒产业的经济收入已经难以满足农户的发展需要。

(三) 政府公共基础设施投入与村庄发展

村庄公共物品供给短缺，公共生活遭受冲击，将增加乡村社会治理的难度。文村大量青壮年劳动力外流造成村庄人口过疏化，且村庄组织涣散，凝聚力不强，乡村社会发展丧失活力，村庄集体提供公共物品的能力非常有限，当地政府对该村的基础设施投入严重不足，导致村庄发展面临困境。

案例 3 - 9：据文村老支书许某回忆，"文村是一个杂姓村，主要的大姓有许、孙、薛和李四大姓。文村 1981 年才全村通公路，那时候道路狭窄，全部是人力修建，2003 年全村道路全部硬化，在硬化道路的过程中，修建道路的人力劳动全部由村集体出，而仅有水泥和沙子等建筑材料由上级政府支持。2006 年，全村村民才吃到自来水，之前全村共有两口水井，全村村民生活全部依赖于井水，那个时候吃水非常困难，而且水质也比较差，现在文村的水质和用水环境得到了改善。"

村庄的道路虽得到了硬化，但是仍然狭窄，会车非常困难，公共基础设施供给严重滞后。在城镇化进程中政府过度关注城市发展，对经济欠发达地区的农村关注较少，投入的资源也相对较少，公共物品供给严重不足。伴随着城镇化和工业化的不断推进，村庄的青壮年劳动力大量外流，造成村庄的发展主体和治理主体缺失，村庄公共性丧失，个人中心主义逐渐盛行，村民个性与主体性的发展被限制在私人领域内，自我中心主义开始对村民的生活产生强烈冲击，这使村民只注重个人权利，忽视对集体和他人的责任，从而变成了"无公德的个人"。同时，村庄公共物品供给严重不足，农村公共生活遭受冲击，村民之间的人际交往变得越来越少，参加村庄公共事务的态度逐渐淡漠，村民之间的互助与村落文化传承面临危机，村庄发展将面临前所未有的困境。

案例 3-10：薛某，男，44 岁，家里有八口人，其中包括两个孩子。家里有 5 亩地用于种植花椒，他已经连续种植花椒十几年了，经济效益较差。他直至今年（2014）已经连任组长十二年，每到换届选举时，由于没有人愿意参选，薛某的组长没有人接替，迫不得已连任组长。村里之所以没有人愿意当组长，主要原因是组长在管理事务的过程中不但没有收益还要自己倒贴钱，这已然变成了负担。在修渠、组织娱乐项目等公益事业上，村里没有相关的经费，也很难集资到足够的钱，想要将工程和项目办好，只能组长自掏腰包把钱凑齐，长期下来给组长带来很大的经济负担。薛某主要组织的活动是"三八妇女节"的活动，在妇女节组织节目表演，大多数村民都愿意来参加。村上自发组成了一支锣鼓队，不到40人，免费为村民服务。在担任文村组长期间，除了付出财力和物力，他还投入了大量的时间和精力，然而这些并没有相应的工资回报和补贴，一切都是义务性的。

从上面的案例可以看出，随着工业资本向乡村社会的扩张和工业化对传统农业村落的冲击，文村的集体生活已经发生了巨大变化。文村的青壮年劳动力不断进入城市打工，没有人愿意留在农村，更对村庄的公共事务不感兴趣，这导致村庄公共事务无人问津，村庄的公共生活正在逐渐消解。而缺乏人才和资金，公共物品供给短缺和公共生活走向衰落，是导致此类村落发展困难的主要原因。大量人口流失、公共物品供给不足和农村公共生活匮乏，将导致乡村公共性衰落与公共精神丧失、村落公共生活与组织结构瓦解，这又进一步增加了乡村社会治理的难度。

第四节　村庄发展过程中存在的问题及其
应对策略

一　村庄发展过程中存在的问题

文村在发展过程中面临以下急需解决的问题，主要包括花椒种植、农业基础设施、村庄公共服务设施、文化教育和村庄可持续发展等方面的问题。

（一）花椒产业发展中存在的问题

花椒园存在普遍老化问题。文村大部分花椒栽植于 1978 年改

革开放前后，距今已经有三十多年的历史，而花椒的生长周期也
基本为三十年左右，所以目前文村的花椒树进入老化期，花椒年
产量和花椒品质呈现下降趋势，影响村民的收入。

家庭农业劳动力匮乏，雇工采椒，人工费用负担重。很多椒
农由于家里椒园较大，青壮年劳动力外出务工，需要从外地雇工
采摘花椒。而这些采椒工多来自商洛、铜川等地，雇主除了付给
采椒工劳动报酬之外，还需承担雇工的食宿和往返交通费用，因
此花椒采摘的人工费用过高，花椒生产成本太大，利润较低。

花椒产业链过短，对花椒的综合利用率低。椒农一般直接将
花椒出售给花椒收购商，未经过加工和处理的原生花椒利润太低。
而花椒收购商倒卖后，则获得较高的利润，中间的差价较大。在
这条产业链中椒农获得的利益较少，附加利润值低。

（二）农业基础设施及农业技术方面的问题

农田水利基础设施匮乏。文村可耕地主要分为水地和旱地。
水地是利用村里有限的水资源能够进行灌溉的土地，旱地则是无
法进行人工灌溉只能依靠雨水的土地。即使是对水地，进行灌溉
也比较困难，村里能够利用的水资源仅是一条流经村边的小溪，
水流不大，并且不方便。村民要想灌溉土地只能排队对小溪进行
截流取水，并且只能采取大水漫灌的方式，这让仅有的水资源更
是浪费较大，而椒农基本上只能靠天吃饭，抵御自然灾害的能力
较弱，这种灌溉方式对其他村民的生活也造成了一定程度的困扰。

种植结构单一，农业技术和椒园管理落后。文村地势起伏较
大，属于黄土高原，为黄土土质，村中沟壑纵横，交通不便，村
民居住分散。由于受地形地势等限制，文村在农业方面主要以花
椒种植为主，农作物种植结构单一，且种植过程中农业技术落后，
管理不到位。村民没有掌握科学的椒园管理技术，完全依靠经验
种植和采摘，对花椒树的整形修剪、病虫害防治以及保墒、施肥

等知道得较少，由此导致农户的花椒产量和收入较低。

农业劳动力老龄化现象加剧，青壮年劳动力外流，造成农业生产出现萎缩现象。青壮年劳动力外出打工，农业劳动力流失严重，大量老年人留守在农村从事农业生产活动，农业劳动力老龄化程度进一步加剧。

（三）农村公共基础设施不健全

公共卫生机构缺乏，村民看病就医难。文村曾经有一个公共卫生所，而如今随着村里唯一一位村医年龄增长，身体不便，不再出诊后，村卫生所形同虚设，没有了为村民服务的村医，也没有药品，村民看病就医要去西庄镇卫生院。由于文村还尚未通公交车，村民出行仅仅依靠私家车，这给部分家庭经济较困难农户的出行带来了非常大的不便，并且加重了村民的负担。

公共道路狭窄，公共交通落后。由于文村地处山腰，交通很不便利。目前整个村庄共仅有 1 条主干道和 3 条辅路。通往西庄镇的主干道较狭窄，仅能供一辆车通行，会车比较艰难，并且村子内的 3 条辅路是几年前修建的，是用砖铺成的小路，下雨后会有积水，这给村民出行带来了很大的不便。

公共垃圾处理不当，环境卫生较差。目前文村没有统一固定的垃圾堆放点，各家各户都是在家附近的山坡或土坑内扔垃圾，导致村子内卫生环境较差，垃圾随处可见，这不利于村民的身体健康和卫生保健工作。

娱乐休闲设施匮乏。文村目前没有一个可供村民集体活动的广场或者休闲活动中心。村民农闲在家时，大部分人会选择待在家中，这不仅减少了村民之间的互动交流，而且不利于村民建立互助和谐的邻里关系，在一定程度削弱了村庄传统文化的传承。村中许多儿童处于"放养"状态，由于村子位于山上，在山上各处玩耍有一定危险，儿童安全存在一定隐患。

（四）农村文化教育方面存在的问题

农村文化生活的缺失。文村文化基础设施建设不到位，平时村中举办的文化娱乐活动相对较少，只有"三八妇女节"的时候村委会会组织全村妇女举办文艺表演，除此之外村中其他文化娱乐活动非常少。村中没有特色鲜明的传统文化传承下来，村民的精神文化生活很匮乏，生活缺乏趣味。

村庄基础教育薄弱，文化教育水平落后。调查中了解到，村中现在没有小学，唯一的一所小学在十年前就已经被撤销了，现在村中的小学生要前往邻村就读小学或者去西庄镇就读。村庄小学的撤销给小学生造成了一定的学习负担和压力，给学生家长也造成了一定的经济负担。

（五）村庄的可持续发展问题

村庄经济结构单一，青壮年劳动力流失严重，村庄可持续发展面临困境。文村是一个依靠花椒种植收入的村庄，主要农作物是花椒，而花椒产业发展面临的问题日益凸显，制约着文村的可持续发展。第一，村内的花椒树大多数都已经栽植超过30年，过了最佳生长期，步入老化阶段，现在正处于产量下降阶段。而重新种植花椒树，则需要2~3年才能结果，5年左右才能初见收益，在这期间农户的经济收益必将受到影响，农户的生计面临问题。第二，村内大量青壮年劳动力流失，农业生产力不足。文村花椒种植已有很长的历史，但伴随着城镇化和工业化进程，越来越多的青壮年劳动力涌入城市，进入城市务工，导致村内缺乏青壮年劳动力，农业生产缺乏劳动力且老龄化程度加剧。

青壮年劳动力外流，村庄人口数量下降，村庄"空心化"程度进一步加剧。随着城镇化和工业化进程与速度的不断加快，越来越多的青壮年涌入城市，进入城市打工，儿童也随父母进入城市就近入学，村庄人口流失严重，人口老龄化趋势进一步加重。

文村为应对村庄"空心化"问题，应该转变经济增长模式，改变单纯依靠花椒种植的农村经济，大力发展煤矿产业，采用依托资源带动就业、促进村庄可持续发展的经济模式。

二 应对策略

面对以上问题，文村应该采取以下具体措施来应对。

（一）花椒产业发展的政策建议

鼓励椒农分批对椒园进行改造翻新，保证村民有一定的收入来源，满足农户基本的生活需要；政府应该不断加大对椒农的支持力度，扶植花椒产业的发展，为椒农提供新品种，并加强技术指导；政府应该引导椒农逐步进行农业产业转型，改变单一花椒种植的局面，增加苹果、山楂等经济作物的种植，形成多种经济作物兼种的农业发展新模式。

政府应加强组织领导，分批对椒农进行技术培训，提高椒农对椒园的管理水平；同时政府应该整合本地剩余劳动力，建立花椒人才招聘平台，就近吸收本地劳动力，这可在一定程度上缓解用工荒问题。政府可以出台相关政策，对花椒种植大户进行适当的补贴和技术指导，降低其生产成本，引导其不断进行椒园管理和采摘技术的创新。

应加大对花椒加工厂的技术和资金支持，鼓励其不断进行技术创新，同时花椒产业应该积极培养和引进技术员工，对花椒产品进行深加工，发展多种模式的花椒加工，增加花椒产品的附加值；加大对本地花椒的宣传力度，加强与外界的信息交流与沟通，与周边县城进行贸易协商，积极吸引外商。创造具有当地特色的花椒品牌，树立品牌效应。

应加大对椒农的技术支持，改良花椒品种，提高花椒树寿命和花椒产量，切实增加村民收入。开展花椒种植技术知识专业讲座，为村民解决技术难题，使村民了解花椒生长习性和相关的病虫害防治及其处理方法，做到科学合理种植、保墒、修剪和采摘，增加农户收入。

（二）公共基础设施建设的建议

应加大对农村水利基础设施的投资力度，建设和完善相关农田水利基础设施，在村庄修建大的蓄水池，收集雨水和山上流经的溪水，为灌溉土地做好准备。另外，可从山下引水，政府应修建引水管道，将山下井水或者自来水送至山上。

应加大对当地公共交通的投入力度，拓宽入村的主干道，开通村内到城镇的短途公交车，方便村民出行。对于村内环境较差、垃圾乱放的问题，应该规划固定统一的垃圾堆放点或垃圾坑，并派专门人员或车辆及时清理，保证村子卫生环境。

当地政府应出资修建公园广场和活动中心，为村民进行娱乐休闲活动提供场所，完善老年人健身和儿童娱乐设施，为老年人和儿童的娱乐生活提供保障。村委会应定期组织村民进行集体文艺表演，丰富村民的业余生活。政府应提供资金和专业医疗人员在村里成立卫生所，解决村民看病难的问题。

（三）对发展文化教育的建议

政府应加大对农村基础教育的重视，改善教育环境，提升师资力量，培育出更多更好的人才。对家庭贫困的学生进行资助，对考上本科及其以上的学生进行奖励，营造良好的教育文化氛围，促进农村基础教育发展。

积极发扬本村的优秀传统文化。村委会应积极组织相关的文化娱乐活动，如组织村民看电影、扭秧歌等，推广现代文化，促进农村文化的发展，提高农村文化生活的质量，并重视传统节日文化，加大传统文化的宣传力度。

第五节　小结

随着城镇化与工业化不断发展，城市对乡村劳动力的吸纳加强，农民产生想要脱离乡土社会进入城市社会的"心理脱域"，再加上工业资本不断向乡村社会扩张给村落共同体带来的巨大冲击，乡村青壮年劳动力大量外流。而青壮年大量外流将使乡土社会原有的社会秩序被打乱，给村落社会经济发展带来消极影响，村落面临发展主体缺失、公共物品供给不足、公共性走向衰落和文化认同危机等困境。此类村庄的发展"何以可能"，是走向"村落终结"，还是实现村落共同体重建，已成为政策研究者必须关注的现实问题。

此类村庄如何发展的问题已成为政策制定者迫切需要解决的问题，党村和阳村具有自身特色，而文村没有自身发展优势，文村只保留了花椒种植传统，村庄内部发展资源匮乏。到底怎么发展？现在还不知道，这个有待我们进一步思考。还有便是在城镇化和工业化进程中，村民为了生计，外出打工，大量人口涌入城市，村庄出现"过疏化"（空心化），村庄治理主体缺失，这个问题也值得深思。

文村只是西部经济欠发达地区村落中的一个典型代表，但乡村人口过疏化已经对此类村落的发展产生了重要影响，这一点不能忽视。文村的个案给我们带来了很多启示与思考，在西部经济欠发达地区进行新农村建设时，不能仅仅对村庄进行经济扶贫，更重要的是培育村庄的自我发展能力，使其进行"自生式开发"，走向"内生型"发展；同时不能只重视物质建设而忽视精神建设，要努力促进两者协同发展。当然，在城镇化进程中，在西部经济欠发达地区有些村庄走向过疏化是不可避免的，也是城镇化不断发展的客观要求。对此类村庄进行合并与重组，可通过行政手段对其进行移民或者将其纳入中心村，促使村落共同体迸发出新的发展希望。

后　记

　　《关中三村》中调研的村庄属于著名历史学家司马迁的故乡——陕西省韩城市。这三个村庄分别是旅游发展型的党村、企业带动型的阳村以及传统农业型的文村，笔者之所以选择这样的三个村庄是受到费孝通《云南三村》类型比较法的启示，每个村庄都有自己独特的发展模式。本书研究从关中三个不同类型村庄的发展模式出发，对这三个村庄的基本情况、发展动力机制以及发展模式、存在的问题做出了深度分析，并且提出了相应的发展建议。该研究对了解关中农村社会有着较大的帮助，也为后续研究关中农村社会变迁的学者提供了丰富的基础数据和经验参考。

　　本研究采用定性研究和定量研究相结合的方法，主要用问卷调查法和结构式访谈法来收集数据资料。课题组成员克服各种困难，从问卷设计到实地调查都是严格按照社会学的规范进行。我们深入关中农村，进行了长期的跟踪调查，在收集到大量第一手资料的基础上，结合已有的文献资料撰写了本书。在此需要感谢参与调查研究的全体成员：张和荣、李卓、菅路洁、杨思颖、娄梦玲、张子佩、吴媚、吴蒙、王如月、吴丽娟、苏瑾、赫松婷、包玉峰、姚自立、张央央、王涵、王鑫、王瑛琪、黄丹等。同时也感谢在本研究调查过程中给我们提供了人量帮助的所有朋友。

　　《关中三村》写到这里算是结束了，但是对于这三个村庄，乃至整个关中农村的研究和探索来说，才刚刚开始。在这里诚请各位专家学者能给我们提供宝贵的意见，以使我们对关中农村社会的研究能够持续深入地进行下去。

郭占锋

陕西杨凌

2016 年 5 月 16 日

参考文献

蔡昉，1995，《乡镇企业产权制度改革的逻辑与成功的条件》，《经济研究》第 10 期。

程乾、付俊，2010，《基于游客感知的古村落旅游资源评价研究》，《经济地理》第 2 期。

党康琪，1999，《党家人说党家村》，陕西韩城党家村出版，永华印务中心排版印刷，陕渭新出批（1999）字第 20 号。

党康琪，2001，《党家人说党家村（续集）》，陕西韩城党家村出版，陕渭新出批（2001）字第 24 号。

丁智才，2014，《新型城镇化背景下传统村落特色文化的保护与传承——基于缸瓦窑村的考察》，《中国海洋大学学报》第 6 期。

杜胜利，2008，《农村利益分化对农村社会稳定的双向效应》，《云南行政学院学报》第 6 期。

方志远、冯淑华，2004，《江西古村落的空间分析及旅游开发比较》，《江西社会科学》第 8 期。

黄德海，2006，《变迁：一个中国古村落的商业兴衰史》，人民出版社。

金太军、张振波，2014，《城镇化模式的人本化重塑：基于风险社会视域》，《南京社会科学》第 3 期。

江五七、陈豫，2003，《江南水乡传统古镇旅游传统遗韵的开发与保护》，《商业研究》第 8 期。

雷海燕，2008，《党家村社区参与旅游发展的差异性研究》，陕西师范大学硕士论文。

雷海燕、赵振斌，2007，《古村落旅游形象设计的社区参与模式——以党家村为例》，《北京第二外国语学院学报》（旅游版）第5期。

龙江智，2005，《从体验视角看旅游的本质及旅游学科体系的构建》，《旅游学刊》第1期。

李培林，2010，《村落的终结》，商务印书馆。

刘清芝，2011，《企业社会责任：基于社会学视角的理论解析》，《学理论》第36期。

卢松，2009，《历史文化村落居民对旅游影响的感知与态度模式研究》，安徽人民出版社。

卢松、张捷，2009，《试论旅游地居民感知的研究体系及其对古村落旅游发展的启示》，《安徽师范大学学报》第2期。

卢松、张捷、唐文跃、杨效忠、蒋志杰，2008，《基于旅游影响感知的古村落旅游地居民类型划分——以世界文化遗产皖南古村落为例》，《农业经济问题》第4期。

李苏宁，2007，《江南古镇保护与开发的博弈思考》，《小城镇建设》第3期。

李卫华、赵振斌、李艳花，2006，《古村落旅游地居民综合感知及差异分析——以陕西韩城党家村为例》，《旅游科学》第6期。

李文英，2002，《民居瑰宝——党家村》，陕西人民教育出版社。

刘燕丽、刘冬文、刘佳，2008，《失地农民与企业社会责任》，《特区经济》第3期。

马克斯·韦伯，2002，《新教伦理与资本主义精神》，彭强、黄晓京译，陕西师范大学出版社。

宁向东、吴晓亮，2006，《企业社会责任及其承担》，中国经济研究中心学术论文。

彭兆荣，2011，《旅游人类学》，民族出版社。

乔欢，2014，《党家村古村落旅游资源可持续开发机制研究》，西北大学硕士论文。

阮仪三、邵勇，1996，《江南水乡古镇的特色与保护》，《同济大学学报》第 1 期。

宋晓丹，2012，《农村复杂利益结构影响下的基层政府环境行为》，《现代经济探讨》第 10 期。

汪长根、周苏宁，2014，《关于新型城镇化进程中古镇古村落保护若干问题的思考》，《中国文物科学研究》第 4 期。

汪凤桂、欧晓明，2013，《从身份认知到企业社会责任行为——对东进农牧惠东有限公司村庄建设行为的分析》，《华中农业大学学报》（社会科学版）第 2 期。

王帆、赵振斌，2007，《旅游影响下的古村落社会文化变迁研究——以陕西韩城党家村为例》，《桂林旅游高等专科学校学报》第 10 期。

王帆、赵振斌，2009，《基于游客体验的古村落旅游景观展示研究——以陕西党家村为例》，《北京第二外国语学院学报》第 11 期。

卫龙宝、凌玲、阮建青，2011，《村庄特征对村民参与农村公共产品供给的影响研究——基于集体行动理论》，《农业经济问题》第 5 期。

伍先福，2010，《古村落旅游开发相关利益主体研究》，《市场论坛》第 6 期。

谢彦君，2005，《旅游体验——旅游世界的硬核》，《桂林旅游高等专科学校学报》第 6 期。

余飞，2010，《论新农村建设中乡镇企业的社会责任》，中共湖北省委党校硕士论文。

于吉京、邹宏霞，2010，《岳阳张谷英村旅游经营模式探析》，《改革与开放》第 4 期。

张典强，2009，《济宁市煤炭企业社会责任研究》，北京交通大学硕士论文。

郑风田、阮荣平、程郁，2010，《村企关系的演变：从"村庄型公司"到"公司型村庄"》，《社会学研究》第 1 期。

周若祁、张光，1999，《韩城村寨与党家村民居》，陕西科学技术出版社。

朱松节，2014，《"美丽中国"视角下的苏州古村落保护与开发的思考》，《安徽农业科学》第 34 期。

周祎，2011，《农村社区建设中的企业社会责任履行个案研究》，长春工业大学硕士论文。

周祖城，2005，《企业社会责任：视角、形式与内涵》，《理论学刊》第 2 期。

Joseph Pine & James Gilmore, 1999, *The Experience Economy*: *Work Is Theatre & Every Business a Stage* (Boston: Harvard Business School Press).

Oliver Sheldon, 2009, *The Philosophy of Management* (New York: General Books).

Paul F. Wilkinson, 1995, "Gender and Tourism in an Indonesian Village," *Annals of Tourism Research* 22 （2）: 283 – 299.

Pizam, A. , 1978, "Tourism's Impacts: The Social Costs to the Destination Community as Perceived by Its Residents," *Journal of Travel Research* 16 （16）: 8 – 12.

San K. Nepal, 2008, "Tourism-induced Rural Energy Consumption in the Annapurna Region of Nepal," *Tourism Management* 29 （1）: 89 – 100.

Ted Gurr, 1968, "A Causal Model of Civil Strife: A Comparative Analysis Using New Indices," *The American Political Science Review*, 62 （4）: 1104 – 1124.

附录1　城镇化进程中的古村落旅游发展研究调查问卷

亲爱的朋友：

　　您好！为了了解在城镇化进程中党村旅游发展的情况，我们开展了这项调查活动。本次调查大约会占用您十分钟的时间。为了使调查顺利进行，请您根据自己的实际情况填写问卷，感谢您的支持与合作！

　　　　　　　西北农林科技大学古村落文化研究小组

＊＊＊＊＊＊＊＊＊＊＊＊＊＊＊＊＊＊＊＊＊＊＊＊＊＊＊＊＊

　　说明：请在备选答案上画"√"，如果是"＿＿＿＿"，请填写。如无特殊说明，请单选。

第一部分：基本信息

A1. 您的性别？

1. 男性　　　　　2. 女性

A2. 您的年龄？

1. 20 岁以下　　2. 20～30 岁　　3. 31～40 岁　　4. 41～50 岁

5. 50 岁以上

A3. 您的文化程度是？

1. 小学及以下　　　　　　　2. 初中

3. 高中或中专　　　　　　　4. 大专或本科以上

A4. 您现在的居住状况？（若回答"居住在老村"请回答 A5，若回答其他选项，请跳过 A5）

1. 居住在老村　　2. 已搬入新村　　3. 不在村里居住

A5. 您仍居住在老村的原因是什么？

1. 新村无宅基地　　　　　　2. 习惯居住在老村

3. 利用旅游优势进行个体经营　4. 其他_____

A6. 您目前所从事的职业是？

1. 务农　　　　2. 个体户　　　　3. 跑运输

4. 打工　　　　5. 其他_____

A7. 您的家庭主要收入来源是？

1. 务农　　　　2. 务工　　　　3. 个体工商经营

4. 政府补贴、分红　　5. 其他_____

第二部分：古村落旅游发展现状

B1. 您对政府的旅游分红政策如何看？（若回答"不满意"或"非常不满意"请回答 B2，若回答其他选项，请跳过 B2）

1. 非常满意　　2. 满意　　　　3. 一般

4. 不满意　　　5. 非常不满意

B2. 如果不满意，您认为主要的原因是_____

1. 政府赚取了较大利润　　　2. 政府干预得过多

3. 降低了当地居民主动参与的积极性

4. 其他_____

B3. 您是否在党村进行个体经营？（若回答"是"请回答 B4、B5、B6，若回答"否"，请跳过 B4、B5、B6）

1. 是　　　　　2. 否

B4. 您在景区内经营的是什么？

1. 农家乐　　　2. 纪念品店　　3. 特色小吃店

4. 小商店　　　5. 其他_____

B5. 进行个体经营后，您的收入与之前相比？

1. 大大增加　　2. 增加　　　　3. 基本不变

4. 减少　　　　5. 大大减少

B6. 您的家庭年总收入为_____元，个体经营所得年总收入为_____元。

B7. 您认为在当前的旅游发展方式下当地的旅游发展状况如何？

1. 很好　　　　2. 较好　　　　3. 一般

4. 较差　　　　5. 很差

B8. 您认为目前党村旅游业发展存在的问题有哪些？（多选）

1. 政府的政策和规划不合理　　2. 政府资金投入不足

3. 政策的贯彻执行不到位　　　4. 景区的基础设施不完善

5. 当地人参与较少　　　　　　6. 其他_____

第三部分：村民参与古村落旅游发展的意愿

C1. 您是否愿意参与党村古村落的旅游发展？（若回答"否"请回答 C2，若回答"是"，请跳过 C2，回答 C3、C4）

1. 是　　　　　　2. 否

C2. 如果您不愿意参与古村落的旅游发展，主要原因是什么？（多选）

1. 不感兴趣　　2. 没有人力　　3. 经验不足

4. 政府引导不足　　　　　　　5. 缺乏经济投入

6. 发展前景不好　　　　　　　7. 其他_____

C3. 您愿意参与党村古村落的旅游发展的原因是什么？（多选）

1. 个人收入增加　　　　　　　2. 出行便利

3. 人际交往扩大　　　　　　　4. 实现自我发展

5. 其他_____

C4. 如果让您参与村落旅游发展，您认为主要依靠哪方面可以增加收入？

1. 开商店　　2. 办农家乐　　3. 摆小吃摊

4. 开旅店　　　　　　　　　5. 卖文化特色产品或土特产

6. 文化表演　　　　　　　　7. 其他_____

C5. 您认为村民参与村落旅游发展会带来哪些积极影响？（多选）

1. 农民工返乡　　　　　　　2. 家庭收入增加

3. 就业岗位增多　　　　　　4. 村民发展意识增强

5. 生活质量提高　　　　　　6. 其他_____

C6. 您认为村民参与村落旅游发展会带来哪些消极影响？（多选）

1. 管理混乱　　　　　　　　2. 矛盾增加

3. 收入差距拉大　　　　　　4. 其他_____

C7. 您认为村民的参与是否会促进当地旅游业的发展？

1. 是　　　　　　2. 否

C8. 您认为制约村民参与村落旅游发展的主要因素是什么？

1. 经济实力弱　　　　　　　2. 目光不够长远

3. 旅游信息闭塞　　　　　　4. 没有经验

5. 政策限制　　　　　　　　6. 其他_____

C9. 您认为哪些措施可以促进村民参与村落旅游发展？（多选）

1. 政府设立专门的旅游发展基金

2. 为村民提供旅游发展经验培训

3. 进行广告宣传

4. 加强旅游景点建设

5. 其他_____

C10. 您认为作为旅游资源的古村落文化的保护和传承包括哪些方面？

1. 古建筑及文物　　　　　　2. 非物质文化遗产

3. 两者都包括

C11. 您认为村庄搬迁对古村落旅游业的发展有何影响？

1. 没有影响，将古建筑维护好即可

2. 有利影响，方便游客游览

3. 不利影响，古村落旅游"空心化"

C12. 您是否会主动参与古建筑的维修和保护工作？（若回答"否"请回答 C13，若回答"是"，请跳过 C13）

1. 是   2. 否

C13. 若您不愿意主动参与古建筑的维修和保护工作，您认为古建筑的维修和保护工作应该主要由谁负责？

1. 政府   2. 村委会   3. 政府和村委会一同

4. 其他_____

C14. 您是否认为村庄搬迁改变了古村落的生活方式和风俗习惯？

1. 是   2. 否

C15. 您认为在发展古村落旅游业中传承当地风俗习惯的重要性如何？

1. 非常重要   2. 重要   3. 一般

4. 不重要   5. 非常不重要

C16. 您是否愿意积极传承当地的风俗习惯，增加旅游新亮点？

1. 非常愿意   2. 愿意   3. 一般

4. 不愿意   5. 非常不愿意

C17. 您认为做什么能在保护古村落文化的同时让旅游业更好地发展？（多选）

1. 保护古建筑及文物   2. 定期进行民俗表演

3. 经营当地的特色小吃   4. 推出当地土特产

5. 其他_____

C18. 对于当地的旅游发展方式，您有哪些具体的建议？

_____

_____

附录2 西部地区农村发展动力机制研究调查问卷

亲爱的朋友：

您好！为了解当前农村社会发展的现状及影响农村社会发展的动力机制，我们特开展此项调查活动。本次调查大约会占用您十分钟时间，您所填信息都将保密，仅供学术交流之用，请您根据自己的实际情况填写问卷，感谢您对我们工作的支持和配合，祝您工作顺利，生活愉快。

西北农林科技大学农村发展研究小组

* *

说明：请在备选答案上画"√"，如果是"_____"，请填写。如无特殊说明，请单选。

第一部分：基本信息

1. 您的性别是？

A. 男 　　　　B. 女

2. 您的年龄是？

A. 20 岁以下　　B. 20～30 岁　　C. 31～40 岁

D. 41～50 岁　　E. 51～60 岁　　F. 60 岁以上

3. 您的文化程度？

A. 未上过学　　B. 小学　　　　C. 初中

D. 高中或中专　E. 大专　　　　F. 本科及以上

4. 您的职业是？

A. 农民　　　　B. 工人　　　　C. 个体经营

D. 其他

5. 您 2014 年的家庭收入是？

A. 5000 元及以下　　　　　　B. 5001 ~ 10000 元

C. 10001 ~ 15000 元　　　　　D. 15001 ~ 20000 元

E. 20000 元及以上

6. 您的家庭人口是？

A. 3 人以下　　B. 3 ~ 5 人　　　C. 5 人以上

7. 家里有几个劳动力？

A. 无　　　　B. 1 ~ 2 人　　　C. 3 ~ 4 人

D. 5 ~ 6 人　　E. 6 人以上

第二部分：内部动力机制对村庄发展的影响

1. 您家的收入主要来源于？（可多选）

A. 务农　　　　B. 务工　　　　C. 个体经营

D. 土地租金　　E. 经济林　　　F. 政府补贴　　G. 其他

2. 您家是否种植花椒？

A. 是　　　　　B. 否

如果种植花椒，有＿＿亩，一年通过花椒取得的收入大概是＿＿元。

3. 您家的土地面积是＿＿亩，您家是否还种植其他农作物？

A. 是　　　　　B. 否

4. 主要种植的是＿＿，大概有＿＿亩。

5. 请问您家是否还养殖家禽或牲畜？

A. 是　　　　　B. 否

如果是的话，主要养的是＿＿，有＿＿头（只）。

6. 请问您家有＿＿口人，其中务农的有＿＿人，外出务工的有＿＿人。

7. （如有务工人员）请问您家外出务工的人员在外从事的主要是____，月收入大概是____。

8. 请问您家外出务工人员近一年来主要是在____工作。

A. 西庄镇　　　　B. 韩城市　　　　C. 渭南市

D. 西安市　　　　E. 省外

9. 请问您家在采摘花椒时用工采取哪种形式？

A. 自己采摘　　　B. 雇人采摘

10. （如果是雇人）请问您家在雇人种植或采摘时，雇的是？

A. 本村人　　　　B. 外村人　　　　C. 两者都有　　　D. 其他

11. 您家在雇人时通过哪种渠道？

A. 自己找人　　　　　　　　　B. 通过亲戚或朋友来找人

C. 通过村委会来找人　　　　　D. 通过中介组织或人才市场

E. 其他

12. 请问您家是否有 60 岁以上的老人？

A. 是　　　　　B. 否

有____人，年龄是____岁。

13. 请问您家是否有 18 岁以下的儿童？

A. 是　　　　　B. 否

有____人，年龄是____岁。

14. 请问您对您村庄的发展现状是否感到满意？

A. 是　　　　　B. 否

15. 您认为对于村庄的发展最为重要的是____？（只选最重要的一项）

A. 挖掘村庄的内部资源

B. 更好地发挥村委会和村干部的领导作用

C. 村民自身努力奋斗

D. 获得更多的政策支持或者是资金支持

E. 其他（请说明）_____

16. 请问村委会有没有经常组织村庄集体活动？

　　A. 有　　　　　　B. 没有

17. 您认为村委会或村干部是否应该多组织村民参加一些集体活动？

　　A. 是　　　　　　B. 否

18. 如果组织的话，您是否愿意参加？

　　A. 是　　　　　　B. 否

19. 如果组织相关的集体活动，你希望是_____活动。

　　A. 文化娱乐活动　　　　　　B. 农技培训活动

　　C. 创新创业讲座　　　　　　D. 其他

第三部分：外部发展动力对村庄发展的影响

1. 政府对村民种植花椒的态度？

　　A. 鼓励　　　B. 反对　　　C. 无所谓　　　D. 不清楚

2. 政府对种植花椒有没有相关补贴政策？

　　A. 有　　　　B. 没有　　　C. 不清楚

3. 政府对种植花椒有没有产业扶助政策？

　　A. 有　　　　B. 没有　　　C. 不清楚

4. 政府对种植花椒有没有技术支持？

　　A. 有　　　　B. 没有　　　C. 不清楚

5. 市县政府有没有设立专门的部门来负责花椒产业的管理？

　　A. 有　　　　B. 没有　　　C. 不清楚

6. 如果有，您觉得这个部门的设立，对当地花椒产业的发展有多大影响？

　　A. 完全没影响　　　　　　B. 比较没影响

　　C. 影响一般　　　　　　　D. 影响比较大

　　E. 影响非常大

7. 您觉得政府部门是否有必要设立一个专门的管理机构负责

花椒产业的发展?

    A. 有   B. 没有   C. 无所谓

    8. 您对当地政府在花椒产业发展方面所做的工作满意吗?

    A. 满意   B. 不满意   C. 无所谓

    9. 您对当地花椒产业的发展情况满意吗?

    A. 非常满意   B. 比较满意   C. 一般

    D. 比较不满意 E. 非常不满意

    10. 您觉得花椒产业对村庄的发展影响如何?

    A. 完全没影响 B. 比较没影响 C. 影响一般

    D. 比较有影响 E. 影响很大

    11. 您觉得政府应该从哪些方面着手促进花椒产业的发展?

_____

_____

    12. 您认为政府应该从哪些方面采取措施促进村庄的发展?

_____

_____

图书在版编目（CIP）数据

关中三村：城镇化进程中关中农村社区发展研究／
郭占锋著． -- 北京：社会科学文献出版社，2016.11
（关中农村研究系列丛书）
ISBN 978 - 7 - 5097 - 9658 - 0

I.①关… II.①郭… III.①农村社区 - 社区建设 -
研究 - 陕西 IV.①D669.3

中国版本图书馆 CIP 数据核字（2016）第 212891 号

关中农村研究系列丛书
关中三村
——城镇化进程中关中农村社区发展研究

著　　者／郭占锋

出 版 人／谢寿光
项目统筹／任晓霞
责任编辑／任晓霞

出　　版／社会科学文献出版社·社会学编辑部（010）59367159
　　　　　地址：北京市北三环中路甲 29 号院华龙大厦　邮编：100029
　　　　　网址：www.ssap.com.cn
发　　行／市场营销中心（010）59367081　59367018
印　　装／三河市尚艺印装有限公司

规　　格／开　本：787mm × 1092mm　1/16
　　　　　印　张：17　字　数：218 千字
版　　次／2016 年 11 月第 1 版　2016 年 11 月第 1 次印刷
书　　号／ISBN 978 - 7 - 5097 - 9658 - 0
定　　价／69.00 元